Thomas Ring

ASTROLOGIE OHNE ABERGLAUBEN

Können wir unser Leben
selbst gestalten
oder ist es vorbestimmt?

Econ Verlag
Düsseldorf · Wien

1. Auflage 1972
Copyright © 1972 by Econ Verlag GmbH, Düsseldorf und Wien.
Alle Rechte der Verbreitung, auch durch Film, Funk, Fernsehen, fotomechanische Wiedergabe, Tonträger jeder Art, auszugsweisen Nachdruck oder Einspeicherung und Rückgewinnung in Datenverarbeitungsanlagen aller Art, sind vorbehalten.
Gesetzt aus der Garamond der Linotype GmbH
Papier: Papierfabrik Schleipen GmbH, Bad Dürkheim
Gesamtherstellung: Bercker, Graphischer Betrieb GmbH, Kevelaer
Printed in Germany.
ISBN 3 430 17796 0

Inhalt

Astrologie, was sie war

Diese Abhandlung ist weder eine Anklage- noch eine Verteidigungsschrift, weder ein geschlossenes Lehrbuch noch eine angestrengte Suche von Unstimmigkeiten in den herrschenden Meinungen für oder gegen Astrologie. Sie will vielmehr darstellen, was der Mensch von heute nach einiger Kenntnis der Sache davon halten kann. Diese etwas Geduld erfordernde Aufgabe heißt also, altüberlieferte Inhalte in einem fortgeschrittenen Bewußtsein zu spiegeln, zu prüfen. Gemessen am Alter der Astrologie glaubt man leicht, es handle sich um eine fertige Lehre, die für alles eine Lösung bereithält und deshalb in Bausch und Bogen anzunehmen oder zu verwerfen sei. Greifen wir jedoch den Gedanken unter neuen Gesichtspunkten wieder auf, so stellen sich zahllose Fragen, die beantwortet sein wollen. Je tiefer man eindringt, um so schwerer wird ein einfaches Ja oder Nein. Wie kommt es denn, daß denkende und wissenschaftlich gebildete Menschen sowohl bei denen, die begeistert für Astrologie eintreten, als auch bei denen, welche sie erbittert bekämpfen, zu finden sind? Es kann ja nicht nur daran liegen, daß eben jene sich um die Erfahrung gekümmert hätten, während diese blindlings behaupten, es könne nicht wahr sein, was nicht wahr sein darf. Wir müssen also danach fragen, was man sich unter Astrologie vorstellt und welches Weltbild zugrunde gelegt wird.

Freilich hat das heute rege Interesse mancherlei Versuche einer neutralen Berichterstattung hervorgebracht. Diese Versuche kranken nur leider meist an ihrem *Historizismus,* so daß das Urteil über Astrologie bestenfalls aus dem gezogen wird, was sie war. Das Bemühen um Objektivität schließt sich dann den Argumenten an, welche die einstmals geltenden Anschauungen überwunden haben. Demgegenüber besagt eine Grundüberzeugung heutiger Anhänger, daß hinter den antiken und mittelalterlichen Regeln etwas mehr als nur zeitbedingte Werte stecken. Die Richtigkeit solcher Regeln kann nur aus eigener Erfahrung beurteilt werden; ihre Kenntnis, die astrologische Berechnung und Deutung ist aber nicht ganz unkompliziert.

Scheuen wir die Schwierigkeiten ihrer Erwerbung, fallen also eigene Erfahrungen damit weg, so können wir immerhin eine auffällige Erscheinung, nämlich die heutige Zeitungsastrologie, vom Sozialpsychischen her beurteilen. Dies gilt unabhängig von Anerkennung oder Verdammung durch die offizielle Naturwissenschaft. Mit dieser Zeitungsastrologie wird mehr oder minder geschickt Stimmung und Verhalten von Privatleuten manipuliert, die nach Rückhalt und Regel, nach Entlastung von selbständigem Entscheiden suchen. Man kann darin die Volksgesundheit bedroht sehen oder sich sagen, bei so unverpflichtend dargebotener Form werde die Angelegenheit ohnehin kaum ernst genommen, der erweckte Spieltrieb aber käme dem Lebensoptimismus zugute. Breite Massen halten dies für Astrologie überhaupt.

Im Auftrag des Instituts für Grenzgebiete der Psychologie und Psychohygiene, Freiburg i. Br., wurde 1952 vom Institut für Demoskopie, Allensbach/Bodensee, eine Repräsentativbefragung durchgeführt. Sie stellte fest, daß in der Bundesrepublik, einschließlich West-Berlins, von 100 Befragten 69 in der Lage sind, ihr Zeichen, das heißt den Abschnitt der Jahresbahn, in welchem die Sonne bei der Geburt stand, anzugeben. Auf die Frage: »Glauben Sie an einen Zusammenhang zwischen dem menschlichen Schicksal und den Sternen?« antwortete rund die Hälfte mit »nein«, weit über ein Viertel mit »ja«, der Rest gab unentschiedene Antworten. Ähnlich liegen die Verhältnisse in anderen Ländern, nur ergab z. B. eine Befragung in England den Unterschied, daß dort der Anteil der Astrologiegläubigen mit höherem Bildungsstande zunimmt – bei uns liegt das Schwergewicht bei mittlerer Reife – und auch die regelmäßigen Kirchenbesucher eher zur Bejahung geneigt sind als in Westdeutschland. Die detaillierte Umfrage, worauf sich Glaube oder Ablehnung stütze und was unter Astrologie verstanden werde, enthüllt allerdings eine erschreckende Übermacht der Zeitungsastrologie. Von den 56 Prozent, die vorgeben, sich mit Astrologie zu beschäftigen, haben nur 7 Prozent ihr individuelles Horoskop stellen lassen, und auch dabei dürfen wir vielfach fragwürdige Erzeugnisse annehmen.

Jedenfalls ist es ein brennendes Gegenwartsproblem, um dessen Untersuchung sich von der Lage in den USA ausgehend Th. W. Adorno verdient gemacht hat, wie unsere Gesellschaft mit diesem zunehmenden kommerzialisierten Aberglauben fertig wird. Eine solche Angelegenheit darf man nicht nur beiläufig streifen in der beliebten Weise, daß vielleicht etwas daran sei, vielleicht auch nicht. Nur überschreitet der Sozialpsychologe seine Zuständigkeit, wenn er daraus ein Urteil über Astrologie ableitet. Der Erfolg der Zeitungsastrologie ist erklärlich durch unbewußte, aus der Neurosenlehre bekannte seelische Mechanismen; ferner spielt wohl ein ewiger Rest magischer Welteinstellung mit, von der noch die Rede sein wird. Hierzu gehört aber ebenso die Bereitschaft für Einwirkung von Reklame, Propaganda, Massenparolen. Daß die astrologischen Bilder seriöser wirken als ein beliebiger Werbeslogan, mag verankert sein in einem Bewußtsein von der ältesten Typologie der zwölf Zeichen, der in ihnen enthaltenen vier Temperamente und ähnlichem. Die einprägsamen Tierkreisbilder tauchen schließlich auf als Schmuck an öffentlichen Gebäuden, in Kalendern und anderen Druckwerken, wenn auch meist als Verlegenheitslösungen in einer an überdauernden Symbolen armen Zeit. Die meisten Zeitgenossen haben zumindest dunkle Vorstellungen von der kulturgeschichtlichen Rolle der Astrologie.

Man kann die Ansicht vertreten, die Astrologie sollte von der zuständigen Wissenschaft geprüft und anschließend von ihr entschieden werden, was in der Öffentlichkeit zuzulassen und was als schädlicher Aberglaube zu unterdrücken sei. Hierfür stimmten 21 Prozent in der genannten Umfrage, während 47 Prozent der Meinung waren, die Astrologie sei für die Öffentlichkeit gleichgültig; wer sich dafür interessiere, solle tun und lassen können, was er wolle. Nur 8 Prozent stimmten für Verbot, 4 Prozent für öffentliche Anerkennung.

Doch das Problem beginnt bereits mit der »zuständigen Wissenschaft«. Wer ist denn zuständig? Die meisten denken dabei an die Astronomie. Ihnen antwortet ein Beschluß der Deutschen Astronomischen Gesellschaft vom September 1949:

»Die Astronomische Gesellschaft der astronomischen Wissenschaften in Deutschland nimmt ihre Tagung in Bonn zum Anlaß, die Öffentlichkeit vor dem immer mehr sich verbreitenden Unfug der Astrologie eindringlich zu warnen. Der Glaube, daß die Stellung der Gestirne bei der Geburt eines Menschen seinen Lebensweg beeinflussen, daß man sich in privaten und öffentlichen Angelegenheiten bei den Sternen Rat holen könne, hat seine geistige Heimat in einem astronomischen Weltbild, das die Erde und mit ihr den Menschen in den Mittelpunkt des kosmischen Geschehens stellt. Dieses Weltbild ist längst versunken. Was heute als Astrologie, Kosmobiologie oder unter anderem Namen auftritt, ist nichts anderes als eine Mischung aus Aberglaube, Scharlatanerie und Geschäft. Zwar gibt es astrologische Kreise, die von den genormten und gedruckten Charakteranalysen und Beratungen für alle Lebenslagen abrücken, diesen Torheiten aber ihre eigene ›wissenschaftliche‹ und daher ernst sein sollende Astrologie entgegenhalten. Aber auch diese Astrologie ist den Beweis, eine Wissenschaft zu sein und mit wissenschaftlichen Methoden zu arbeiten, schuldig geblieben. Daran können auch gelegentliche Zufallstreffer astrologischer Aussagen nichts ändern. Ein solches System kann nicht den Anspruch erheben, wissenschaftlich begründete Deutungen und Prognosen in privaten und öffentlichen Angelegenheiten zu geben. Die Universitäts-Sternwarten und die an ihnen tätigen Astronomen werden immer wieder von privater Seite und von amtlichen Stellen um Urteile über die Astrologie ersucht. Diese Urteile können nicht anders lauten als die Erklärung, die die Astronomische Gesellschaft hiermit der Öffentlichkeit übergibt.«

Wer damit zufrieden ist und die Zuständigkeit der Astronomen in Fragen der Astrologie unbestritten anerkennt, wer nicht auf den Gedanken kommt, daß wenigstens Psychologie und Charakterologie vielleicht einiges mitzureden hätten, zu schweigen von Weltbild und geistiger Heimat, der kann das Buch hier beruhigt zuklappen. Huldigt doch die Mehrzahl unserer fachlich erzogenen Akademiker dem Bildungsvorurteil, das Problem der Astrologie sei längst entschieden. Allerdings hat wiederum ein nicht geringer Prozentsatz akademischer Außenseiter, vor allem eine Reihe von Ärzten, das beste für eine Revision des astrologischen Gedankens geleistet, um so beachtlicher, als dies heißt, sich persönlich zu exponieren. Astrologie ist in gebildeten Kreisen Deutschlands und beim Volksdurchschnitt ein affektbesetztes Thema. Anders das Klima der meist kühleren Urteilshaltung englischer Kollegen in solchen Fragen. Sie meinen etwa: »Ich teile diese Auffassung nicht, und das Problem ist mir gleichgültig, doch wer dafür ist, wird seine Gründe haben, dies respektiere ich.« Der Gemeingeist einer Körperschaft, in der man sich bei Abweichungen der Lächerlichkeit preisgibt, stellt eine moralische Macht dar, abgesehen von materiellen Nachteilen, die aus dem Widerspruch erwachsen. Der Verfasser kennt Mitglieder der Astronomischen Gesellschaft, die bei jenem Beschluß zugegen waren und auf Grund eigener Erfahrung eine andere Meinung von der Astrologie hatten, sich damit jedoch nicht gegen die Mehrzahl herauswagten.

Hinge die Wahrheit an Mehrheitsbeschlüssen, dann hätte Galilei mit seiner Behauptung, daß es Jupitermonde gäbe, sich der Florentiner Akademie – wie sie uns Bert Brecht in seinem Galileidrama anschaulich vor Augen führt – beugen und hätte verwerfen müssen, was er im Fernrohr sah. Auch der Jesuitenpater Scheiner hätte dann zugeben müssen, die entdeckten Sonnenflecken seien nur Unreinigkeiten seines Fernrohrs gewesen, statt das dogmatische »Urbild der Reinheit« durch unangenehme Tatsachen zu trüben. Das Kriterium der Wahrheitsfindung hat sich seitdem geändert. Heute blickt man unbekümmert durch Fernrohre, und wenn man darin nichts von dem universellen Gedankengebäude sieht, das die Astrologie zu sein vorgibt, spricht man ihr als Sinngefüge die Wissenschaftlichkeit ab. Natürlich machen zweifelhafte Astrologen von sich reden, die ihren Ansichten das Wort »wissenschaftlich« als vermeintliches Adelsprädikat vor-

11

anschicken. Die Frage heißt demnach, was überhaupt Wissenschaft sei, wieweit Astrologie eine Wissenschaft ist und ob sie sich darin erschöpft, also ausschließlich als solche beurteilt werden kann. Im Verhältnis zur Astronomie handelt es sich keineswegs um eine Lehre von der Beschaffenheit der Sterne nach Masse, chemischer Zusammensetzung, Eigenstrahlung oder Spiegelwirkung, Bewegungsart und objektiver Lage im Raum, sondern um eine *Deutung,* die sich auf ein subjektives *Wesensgefüge* bezieht und dafür astronomische Daten als Unterlage nimmt. Ob dies statthaft ist, entscheidet allein die Erfahrung. Die Richtigkeit der Ergebnisse kann man dann durch Vereinbarung mit unserem sonstigen Wissen vom Leben und seinem Welthintergrund ermitteln.

An den vulgären »Horoskopen der Woche« ist sachlich der Mißbrauch des Wortes Horoskop zu rügen. Man darf ruhig sagen, daß hierauf die Verballhornung zu »Hokuspokus« zutrifft, denn es sind ja gar keine Horoskope, zugrunde gelegt wird lediglich der Sonnenstand in einem der 12 Zeichen und ausgewertet zur Anbringung von Gemeinplätzen, wofür nicht einmal eine Kenntnis der astrologischen Regeln erforderlich ist. Um einen Einstieg in die Sache selber zu bekommen, machen wir uns einmal klar, was ein Horoskop genannt werden kann.

Ein Horoskop (wörtlich: Anblick der Stunde) ist das auf einem Papier niedergelegte Gesamtbild des Sternenhimmels zu einer bestimmten Zeit, gesehen von einem bestimmten Ort. Aus der Angabe von Ort und Stunde ermittelt sich rechnerisch Horizont und Meridian. Damit sind die Quadranten des Umkreises ausgeschnitten, deren Drittelung, also jeweils eine dreifache Zwischenteilung jedes der vier Quadranten, insgesamt 12 Felder ergibt, die »Häuser«. In sie werden nun Sonne, Mond und Planeten eingetragen. Ihr genauer Platz, für die betreffende Zeit umgerechnet, ist den Ephemeriden (Sterntafeln) entnommen, welche die Gestirnstände Tag für Tag angeben. Der Standort der Gestirne findet sich dort in Graden und Bogenminuten der gemeinsamen Umlaufsebene (Ekliptik) notiert. Die Zählung beginnt im Frühlingspunkt (Tagundnachtgleiche im Frühjahr).

Des leichteren Überblicks halber wird diese Bahn eingeteilt in die 12 traditionellen »Tierkreiszeichen« (nicht zu verwechseln mit den gleichnamigen Sternbildern), so daß wir sagen: das Gestirn steht in soundso viel Grad und Minuten dieses oder jenes Zeichens. Als bedeutsam gilt der Schnittpunkt der Ekliptik mit dem Osthorizont, das im Osten aufgehende Zeichen heißt der Aszendent. Mit diesem Anfangsgrad beginnt die Zählung der Häuser, doch in umgekehrter Folge wie der scheinbare Tageslauf der Sonne (gegen die Uhrzeigerrichtung). In Betracht kommen noch die Winkel, welche die Gestirne vom Mittelpunkt gesehen bilden, die nach den Grundfiguren der Kreisgeometrie eingeteilten »Aspekte«.

Auf solche Weise wird gleichsam die Himmelsmechanik im genannten Raum-Zeit-Punkte angehalten. Die Astrologie behauptet, daß diesem astronomischen Tatbestand eine Bedeutung für den Menschen zukommt, und sucht es mit Hilfe ihrer Deutungsmethoden zu belegen.

Nie darf eine Behauptung deshalb von der Untersuchung ausgeschlossen und verworfen werden, weil man sich einen ursächlichen Zusammenhang noch nicht vorstellen kann. Die Maßstäbe und Methoden der Astrologie müssen natürlich andere sein als die einer Lehre von der Physis der Himmelskörper, ebenso wie die Methoden der psychologischen Traumdeutung abweichen von denjenigen der Physiologie. Was würde man denn sagen, wenn die Anatomen, auf ihre handgreifliche Exaktheit pochend, die psychologische Erforschung des Traumlebens unterbinden wollten durch einen Mehrheitsbeschluß, die Tiefenpsychologie sei »nichts anderes als eine Mischung aus Aberglaube, Scharlatanerie und Geschäft«?

Astrologiegeschichte im psychologischen Blickfeld

Wenn jemand die Berechnung, die in ihrer ausgebildeten Form mathematisch einwandfrei ist und hier nicht gelehrt werden soll, sauber und fehlerfrei durchführen kann, gibt ihm dann die

Astrologie ebenso sichere Regeln zur Deutung an die Hand? Damit kommen wir zum Grund, warum dies Buch geschrieben wurde. Die Deutung ist das Strittige, in ihr befehden sich die Meinungen. Ursprung, Recht und Abfassung solcher Regeln machen die Geschichte der Astrologie aus, wandelbar mit jeder neuen Sicht. Das Verwirrende für den Außenstehenden liegt darin, daß die Deutung den gewohnten Rahmen fachlichen Denkens überschreitet und der Irrtum seitens vieler Astrologen heißt, in fachliche Maßstäbe pressen zu wollen, was universell durchdacht sein will. Universelles Denken schwimmt gegen den Strom spezieller Wissensermittlung. Wir müssen darum viele Wissensgebiete durchpflügen, um Möglichkeit und Grenze einer astrologischen Aussage zu erkennen. Der mit der Materie und einschlägigen Literatur nicht Vertraute, der aus Redlichkeit verwirft, sich gedankenlos an Autoritäten zu halten, braucht eine Führung durch den Problemkreis, braucht Brücken und Begriffserklärungen, bevor er in diese ihm fremde Welt eintreten kann.

Nicht ohne innere Bewandtnis kann die heutige Tiefenpsychologie zum Vergleich herangezogen werden. Seit Sigmund Freud ist es zum geistigen Gemeingut geworden, daß Träume durchaus keine müßigen Phantasieprodukte darstellen, sondern Zeugnisse unseres unbewußten Seelenlebens sind, das sich mit den wachbewußten Situationen des Tages oder weiter zurückliegenden Erlebnissen auseinandersetzt. Wirkte schon dies umwälzend für unser Verständnis frühmenschlicher Kulturen, so folgte dann die Entdeckung von Carl Gustav Jung, wonach wir in den tieferen innerseelischen Schichten gewisse Urbilder fortbewahren, die mythologischen Gestalten wesensgleich sind. Hierunter spielen die Inhalte, welche in der Astrologie als Planetensymbole auftreten, eine bedeutende Rolle. Solche »Archetypen, wirksame Potenzen des Unbewußten«, wie Jung sie nennt, machen sich gelegentlich in Träumen von Menschen geltend, die nichts von den ehemals damit verknüpften Vorstellungen wissen. Mit demselben Sinngehalt aber greifen sie ein in Neurosen und entwicklungs- und daseinswichtige Wendungen. Jung betrachtet sie

14

als kollektive Erwerbungen in einem Frühzustand des menschlichen Bewußtseins; in der Astrologie sieht er die Projektion innerer Leitgestalten an den Himmel, das heißt die Hineinverlegung ihrer Eigenschaften in die Sterne.

Nur Projektion oder *mehr,* jedenfalls bekommen wir damit neue Blickpunkte für den geschichtlichen Ablauf. Abgesehen davon erklärt sich hiermit auch die häufig, unabhängig vom Bildungsniveau, angetroffene unbewußte Bereitschaft für die astrologische Symbolik.

Noch etwas anderes können wir hier an der Wurzel packen. Wer sich den behaupteten Zusammenhang zwischen Gestirn und Mensch in Form von mechanischen Einflüssen, von Gestirnwirkungen denkt und skeptisch bleibt, glaubt den wunden Punkt entdeckt zu haben, wenn er von Eigenschaften der Götter hört, denen die Gestirne im Altertum zugeschrieben wurden. Er kommt zum oft gehörten Einwand des »Namensfetischismus«. Dieser lautet so: weil Mars der Gott des Krieges war, deshalb soll angeblich vom Planeten Mars die Energie zur Durchsetzung, soll Streit und Gewalttat ausgehen! Auf diese Weise erscheinen die Inhalte der Deutung als ein lächerlicher Abklatsch einstiger mythologischer Anschauungen, fortgepflanzt im Lauf der Astrologiegeschichte. Sehen wir die Dinge jedoch so, daß Trieb und Drang im Menschen, Durchsetzungskraft, Streitlust und dergleichen auf eine Grundkomponente unseres Wesens zurückgehen, die sich in jener mythologischen Gestalt einkörperte, dann bekommt der Zusammenhang ein anderes Gesicht. Machen wir nämlich die Erfahrung einer mit Stellungen des Planeten Mars korrespondierenden Aggressionsanlage, so rollt sich die Frage auf, wie der antike Göttermythos zu anscheinend richtigen Projektionen kam. Das Problem ist verschoben auf die Möglichkeit innerseelischer Stellungnahme zum Welthintergrund unserer Existenz. Wir stehen vor einem psychologischen Grenzproblem, das kein noch so gediegenes Wissen von der Physis der Himmelskörper löst.

Wird also Kritik geübt und werden Beweise verlangt, so muß man sich an das halten, was behauptet wird. Die wissenschaftliche Polemik, wie sie im angeführten Beschluß der Astronomischen Gesellschaft zum Ausdruck kommt, wendet sich einseitig gegen die Behauptung von Gestirneinflüssen, freilich noch vom größten Teil der Astrologen vertreten, sowie den Gebrauch des Horoskops zur Vorhersage der Zukunft. Im Licht dieser Polemik ist Astrologie schlechthin der Glaube an Gestirnwirkungen, welche den Lebensweg des Menschen beeinflussen. Dies zu brandmarken hat seine Berechtigung, sofern man unkritische Abschreiber, vulgäre Anschauungen treffen will. Wenn ein Zusammenhang zwischen Mensch und Gestirn besteht, darf er *nicht in dieser Form* gedacht werden. Unstatthaft aber ist es, zu folgern, weil diese oder jene Auffassung ein offenbarer Wahn ist, *existiere kein Zusammenhang.* Wir kommen dem heutigen Stand der Fragen erst näher durch eine geschichtliche Untersuchung, wo der astrologische Gedanke entsprang, welche Wandlung er durchmachte, wie durch verschiedene Hypothesen eine Entwicklungslinie hindurchgeht und was eine zeitgemäße Revision, auf sachliche Erfahrungen gestützt, behaupten kann. Einige gedankliche Mühe bleibt uns nicht erspart, wenn wir *begründet* zustimmen oder ablehnen wollen, und es zeigt sich dabei, daß es »die« Astrologie als abgeschlossene Lehre gar nicht gibt, wohl aber ein offenes, der Forschung würdiges astrologisches Problem.

Um ein Alter der Astrologie angeben zu können, muß man erst wissen, welche Astrologie man meint. Überschlagen wir es im Rohzuschnitt. Meint man eine auf vorwissenschaftlichen Regeln beruhende Deutung von Gestirnständen, so gerät man bis an den Beginn der Naturwissenschaften. Astrologie blieb gegen Astronomie zurück, seitdem das bloße Vermessen und Feststellen sich trennte vom Vorbehalt, daß das Ausgemessene und Festgestellte eine Bedeutung haben müsse, um derentwillen sich der Aufwand lohnt. In Personalunion finden wir beides noch bei Kepler. Meint man das Aufstellen von individuellen Horoskopen, so kommt man von den letzten vorchristlichen Jahrhunderten an langsam in die Spätantike, die mit den sogenannten 12 Häusern das für Geburtszeit und -ort von Privatpersonen gültige mathematische Gerüst ausbildete. Wir bewegen uns dann in den ersten Jahrhunderten unserer Zeitrechnung, etwa zwischen Ptolemaios und Firmicus Maternus. Meint man schließlich ein Beschauen des Himmels, um für Wetter und sonstige Naturereignisse, Krieg und Frieden, Völkerschicksale und ihre Lenker deutbare Zeichen zu finden, so wird man um einige Jahrtausende früher zu den großen Kulturen versetzt, der babylonisch-assyrischen, ägyptischen, altpersischen und -indischen, ins frühe Ostasien und findet ähnliches im vorkolumbischen Amerika. Das Erhaltengebliebene deutet auf Altüberliefertes. Greift man jedoch auf Sumer und Akkad zurück, so muß mit der unbestimmten Datierung und Herkunft aller frühen Kulturen gerechnet werden.

Gerade diese Datierung nun und das Bild von den Anfängen der Kultur überhaupt ist heute ins Rollen gekommen. Einerseits stellte die Archäologie mit dem Spaten sicher, was noch vorhanden ist, setzte uns in Stand, alte Berichte nach neu gefundenen Aufzeichnungen zu überprüfen, und bescherte uns weiterhin Einblicke, von denen wir Jahrzehnte früher nichts ahnten. Andererseits suchte sie nach Gemeinsamkeiten oder Abweichungen in dem, was Menschen einstmals beachteten und in den Brennpunkt ihrer Verehrung rückten. Hier berühren sich Kultur- und Religionswissenschaft; gemeinsame Aufgabe ist ihnen die Entschleierung des Mythos, wofür die Tiefenpsychologie wesentliche Einsichten beisteuert.

Mag dies alles weit hinausgehen über auswertende Techniken der Astrologie, wie wir sie später antreffen, inhaltlich war es doch ihr Mutterboden. Die daraus erwachsenen individuellen Deutungspraktiken gediehen erst mit der Abkehr von gemeinverbindlichen religiösen Grundgehalten.

Beurteilen wir also die Entstehung der Astrologie richtig, so sprechen dabei keine fachlichen, regionalen oder volksmäßigen Interessen das erste Wort, auch nicht Nutzanwendungen orakelhafter Art – dies betrifft spätere Einkleidungen –, vielmehr das allgemein uns angehende Problem eines *Welthintergrunds des Menschen*. Von da her begreifen wir auch, was heutige

»Laien« zur Astrologie hinzieht: die Wissenschaft gibt ihnen keine befriedigende Antwort. Freilich aber müßte eine astrologische Antwort, wenn sie Bestand haben soll gegen die ablehnende Haltung der Mehrheit, die sich auf heutiges Naturwissen beruft, heute anders aussehen als diejenigen Vorstellungen, die Pate standen bei der Astrologiegeschichte. Der Frühmensch *mythologisiert* seine Welt, die Beantwortung letzter Fragen nach Ursprung und Sinn des Daseins entrollt sich ihm in Göttern und Dämonen, die handelnd versinnbildlichen, was heute als geistiger Gehalt in Begriffe zu fassen gesucht wird.

Daß dieser Frühmensch noch in jedem von uns steckt, erweisen wir in der kindlichen Neigung, die Dinge unserer Umwelt anfänglich lebendig und beseelt zu betrachten. Spontan greifen wir nach dem »guten« Mond, bestrafen die »böse« Schrankecke, an der wir uns gestoßen, mit Schlägen, unser williges Aufgreifen der Märchenwelt bevölkert den Wald draußen mit Hexen und Zwergen. Der tägliche Wechsel von Licht und Dunkel, die Aufeinanderfolge von Blitz und Donner oder gar ein Erdbeben, eine Sonnenfinsternis sind uns als Kind gleich rätselhaft, wie dem im Naturzustand sich selbst überlassenen Frühmenschen. Nur bleiben wir nicht Affekten und naiven Bildern überlassen, sondern die Erwachsenen belehren uns, wie sich die Sache verhält, je mehr unsere abstrakte Fassungskraft zunimmt. Zwischen der angstvollen Empfindung von Blitz und Donner sowie der Erklärung eines atmosphärischen Vorganges liegt ein abgekürzt übermitteltes Stück menschlicher Geistesgeschichte. Schließlich selbst erwachsen, sind wir mit solchem abstrakten Wissen bewaffnet und »kennen uns aus«.

Auf seltsamen Umwegen schleicht sich mitunter die frühmenschliche, die »magische« Welt wieder ein. Das Allensbacher Institut für Demoskopie stellt manchmal Nebenfragen am Rande seiner gezielten Ermittlungen. Eine solche Frage lautete: »In letzter Zeit sind die Gartenzwerge wieder mehr und mehr in Mode gekommen. Wie geht es Ihnen selbst: Haben Sie es gern, wenn ein Garten damit geschmückt ist? Das Ergebnis blieb ziemlich konstant in den beiden Stichjahren:

	Dez. 1956 %	April 1961 %
Gern	58	59
Nicht gern	35	33
Kommt darauf an	3	4
Unentschieden	4	4

Weit mehr als die Hälfte eines repräsentativen Querschnitts der Bevölkerung in der Bundesrepublik antwortete also bejahend, ein Drittel verneinend. Interessant ist die scharfe Parteinahme, wie meist bei Geschmacksfragen, und somit die geringe Zahl der Unentschiedenen. Wir wollen niemandem die unschuldige Freude an diesem Schmuck rauben, den wir vielleicht geschmacksmäßig ausgestorben annahmen. Merkwürdig ist aber die Vorliebe einer großen Anzahl von Menschen, die im normalen Lebensbedarf hinreichend Wissen und Technik einspannen, für Symbole eines überholten Kinderglaubens. Das gebannte Naturgeheimnis, in Verniedlichungsform belächelt und industriell hergestellt, wird Gegenstand einer Sentimentalität. Mag sie in Deutschland besonders blühen, andere Völker haben andere Gartenzwerge. Sollte etwa die Zeitungsastrologie die Gemüter mit ähnlichem Ersatz für tieferliegende Bedürfnisse beliefern? Dann hat dies mit dem Problem der Astrologie so viel zu tun wie die Gartenzwerge mit dem Problem der Kunst.

Es nützt nichts, zu sagen, Astrologie beruht auf Aberglauben. Wir müssen den Grundgedanken darlegen und den damals und heute mitspielenden Aberglauben kenntlich machen.

Kalenderrechnung

Zweifellos geht es um ernstere Dinge bei der Astrologie. Das Suchen nach einem Welthintergrund des menschlichen Daseins steht am Beginn der Selbstbefragung, wer wir sind, warum und zu welchem Ziel wir uns hier auf der Erde befinden. Es ist in unseren Maschinenhallen oder an den Stätten des Vergnügens ebensowenig zur Ruhe gekommen wie in den Universitäten. Wenn auch die Antworten verschieden ausfallen je nach dem Widerschein der Verhältnisse, in denen wir leben, und den Hilfsmitteln, derer wir uns bedienen, so spricht die Frage immer das gleiche metaphysische Bedürfnis aus. Sie hebt uns ab vom bloßen naturgeschöpflichen Dahinvegetieren und gibt uns den Rang des Menschen.

Dem Frühmenschen trat die Welt auf andere Weise ins Bewußtsein, seine Vorstellungen und Handlungen waren anders sinnvoll als unsere. Ein und dieselbe Erscheinung bedeutet Verschiedenes mit der Beleuchtung, in die sie die Geschichte rückt. Der Frühmensch lebte relativ geschichtslos. Einen Nachklang dieses magisch-religiösen Geborgenseins finden wir in den Paradiesen und Goldenen Zeitaltern, vergleichbar dem frühkindlichen Zustande. Da gibt es nur vorhandene Dinge und ihr Verschwinden sowie die sie bewegende Phantasie. Ein Dasein in immerwährender Gegenwart, besorgt um Nahrung, Behausung, Gesundheit, Fortpflanzung und der Gefahr plötzlichen Todes ausgesetzt, findet, wenn jenes Suchen sich meldet, übergeordnete Maßstäbe in der naturgegebenen Wiederkehr des Gleichen. Zwar schafft anklopfende Not, Angst vor Vernichtung und ihr Ausdruck in Dämonenfurcht sich Fetische zur magischen Beschwörung. Die fetischistischen Götter werden durch Ritualhandlungen versöhnlich gestimmt oder gezüchtigt, bei Untauglichkeit verworfen und durch Neuerfindungen ersetzt. Doch ein geistiger Überbau über der Unstetigkeit solcher momentanen Bedürfnisse erwächst aus der Beobachtung der täglichen Folge von Licht und Dunkel, des Wechsels der Jahreszeiten, einer dem Wollen entzogenen Ordnung. *Der Gedanke des Kosmos' überstuft den Fetischismus.*

Zeugnisse dieses Vorganges lassen sich schwerlich dem wissenschaftlichen Bewußtsein ohne weiteres eingliedern. Eine Epoche ist nicht nur bedeutsam durch Leistungen, die von einer anderen übernommen werden, sie lebt auf Werte hin, die in ihrer eigenen Existenz beschlossen sind. Zumal im Anfang war vereint, was später auseinander trat.

Sich einem großen Zusammenhang mit regelmäßigen Wiederholungen eingeordnet zu wissen, ergab auf der einen Seite die Zeitrechnung, das Zählen und Einteilen kosmischer Kreisläufe, Jahr, Tag und Mondmonat, und hiermit zusammenhängend die Beobachtung der Planetenbewegungen, deren Gang vor dem gleichbleibenden Fixsternhimmel einmal langsamer, manchmal sogar rückläufig erscheint. Auf der anderen Seite mochte gerade diese Eigenbewegung, die wechselnde Färbung und Lichtstärke der Planeten als Kunde einer Lebenswillkür gelten; man beseelte sie und dachte sie Gottheiten zugesellt. Als drittes kam die kosmische Spekulation hinzu, das Denken in Zahlenordnungen um einer Ordnung willen, die Ruhe und Einklang vermittelt. Dies fand seinen äußeren Niederschlag wieder in der Kalenderrechnung.

Wir wollen hier nicht die vielfachen Versuche, den Kalender mit den Gestirnläufen in Übereinstimmung zu bringen, einzeln darstellen. Nomadenvölker bevorzugten den Mondlauf zur Orientierung; ackerbautreibenden Völkern war das Sonnenjahr wichtiger, und dies trifft im Altertum vor allem auf Ägypten zu, wo die jährlichen Nilüberschwemmungen den fruchtbaren Schlamm absetzen sowie auf das Zweistromland, Mesopotamien. In den klimatischen Verhältnissen dieser südlichen Länder, der hellen, reinen Luft, in der sogar die Jupitermonde mit bloßem Auge wahrgenommen werden können und Merkur leichter sichtbar wird als bei uns, konnte man eher geregelte Beobachtungen durchführen als in Nordeuropa, wo der Himmel tagelang mit Wolken bedeckt ist. Die Ausdehnung dieser Stromländer bei gleichmäßiger Bodenbeschaffenheit gebot große staatliche Zusammenfassung. Kultur, wenn wir sie als gewachsene Einheit aller Lebesverrichtungen betrachten, nahm eine im großen Stil geregelte Gestalt an, mit repräsentativen Hauptstädten. Im geistigen Mittelpunkt, von einer Priesterschaft durchgeführt und behütet, stand die Gestirnbeobachtung schon des Kalenders wegen. Auch in den anderen großen Stromländern, des Indus und Ganges sowie des Hoangho und Yangtsekiang, bestanden günstigere Verhältnisse dafür als bei uns. Wir dürfen aber die

Tafel I: *Die wichtigsten Kalender*

Einführung	Land oder Volk	Einteilung des Jahres	Jahreslänge in Tagen
3772 v. Chr.	Ägypten	Kalender von 365 Tagen zu je 10 Monaten	365,000 000
2500 v. Chr.	Mesopotamien	Kalender von 360 Tagen	360,000 000
2025 v. Chr.	Mesopotamien	Mond-Sonnen-Zyklus zu 19 Jahren; mit 12 Jahren zu 12 und 7 Jahren zu 13 Monaten	
1200 v. Chr.	Babylon	Sonnenjahr mit 12 Monaten und 12 Zeichen	
1200 v. Chr.	Juda	Mondjahr zu 345 Tagen mit unregelmäßigen Schaltungen verschiedener Länge	345,000 000
715–672 v. Chr.	Rom	Numa Pompilius führt den Mondkalender zu 355 Tagen ein mit 12 Monaten und vielen Schaltungen	355,000 000
46 v. Chr.	Rom	Julius Cäsar führt den Sonnenkalender ein (Sonnenjahr) zu 365 Tagen und einem Schalttag alle 4 Jahre. Bis zur Jetztzeit in Osteuropa benutzt (13 Tage Unterschied	365,250 000
1582 n. Chr.	Rom	Papst Gregor reformiert den Julianischen Kalender und schafft den heute gültigen	365,242 400
Um 300 n. Chr.	Maya	18 Monate zu je 20 Tagen, dazu 5 Leertage	365,242 129
		Das astronomische Jahr beträgt genau	365,242 198 Tg.

Kulturhöhe nicht nur an solcher Gunst messen. Anders waren geographische Beschaffenheit und Rasse in den Ländern der altamerikanischen Kulturen, und den genauesten Kalender finden wir bei den Mayas.

Allerdings sind diese Kalender nicht als Selbstzweck zu betrachten. Sie wurden zur Fixierung ausgezeichneter Tage verwendet, der »Festzeiten«, wie unser Kirchenkalender auch heute noch ein Rahmen für das Ritual ist. In vielen Kulturen waren die Kalenderrhythmen durchsetzt von einer Bewertung als günstig oder ungünstig für bestimmte Verrichtungen. Bei den Mexikanern hieß der Kalender direkt das »Buch der guten und bösen Tage«.

Ausschlaggebend, da man ja nicht das Jahr mit Tagesbrüchen aufteilen konnte, war, wie man die Tage in großen Perioden auszählte. Bekanntlich nötigt uns die Jahresdauer von rund 365¼ Tagen alle vier Jahre einen Schalttag auf, der nach einem Jahrhundert wieder ausgelassen werden muß, auch dies stimmt nicht genau, und so kommt man zu einem komplizierten Schaltsystem. Ein Problem ist hierbei, wie man Monate, ursprünglich vom Mondlauf hergeleitet, und Wochen im Jahr unterbringt. Die Ägypter rechneten vom 4. oder 3. vorchristlichen Jahrtausend an mit einer Einteilung des Jahres in 12 Monate zu je 30 Tagen, es kamen dann 5 als unheilvoll geltende Zusatztage hinzu. Auch die Azteken hatten ein Jahr von 360 Tagen, aufgefaßt als 18mal 20-Tage-Wochen, mit hinzutretenden 5 »unnützen«, als unglücksbringend geltenden Tagen. Hierbei erscheint ein Zählsystem, das auch bei uns als das ältere betrachtet werden muß. Fast über die ganze Erde verbreitet war das Ablesen der Tage an den Fingern, so daß man bei einer Hand eine Fünftagewoche bekam, bei zwei Händen eine Zehntagewoche, und schließlich konnte man Hände und Füße zur Zählung benutzen und erhielt die 20 als Grundmaß. Im französischen »quatre vingt« (vier mal zwanzig) für 80 klingt diese Zählweise noch durch. Auf ihr, mit kunstvollem Schaltsystem ausgeglichen, beruht die langperiodige Zeitrechnung der Maya.

Unsere Siebentagewoche dagegen verläßt die sinnliche Unmittelbarkeit. Ihre Konstruktion setzt eine gedankliche Vereinigung der 5 sichtbaren Planeten mit Sonne und Mond, den gleichmäßigen Zeitteilern, voraus sowie ein durch stetige Beobachtung erlangtes Verständnis der Wandelsterne als gestufte Einheit von Umläufen. Von der Erde aus gesehen rechnen auch Sonne und Mond zu den »sieben Wandlern«.

Noch zu König Sargons Zeit (um 1600 v. Chr.) bestand die fünftägige Woche für das tägliche Leben, für Handel und Wandel, neben der siebentägigen der Priester, der Festzeiten. Deren Einsetzung wurde in die Erschaffung der Welt verlegt. Wie in der Bibel heißt es vom Demiurgen: »Den siebenten Tag machte er zu einem heiligen Tag und gebot an ihm zu ruhen von aller Arbeit.« Dieser Saturntag, der bei den Juden zum Sabbat wurde, bezeichnete den letzten Kreis in der Reihenfolge der Umlaufszeiten, vom Himmel zur Erde herunter gesehen in der Folge: Saturn, Jupiter, Mars, Sonne, Venus, Merkur, Mond. Anders gesehen spiegelt sich der Schlußstein der sieben mythischen Schöpfungstage im griechischen Kronos, Sohn des Himmels und der Erde und Herr des Goldenen Zeitalters; er verschlingt seine sechs Kinder und wird darin beim Letztgeborenen, bei Zeus, getäuscht. Daß die Folge der Wochentage anders ist als die Stufung der Umlaufzeiten, erklärt der griechische Geschichtsschreiber Cassius Dio auf folgende Weise. Nicht nur der ganze Tag wurde einem Planeten zugewiesen, sondern auch der Ablauf der Stunden; als bestimmend für den Tag galt derjenige Planet, welcher die erste Stunde beherrschte. Rechnete also die erste Stunde am heiligen Tage unter Saturn, so fiel die 25. auf die Sonne und bestimmte diese als Herrscher des folgenden Tages, in gleicher Weise lösten sich dann ab Mond, Mars, Merkur, Jupiter, Venus und zuletzt wieder Saturn.

Eine andere Erklärung gibt uns der in den Kreis eingezeichnete Siebenstern, das Heptagramm. Wir tragen die Gestirne in richtiger Folge der Umlaufzeiten und mit gleichen Abständen auf einem Kreis ab (für die Erde tritt geozentrisch gesehen die Sonne ein), verbinden diese Punkte zum siebenzackigen Stern. Den Linien dieses Sterns in gegenläufiger Richtung folgend erhalten wir

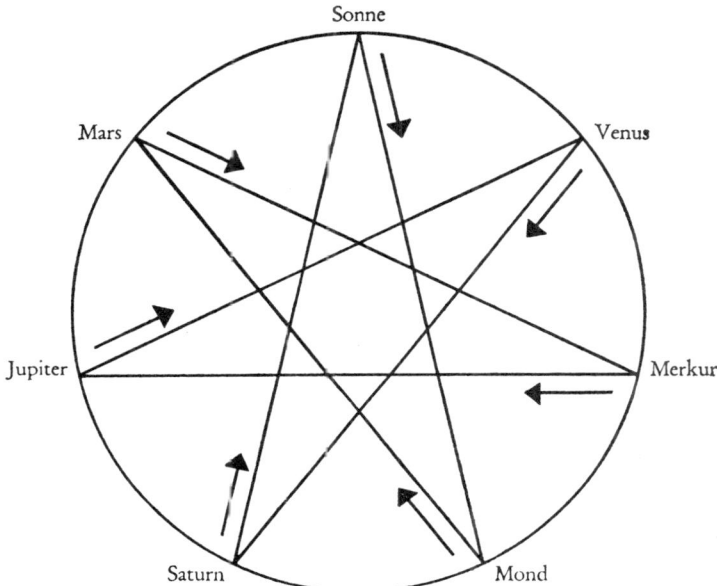

Abb. 1: Folge der Wochentage im Siebenstern

dann die Wochentage: Sonne (Sonntag), Mond (Montag), Mars (Dienstag), Merkur (Mittwoch), Jupiter (Donnerstag), Venus (Freitag), Saturn (Samstag). Wer in musikalischen Intervallen denkt, kann im Sprung zum jeweils vierten Punkt den Quartenzirkel sehen.

Dies ist die Woche, die sich durchgesetzt hat und deren Gestirn-Zuordnung in unseren abendländischen Sprachen nachklingt, bei den germanischen Völkern ebenfalls mit den entsprechenden Götternamen. Nur für Saturn hatte man in geschichtlicher Zeit im Norden keinen Namen, er wurde von den Römern übernommen.

Astralmythologie

Die praktischen Bedürfnisse der alten Kalenderrechnung unterstanden einem sinndeutenden Erfassen der Welt. Von Anfang an

25

Tafel II: *Die Wochentage und ihre Zuordnung*

Gestirn   *Namen der Wochentage*

Gestirn	Romanische Sprachen			Germanische Sprachen				
	latein.	italien.	französ.	deutsch	englisch	holländ.	dänisch	altnordisch
☉ Sonne	Dies Solis	Domenica	Dimanche	Sonntag	Sunday	Zondag	Söndag	Sunnadagr
☽ Mond	Dies Lunae	Lunedi	Lundi	Montag	Monday	Maandag	Mandag	Manadagr
♂ Mars	Dies Martis	Martedi	Mardi	Dienstag	Tuesday	Dinsdag	Tysdag	Tysdagr
☿ Merkur	Dies Mercurii	Mercoledi	Mercredi	Mittwoch	Wednesday	Woensdag	Onsdag	Odinsdagr
♃ Jupiter	Dies Jovis	Giovedi	Jeudi	Donnerstag	Thursday	Donderdag	Torsdag	Thorsdagr
♀ Venus	Dies Veneris	Venerdi	Vendredi	Freitag	Friday	Vrijdag	Fredag	Friadagr
♄ Saturn	Dies Saturni	Sabatto	Samedi	Samstag	Saturday	Zaterdag	Löverdag	Laugardagr

war das Gestirn einbezogen in diese Bildersprache. Zu den verehrungswürdigen Inhalten des religiösen Anteils, dem Hohen, Leitbildhaften sowie zur wuchernden Bildphantasie, die aus dem Alltag schöpfte, brachte die Gestirnbeobachtung das Bewußtsein von *Regel und Gesetz.* So finden sich also religions- und kulturgeschichtliche Hintergründe einerseits, astrologische Weltdeutung anderseits urzeitlich miteinander verwoben im Mythos. Die Rolle des Gestirns im Mythos dürfen wir uns nicht einfach als objektivierte Übertragung subjektiver Erlebnisse vorstellen. Im Bewußtsein *vor* der Subjekt-Objekt-Scheidung fließen solche Begriffe ineinander, und das vieldeutige Symbol bezeichnet dieses wie jenes. Mit dem mythischen Symbol werden Züge des kosmischen Objekts definiert, und es enthält auch, was Wundt allzu einseitig sah: »Die Affekte der Furcht und des Hoffens, des Wunsches und der Begierde, der Liebe und des Hasses, sind allverbreitete Quellen des Mythos, sie sind es erst, die den Vorstellungen das Leben einhauchen.«

Am Wachsen und Abnehmen des Mondes, regelmäßig der Sonne nachfolgend oder ihr vorangehend, an der jährlichen Wiederkehr gleicher Teile des Fixsternhimmels und wiederum dessen täglicher Drehung erkannte man eine Regelmäßigkeit in der Natur. Die vier Himmelsrichtungen dienten als geistiger Rahmen der Sicht. Aus der Voraussetzung, daß nichts am Himmel geschähe, was nicht auf Erden seine Entsprechung fände oder haben müsse, wurden die himmlischen Vorgänge richtunggebend für Lage und Anordnung der Kultstätten, der Gräber und Dolmen, für Zeiten des Gebetes und der Errichtung heiliger Häuser, der Tempel. Auch gesellschaftliche Gliederung und Vorschriften des Verkehrs miteinander brauchten ihre Sanktionen von oben; Festzeiten wurden dem eingepaßt. Besondere Aufmerksamkeit verdiente die unregelmäßig hiervon abgehobene Planetenbewegung. Lag es doch nahe, ihren zeitweisen Stillstand und Rückwärtsgang ebenso wie Finsternisse, Auftauchen von Kometen und sonstige scheinbare Regelwidrigkeiten aufzufassen als Zorn der Götter, bedrohliche Zeichen oder nur durch Buße abzuwendendes Unheil.

Bevor aber von Planeten, Tierkreis, Fortschreiten des Frühlingspunktes und weiter ausgebildeten Kenntnissen zu reden war, ging eine Beobachtung des Himmels voraus, in deren Anfänge wir nur mutmaßend vordringen können. Bei den Naturvölkern dürfen wir vielleicht eine instinktmäßige Einpassung in den Kosmos annehmen, so wie im animalischen Fall das Zurechtfinden der Zugvögel in geographischen Räumen, klimatischen Normen und Jahreszeiten dementsprechende Instinkte voraussetzt. Wie man aber bei diesen ein *Gestörtsein* durch Sonnenfinsternis und andere außerordentliche Erscheinungen beobachten kann, beginnt beim Menschen die *metaphysische Fragestellung* da, wo in Erscheinung tritt, was im Regulativ der Instinkte nicht enthalten oder wenn, dann spontan beantwortet ist. Das Außerordentliche reizt den Gestaltungstrieb der sich früher entwickelt als der Erklärungstrieb, die Antworten gingen sofort in mythische Bilder ein, und der Erlebnisausdruck trachtete zugleich einen kosmischen Zusammenhang zu unterlegen. Solche Probleme rollte der Tod auf, Schwangerschaft und Geburt waren nicht minder rätselhaft, denn nach heutiger Auffassung wurde auf frühen Bewußtseinsstufen der Geschlechtsverkehr noch nicht dazu in Beziehung stehend erkannt. Ursymbol des Werdens und Vergehens war für ein gleichnishaftes Denken der Mond in seinen wechselnden Lichtgestalten, zumal die 27 Sichttage als Zeitmaß der weiblichen Regel verstanden wurden, die rund 3 Schwarzmondtage (Neumond) an die Todespforte gemahnten. Beim so Naturverbundenen gab es noch kein kausales Hintereinander; den Mondlauf empfand man als Gleichnis der lebenspendenden und -erneuernden Kraft im Dasein, in der Neumond-Pause sah man das Tor zur Welt der Toten.

An der letzten Jahrhundertwende beschränkte sich unsere Kenntnis urzeitlicher Gestirnbeobachtung auf die babylonischen und ägyptischen Texte. Die Herkunft der Astrologie aus diesen Ländern war unangreifbares Dogma. Inzwischen haben neuzeitliche Entdeckungen unsere Ansichten der menschlichen Frühgeschichte um Jahrtausende verschoben und uns mit kulturellen Zeugnissen aus allen Erdteilen bereichert. So auch im

Norden. Nach Radio-Karbon-Untersuchungen an den Anlagen von Stonehenge und Avebury in England müssen wir dort im Beginn des 2. Jahrtausends und nach astronomisch orientierten Ausmessungen der Wälle von Österholz bei den Externsteinen um 1850 v. Chr. eine entwickelte Gestirnbeobachtung annehmen. Bestätigt wurde ferner weitgehend (trotz widersprechender Ansichten Malinovskis) die Lehre Bachofens, daß die gesellschaftliche Verfassung der Urzeit mutterrechtlich war. Parallel dem kultischen Vorrang des Mondes vor der Sonne ging eine bestimmte Form des Rechts und der Lebensgemeinschaft. Der Mann als Gefährte, Geliebter und Beschützer der Frau stand in Abhängigkeit zum Mysterium der Geburten. Nahe bei der 1940 entdeckten Höhle von Lascaux, berühmt durch die ältesten Tiermalereien, befindet sich die Höhle von Laussel. Hier wurde das Relief einer nackten Frau gefunden. Sie blickt auf ein mit 14 Riefen versehenes Horn, das sie in der rechten Hand hält, und die linke Hand liegt auf ihrem Bauch. Das Horn symbolisiert auf frühen Bilddarstellungen den Mond, die Geste suggeriert eine Beziehung zum gesegneten Zustand des Leibes, vierzehn Tage währt die Hälfte des weiblichen Geschlechtszyklus, und so lange dauert die Entwicklung vom Neumond zum Vollmond. Die waagerechte Lage des Horns kann auf die Stellung der Mondsichel nach der Wintersonnenwende bezogen werden. Das Alter dieser Darstellung aus dem Aurignacien, wie die Epoche archäologisch heißt, beträgt 15$\frac{1}{2}$ Jahrtausende mit einem Spielraum von rund 900 Jahren. Da fundamentale Anschauungen langsam heranreifen, dürfen wir ihrem Beginn ein bedeutend höheres Alter geben und sehen den Menschen der auslaufenden Eiszeit bereits auf dieser Denkstufe.

Es ist das Ritual der Großen Mutter, der MAGNA MATER, das die Frühzeit beherrscht. Der matriarchalische Blickpunkt sieht auch die Weltentstehung von der Mutterschaft aus.[1] So müssen wir den Kern der alten Mythen begreifen: die vielerorts vorkommende Vorstellung vom Weltei, die vom Nordwind befruchtete Eurynome, die Erdgöttin Gaia, deren aus ihr geborener Sohn als Himmelsgott Uranos ihr Gatte wird, die Urfassung der Ledageschichte – lange vor dem hinzu erfundenen Abenteuer des Zeus –, der Schwänin mit dem doppelten Zwillingspaar, Kastor und Helena dem einen, Polydeikes sowie Klytaimnestra dem anderen Ei entsprossen. Solche Muttermythen reichen in eine Zeit vor der dorischen Wanderung zurück. Siegreich eindringende Völker deuten stets im Sinne ihrer mitgebrachten Götter um, was sie an metaphysischer Substanz bei den Unterworfenen antreffen, dabei unterlaufen sowohl Fehldeutungen als auch bewußte Entstellungen.

Tempel, Bildwerke, Inschriften der frühen Kulturen stehen jedenfalls in mehr oder minder eng verstandenem kosmischen Bezug. Der Priesterkünstler von damals kennt keine zufälligen Motive. Im Dargestellten bekundet sich ein geistiges Leben auf prälogischer Stufe, das heißt, das Denken bewegte sich in *Bildern* ähnlich den Bildschöpfungen unseres Traumes; dem Erwachten erscheinen sie oft ohne Zusammenhang mit seinem rationalen Tagesbewußtsein, können jedoch als sinnvoll entschlüsselt werden. In dieser Lage befinden wir uns heute den alten Bildern gegenüber. Wenn Bachofen sagt: »Der Mythos ist die Exegese des Symbols«, so meint er die Auslegung rational schwer faßbarer, erst zu deutender Sinngehalte durch Gestalten und Handlungen, wie sie der Mythos erzählend vor Augen stellt. Geheimnisvoll, gewichtig und bedeutsam ist jedes Bild. Gottes-

1 Der von J. J. Bachofen eingeführte Begriff des Mutterrechts, Titel seines 1861 erschienenen Hauptwerkes, ist nicht im streng historischen Sinne haltbar als eine Frühstufe, die *überall* dem Vaterrecht voranging. Er bezeichnet vielmehr eine bestimmte Betrachtungsart von Abstammung und Folge, die bei vielen alten Völkern gegolten hat, nämlich die Auffassung, daß im Kreislauf von Leben und Tod die *blutsmäßige Verbindung* über die Mutter geht. Demnach gaben diese Völker dem männlichen und weiblichen Geschlecht eine andere Rolle und Machtstellung wie in unserer Vatergesellschaft. Abgesehen von soziologischen Gründen, Unterschieden bei Jägern und Sammlern, bei Ackerbauern oder Nomaden, ist dies wohl die *urtümliche* Auffassung des konkreten Zusammenhangs. Auf sie sind die Mutter- und Erdkulte gegründet, deren Nachhall noch im Orestmythos durchklingt, der Kult des »tellurischen Leibes«. In den nachplatonischen Anschauungen der Antike zerfällt der Mensch in Körper, Seele und Geist, im kosmischen Bezug sind es Tellus, Luna und Sol; der solare Geist galt als dasjenige, was in der Zeugung von männlicher Seite hinzukommt.

glaube und Dämonenfurcht, das als Gesetz im Welthintergrund gesehene Gespinst der Nornen, durchdringt sich mit Irrungen und Wirrungen des zur Entwicklung kommenden Bewußtseins. Noch strebt es kein Erkennen um des Erkennens willen an, sondern gehorcht der magischen Absicht, bedrohliche Erscheinungen zu bannen, durch Zauberhandlungen sich des Unberechenbaren zu bemächtigen. Auch Denken ist ein Zauber.

Die Erfindung der Schrift verhilft zur weiteren Abstraktion. Wir denken sie uns etwa zwischen 3200 und 2800 in Uruk entstanden; die gewohnte Anschauung sieht das Alphabet von den Phönikern zu den Griechen und Römern überpflanzt. Ist denn aber die Geschichte der Kaufmannsschrift identisch mit derjenigen kultsymbolischer Ideogramme? Sind die vielen steinzeitlichen Schriftdenkmäler in Europa, Afrika und Asien entziffert und datiert? Auch angesichts der jüngst im Industal ausgegrabenen Städte, aus denen die Sumerer vermutlich eingewandert sind – nach sumerischen Gräbern auf den Bahrein-Inseln zu folgern –, wirft sich die Frage auf, ob dort nicht schon Jahrtausende früher die Sternenschrift abgelesen wurde. Die ältesten Bildwerke bleiben stumm. Inspirativ empfangene Weisungen des Gottes, als dessen sichtbares Zeichen der Stern galt, mochten zuweilen unbegreiflich sein und wurden, auch wenn sie Grausamkeiten verlangten, undiskutabel befolgt; erst mit der Schrift konnten sie solchen mitgeteilt werden, die selbst nicht in der verhängnisvollen Gnade der Vision standen.

Einen Umbruch der geistigen Haltung und der Gesellschaftsordnung löste aus, was man die Entdeckung des Mannes nennen kann: die Erkenntnis seiner befruchtenden Rolle im Geschlechtsakt. Der Mythos des Gebärens wandelte sich in einen Mythos der Zeugungskraft. Mitunter bekam ein und dieselbe Gestalt nun gegenteilige Vorzeichen, die Mondgottheit wurde männlich, »Frucht die sich selber erzeugt« im sumerischen Hymnus. Entschiedener war die Umwertung, wenn im Schöpfungsvorgang an die Stelle der Magna Mater der Demiurg trat, der Schöpfergott, der seine Geschöpfe aus Ton formte. Der dunkle Mutterschoß der Welt und seine ausgebärende Bildekraft genügten nicht mehr dem metaphysischen Bedürfnis. Vorstellungen einer zeugenden Lichtkraft enstanden, und im Keim finden wir somit schon den späteren idealistisch-materialistischen Gegensatz. Nun wurde das Werden und Vergehen der Mondgestalt gedeutet als Hervorgehen des Weiblichen aus dem Männlichen. Die adamitische »Rippe« der Genesis (Wortstamm: das sich Krümmende) versinnbildlicht die durch Anleuchtung hervorgebrachte Mondsichel nach den Schwarzmondtagen.

Erst das zeugend-empfangende Doppelbild des Lebens macht das in vielen Mythen am Anfang stehende doppelgeschlechtliche Urwesen verständlich. In altindischer Sicht, gemäß den Veden, blickt das Urwesen um sich und verlangt unbefriedigt nach anderem als sich, da treten seine männliche und seine weibliche Hälfte auseinander, ihre Wiedervereinigung erschafft den Menschen. So erklärt der Mythos die Sehnsucht und Spannung der Geschlechter nicht anders als Plato in seinem »Gastmahl«. Im geläuterten vaterrechtlichen Blickpunkt – nach Übergangszeiten der Gewalt, blutiger Unterdrückung und Menschenopfer – sind Mann und Weib eine Person, im Sohn wird der Vater wiedergeboren. Fragen der rechtlichen Nachkommenschaft, der Besitzesfolge, wurden besonders aktuell durch den mit Hilfe von Zugtieren betriebenen Ackerbau. Wie bereits Lasaulx 1852 hervorhebt, bestand im Altgriechischen eine Wort-Übereinstimmung zwischen ackern und schwängern, Ackerland und Mutterschaft, Pflug und Zeugungsglied. Darin spiegelt sich die Einstellung der landnehmenden Dorer zu den mutterrechtlichen Kulten der Pelasger, und wir erleben den Nachhall dieser Auseinandersetzung im Sagenkreis um die Ilias, die Orestie, worin uns Helena und Klytaimnestra, Gestalten ehemaliger Muttermythen, als Frauen einer geschichtlichen Zeit vorgestellt werden.

Abwegig wäre es, wenn auch religions- und kulturgeschichtlich interessant, der vielfach verschlungenen Mythen- und Mysteriengeschichte im einzelnen hier nachgehen zu wollen. Die zahlreichen zutage geförderten Texte haben die Fragen der Entstehung und des Verlaufs für manche Autoren eher kompliziert als der Lösung nähergebracht. Noch schwanken die wissenschaftlichen Auffassungen. Ein Teil beharrt bei der Vorstellung eines bloßen Spiels der Phantasie mit dem Sternenhimmel, sieht die von da abgelesenen Bilder hineingetragen in die irdisch-menschliche Sphäre. Solche, die vom archetypischen Gehalt der Bilder ausgehen, lassen oft die Realgeschichte unberücksichtigt und verlieren sich im Psychologismus. Andere, die nur am Zustandekommen des heutigen astronomischen Weltbildes interessiert sind, betrachten die symbolischen Gehalte als Vernebelungen des wahren Fortschritts. Vorkommende Übereinstimmungen von Mythen werden meist erklärt durch gleiche Herkunft der betreffenden Völker oder durch Aufnahme weitererzählter Geschichten nach Art eingeführter Waren, oder durch Eroberer den Unterworfenen gewaltsam aufgedrungene Götter. Verschiedenartige Geistesverfassungen, heutige Blickweisen und Anschauungen werden also in die Frühgeschichte hineininterpretiert. Ein so komplexes Geschehen repräsentiert sich jedoch durch vielerlei Bedingungen geprägt. An ein *ursprüngliches Entstehen von Astralmythen* kann sinngerecht nur denken, wer das astrologische Problem möglichst unabhängig von überlieferter Gestalt, aus eigener Erfahrung studiert hat und die tiefenpsychologischen Bezüge kennt. Er muß sich nur hüten, entwicklungsmäßig spätere Einsichten bei früheren Menschen vorauszusetzen.

Zum Thema der Astrologie gehört unstreitig ein Hervortreten des *Sonnenkults* mit der vaterrechtlichen Gesellschaft. Die Erkenntnis begab sich in eine mehr gesamtverbindliche Ordnung als beim bloßen Verfolgen des Mondlaufs. Genügte hierzu vorderhand ein Verbuchen sinnlicher Daten, da sich der Mond unmittelbar samt seinem Hintergrund der Anschauung darbietet, so wurde zur Ermittlung der Sonnenbewegung eine gewisse Abstraktion nötig. Das Licht der Sonne überstrahlt den Hintergrund, und ihr tägliches Fortschreiten muß erschlossen werden aus den nach Sonnenuntergang oder vor Aufgang den Horizont kreuzenden Fixsternen. Diese mit Verstandesschlüssen kombinierte Beobachtung lehrte einen schräg zu Horizont und Äquator gestellten Kreis des Himmelsglobus kennen, die *ekliptische*

Ebene. Der Name stammt vom griechischen ékleipsis = Finsternis; Sonnen- und Mondfinsternisse kommen nur vor, wenn der Mond auf seiner etwas abweichenden Bahn die Ekliptik schneidet. Als scheinbare jährliche Sonnenbahn bildet die Ekliptik zugleich die mittlere Umlaufsebene der Planeten und des Mondes, läßt somit rechnerisch als Ganzes erfassen, was wir heute die Bewegungen im Sonnensystem nennen. Umsäumt ist diese Ebene von ungleichartig gruppierten Fixsternen, die sich dem irdischen Beobachter zu Figuren zusammenschließen. Dies sind die uns als *Tierkreis-Sternbilder* geläufigen Figuren, von verschiedenen Völkern und Kulturen unterschiedlich gesehen und gedeutet.

Es entstanden sonnenbezügliche und männliche Mythen: Nacht- und Meerfahrt des Sonnengottes, siegreiches Bestehen der Unterwelt mit ihren Gefahren, allmorgendliche Wiederkehr einer zeugenden Lebensmacht. Der neue Kult verschmolz zuweilen mit dem alten. Isis als ägyptische Erde-, Mutter- und Mondgöttin empfängt den Samen des Osiris, zwar greift der Widersacher Seth ein und zerstückelt den Sonnengott, doch wird dieser als Horus wiedergeboren. Stärker nimmt in anderen Kulten das Überwindungs- und Erlösungsmotiv, hineinreichend bis in die christliche Zeitenwende, Gestalt an. Der dementsprechende persische Mithraskult mündet, neben seiner Pflege in Mysterien, schließlich in eine römische Soldatenreligion ein. Sein mystisches Stieropfer knüpft die Theseussage und die vielen Stiermythen derselben Zeit fort mit der Bedeutung, daß der triebmäßige Urzustand durch die eigentliche Humanitas überwunden werde. Die unbegreifliche Dämonie des Tieres, in der Frühzeit vergöttlicht, weicht allmählich dem Menschenbilde. In den antiken Hochkulturen bestand die Aufgabe des Mythos darin, *das Chaos der Menschenseele zu gliedern, zu ordnen*, in Anlehnung an die Gestirnswelt und mit Hilfe der Zahl sie *als Kosmos zu gestalten*. Dies war die Zeit der großen Kosmogonien. Traten Planetengottheiten in den Mythos ein, dann mit ausgeprägter Eigengestalt und vereinigt zur Götterfamilie, deren »olympische Ordnung« durch Bändigung der elementaren

Aufstand gegen sie, ihr Herakles freiwillig überlassener Gürtel, gehören unter das Schützeprinzip. In furchterregender Mißgestalt, dreileibig und mit sechs um sich greifenden Armen, erscheint im Skorpionprinzip der Riese Geryon, durch einen Keulenschlag ans Knie zu Fall gebracht. Die Unsterblichkeit verheißenden Äpfel der Hesperiden sowie die Zwischenhandlung, an Stelle des Titanen Atlas das Himmelsgewölbe zu tragen, verbildlichen das Waageprinzip. Mit Cerberus endlich, dem Bewacher der Unterwelt, rücken wir im Jungfrauprinzip wieder an den Anfang heran.

Hiermit ist ein Rundgang durch 12 Stationen skizziert, in denen es jeweils um eine charakteristische Handlung der Überwinderkraft geht. Diese leitbildhafte Bedeutung von Herakles gilt sozusagen unabhängig von seinem Privatleben. Nur die einleitende Situation am Scheidewege und die Erlösung im Flammentod könnte man darauf beziehen. Doch die Fülle ihm zugeschriebener Abenteuer, seine Wahnsinnstat, in der er seine Frau und drei Kinder erschlägt sowie die vom Orakel verordnete Buße, sich in Weiberkleidern bei Omphale zu verdingen, dergleichen sind zusammengetragene Zusätze, um einen Lieblingshelden auszustatten. Wie bei Theseus und wie bei Jason spüren wir den Kampf gegen mutterrechtliche Vergangenheit heraus, der bei Ödipus zum menschheitsbedeutsamen Konflikt verdichtet ist. Mit den 12 Stationen des Tierkreises aber wurde kosmologisch ein Blickpunkt bezogen: der Sieg über sinnliche Erdenmächte, als Ausdruck der Seele dargestellt, leitet eine neue Haltung ein.

Solche Bildfolgen werden aus einer Umschichtung der Werte geboren. Sie stellen den *Lebensgang des großen Einzelnen* dar, nur auf sich gestellt und die Verantwortung vor den Göttern in sich hineinnehmend. Identifiziert mit dem Sonnenhaften tritt er auf, tritt aus der Massenpsyche heraus, Gefahr und Tod sind im Wagnis der Tat inbegriffen. Schon das Gilgamesch-Epos gewinnt einen Sinn durch die Erfüllung aufeinanderfolgender Aufgaben; es ist damit als Mythos der Sonnenbahn gekennzeichnet. Wenn nur 11 Stationen vorkommen, so weist dies auf eine Zeit, die noch von ungleich großen und als Figuren vieldeutigen Sternbildern ausgeht; das spätere Bild der Waage galt auch den Griechen ursprünglich als die Scheren des Skorpion. Der für Zahlenschemata empfängliche babylonische Geist gelangt dann in relativ später Epoche dazu, die Ekliptik in gleichmäßige Abschnitte von je 30 Grad einzuteilen.

In ihrem prinzipiellen Gehalt muß auch die Siegfriedsage als Mythos der Sonnenbahn verstanden werden. Im Unterschied zu Herakles, der seine Taten weder ich- noch umweltbezogen besteht, stellt aber die Dramaturgie den Werdegang als *Begegnung eines Ichs mit seiner Umwelt* dar. Diesem Ich geht es um heldenhafte Erstgeltung, die Umwelt tritt in zeitgebundener Gestalt als Sippenordnung auf. Ein solcher Inhalt bedeutet die weitergetriebene Individuation, Tod ist Konsequenz der erreichten Stufe. Den Schöpfern der Bilder war dies wohl nur andeutungsweise bewußt, voll begreiflich wird es erst, wenn wir die Tierkreisordnung in heutiger Sicht kennengelernt haben. Unsere Deutung greift daher dem Bewußtsein der Entstehungszeit voraus, die ihren tragischen Entwurf von Aufbruch und Untergang bestenfalls in Anlehnung an die Jahreszeitenfolge gestalten konnte.

Jahreszeitlich liegt der Beginn im Frühlingspunkt, dem Ansatz in einem von den Sternbildern losgelösten kreisläufigen System. »Jung-Siegfried« erweckt die Vorstellung von Keimkraft. Der Beginn ist Aufbruch des neuen Impulses, technische Befähigung zum großen Werk, anstürmender Tatendrang, wie unter dem Widderprinzip verstanden. Seine erste Bewährung liegt im Drachenkampf, dem Sieg über materielle Schwere und Haften am Besitz, dem Stierprinzip entsprechend ferner im Erwerben eines eigenen Horts. Vom Zwillingsprinzip ist die inspirative Seite aufgegriffen sowie der Schnitt durch die Lernstufe, Vernehmen der Vogelstimmen und Trennung vom Verrat sinnenden Zwerg. In eine andere Region geraten wir mit dem Krebsprinzip, dargestellt als mystische Vermählung mit dem Urweiblich-Mütterlichen, Brunhild, deren Runenkunde den Helden in die Leitsätze der inneren Welt einweiht. Nun aber folgt die Drehscheibe der Triebe, sinnenfrohen Daseins und Versprechungen äußerer

Macht: die Begegnung mit Gunther im königlichen Löweprinzip. Das Jungfrauprinzip bringt ein Hineinflechten in den lebensfähigen Kompromiß. Durch Zaubertrunk und Betrug an Brunhild, durch Verhältnisse und kluge Machenschaft wird das Netz der Täuschungen über den Helden geworfen. Wieder eine andere Region eröffnet das Waageprinzip: Glanz und Oberflächenglück mit Krimhild, Aufgenommensein in die Sippe. Der tragische Untergrund des Ganzen bricht im Skorpionprinzip durch: Entdeckung des Betrugs durch Brunhild, nun, verratener Schwüre gedenkend, eine verschlingende Rachegöttin. Das Schützeprinzip wirft mit dem Streit der Königinnen die Entscheidung auf, der erkämpfte Vortritt bedeutet öffentliche Enthüllung der Heimlichkeiten. Nun rollt die Konsequenz der gestifteten Verwicklungen über die handelnden Personen hinweg, das Steinbockprinzip schließt die Region der Gesetzesvollstreckung auf, ihr Werkzeug, der saturnische Hagen, weiß und trifft die verwundbare Stelle des Sonnenhelden. Mit dem Wassermannprinzip verlegt sich der Schauplatz in die Weite zeitgenössischer Beziehungen. An Etzels gastfreiem Hofe bereitet sich die Bereinigung mit unterschiedlicher Absicht der Beteiligten. Das Fischeprinzip endlich löst gnadenlose Vernichtung aller durch alle aus, der Boden wird geebnet für den Anwart eines neuen Zyklus, hier des sagenhaften Dietrich von Bern, dessen Waffenträger auch Krimhild als letzte Überlebende beseitigt.

In düsterer Folgerichtigkeit, wie sie urtümlichem Denken eigen ist, läuft das Geschehen. Es sind nicht wie bei Herakles aneinandergereihte Stationen einer Überwinderkraft, die sozusagen außen bleibt. Gerade das Hineingehen in die Bedingungen und Siegfrieds Erliegen enthalten, da die Bedingungen das *soziale Wirklichwerden des Ichs* betreffen, einen fortgeschrittenen Blickpunkt: die *tragische Kollektivschuld und ihre objektive Unvermeidlichkeit*. Mit dieser Einstellung kleiden sich die Stationen in Bilder, die wir erst aus der Situation des modernen Menschen richtig verstehen.

Wer im Mythos lediglich unentwickelte geistige Fähigkeiten sieht, gewahrt eine Welt von Phantasmen als minderwertig gegenüber der technischen und begrifflichen Perfektion der Spätzeiten. Der mythologischen Stufe eignet eine locker schweifende Gestaltungskraft, welche den kosmischen Komponenten derart zahlreiche Abwandlungen abgewinnt, daß sie jeweils nur aus der Vieldeutigkeit des Symbols begriffen werden können. Dies trifft vor allem auf die Tierkreissymbolik zu. Unausweichlich drängt sich jedoch geschichtlich der Erklärungstrieb vor, der eindeutige Begriffe braucht, demgemäß die Beobachtung verfeinert und aus empirischen Daten zu kühneren Schlüssen gegen den bloßen Augenschein kommt.

Mehr und mehr trat die empirische Wirklichkeit der Gestirnwelt ins Bewußtsein. Zweimal im Jahre, im Frühling und im Herbst, sind Tag und Nacht gleich lang. Fortgesetzte genauere Beobachtung ließ erkennen, daß die Stellung der Sonne an diesen Tagundnachtgleichen rückwärts gegen die Folgen der Tierkreis-Sternbilder, von Osten nach Westen gewandert ist. Macht der jährliche Betrag nur etwa 50 Bogensekunden und in rund 72 Jahren 1 Grad aus, so ist es doch eine stetige Bewegung, die *Präzession des Frühlingspunktes* benannt. Wir führen diese Bewegung auf die einwirkende Schwere von Sonne und Mond zurück und sehen die Erde nach Art eines mit schräger Achse rundherum tanzenden Kreisels. Gleichmäßig ändert die Erdachse ihre Lage zum Firmament und beschreibt in rund 26 000 Jahren einen doppelten Kegelmantel.

War man bis vor kurzem der Ansicht, diese Verschiebung des Frühlingspunktes sei erstmals von Hipparchos (160 bis 125 v. Chr.) beobachtet worden, so sehen wir heute darin eine selbständige Wiederentdeckung. Sie wird bereits von Kidinnu in Sippar um 314 v. Chr. berichtet. In beiden Fällen legte die Öffentlichkeit wenig Wert auf solche Entdeckungen, vielleicht zum Glück für Hipparch, denn ihre Bekanntgabe war damals eine mit dem Tod zu bestrafende Ketzerei gegen die herrschende religiöse

Meinung. Anderen Völkern wurde die Präzession erst in nach-christlicher Zeit bekannt, den Chinesen gegen Ende des 3. Jahr-hunderts, den Indern kaum viel vor dem 6. Jahrhundert.

Dieses Thema der Präzession, später oft als Einwand gegen die Astrologie gebraucht, löste in jüngster Zeit mehrfache Spekula-tionen über Alter und Herkunft des Tierkreises aus.

Bestand zuerst das Prinzip oder zuerst das Bild? Man darf dies eine sinnlose Frage nennen wie die, ob zuerst das Huhn oder das Ei gewesen sei. Unser Thema rollt aber eine solche Fragestellung auf, wenn wir es einmal nicht als selbstverständlich annehmen, daß in dieser Sternfigur unbedingt ein Stier, in jener unbedingt ein Löwe zu sehen ist. Verschiedene Kulturen haben verschie-dene Tierkreise. Was der einen ein Zwillingspaar, bedeutet der anderen ein Affe, wo die eine einen Widder sieht und in Zusam-menhang bringt mit der Sage vom Goldenen Vlies oder mit der Göttin Pallas Athene, sieht die andere eine Ratte. Offenkundig sind es bildhafte Umschreibungen von Inhalten, die also vermit-tels anschaulicher Einkleidung erlebt und gedeutet wurden. Das Prinzip ist dann zugleich mit dem Bild gesetzt wie das Huhn mit dem Ei, nur kann aus dem Ei verschiedenerlei Getier hervorge-hen. Dies bezeichnet ein Verhältnis, worin die Bildhaftmachung nur immer bestimmte Züge des Inhalts zur Vorstellung bringt, doch andere Züge damit eher verdeckt als anleuchtet. Alle auf ein Prinzip bezogenen Bilder zusammengenommen sind verschie-den anvisierte Entsprechungen *eines* symbolisierten Inhalts.

Allerdings setzt dies voraus, daß dem Jahreslauf der Sonne in seinen Abschnitten überhaupt gemeinverbindliche Inhalte zu-grunde liegen. Ob und wie dies denkbar ist, wird später behan-delt. Die Abkehr wissenschaftlichen Denkens von der Astrolo-gie hat es mit sich gebracht, ihre Tierkreisvorstellungen nur aus den Sternbildern, bzw. den hineingesehenen Figuren und ihrer Mythologie, abzuleiten. Unter dieser Annahme war der Ein-wand der Präzession berechtigt, der Hinweis auf die Tatsache, daß gegenwärtig der Abschnitt für das Zeichen Widder sich gar nicht mehr mit dem Sternbild des Widders deckt wie zur Zeit des Hipparch, sondern der Frühlingspunkt inzwischen das Bild der

Fische durchschritten hat und an der Grenze des Wassermannbildes angelangt ist. Dann war die fortgesetzte Deutung aus jenen Sternbildern, als gäbe es keine Präzession, ein auf Unkenntnis beruhender Unsinn, die astrologische Denkweise ein Anachronismus.

Mit der letzten Jahrhundertwende, auf Grund neu erworbener Kenntnisse der Frühgeschichte und nicht zuletzt der erdgeschichtlichen Zeitalter, begann eine Revision unserer Vorstellungen vom Geistesgut früherer Jahrtausende. Sie ist noch nicht abgeschlossen und kann es keineswegs sein. Der Spaten gräbt immer weitere Zeugnisse der Vergangenheit aus, physikalische Untersuchungsmethoden gestatten ungewöhnliche Datierungen – wer hätte sich früher Jericho als Stadt vor 8000 Jahren vorgestellt? –, blutserologische Untersuchungen geben Auskunft über Menschenrassen, wie sie Schädelmessungen und dergleichen nicht liefern konnten. Das Verhältnis fester Erdmassen und Ozeane ist durch die Erdschollentheorie aus der geglaubten Starre gerückt.

Durch Vergleich der ältesten Schriftdenkmäler und, soweit zugänglich, lautlicher Parallelen gelangte Herman Wirth dazu, in vorher als »spielmäßige Kritzeleien«, »Fabrikmarken« geltenden Zeugnissen der Steinzeit kultsymbolische Zeichen zu sehen.[2] Unter Verwendung eines ungeheuren Anschauungsmaterials aus allen Erdteilen versucht er einen kontinuierlichen Gang der Kulturentwicklung darzustellen, der anders verlief, als wir es aus bisher geschriebener Geschichte gewohnt sind. Die alte Atlantissage nimmt er – in Anlehnung an die Wegenersche Rekonstruktion der Kontinentalschollen zur großen Eiszeit – als Bericht eines ehemaligen räumlich näheren Zusammengerücktseins von Nordamerika und Europa, von dort ausgehender Ausstrahlungen einer frühen Kulturrasse. In seiner Auffassung bekommen die Funde um den Golf von Biscaya, in Irland, die Felsbilder im schwedischen Bohuslän, in der Sahara und vieles mehr ein

2 Herman Wirth, »Der Aufgang der Menschheit«, Eugen Diederichs, Jena 1928.

eigenartiges Gesicht, das vom geläufigen Schema abweicht, ebenso das Verhältnis der vordynastischen ägyptischen Schrift zur späteren Bilderschrift, der sumerischen Linearschrift zur babylonischen Keilschrift. Was uns hier näher angeht, ist der behauptete durchgehende Kult eines »heiligen Jahres«, der Drehung im Kreise und Wiederkehr der Wandlungen als kosmisches Gesetz. Die archaische Zeitrechnung ließ demnach das Jahr vom tiefsten Punkt der Sonne beginnen, zur Wintersonnenwende. Das »Mutterhaus« der Erde war die Stätte der Wiedergeburt des Lichts, des »Vatersohns«. Auf die kultischen Ideogramme oder Sinnzeichen gestützt, sieht nun Wirth eine einheitliche Redaktion der für den ersten Monat des Jahres geltenden Zeichen, wenn die Sonne nach Ablauf einer Periode von ungefähr 2000 Jahren zur Wintersonnenwende in ein neues Tierkreisbild vorgerückt war. Er entnimmt den alten Schriftsystemen zwei solcher Perioden, deren eine um 12 000 bis 10 000, deren andere um 10 000 bis 8000 v. Chr. anzusetzen wäre, dann einen Abbruch, den er mit der Ausscheidung eines Kulturzentrums erklärt. Dies könnte sich zeitlich mit Platos Bericht der ägyptischen Überlieferung vom Untergang der Atlantis decken. Von da an wurde überwiegend die Frühlingsgleiche an den Jahresbeginn gesetzt, bzw. das dort stehende Tierkreisbild genommen.

Begreiflicherweise gilt Wirth in der Archäologie als Außenseiter, so streng er sich von den Trugbildern der riesenhaft angeschwollenen Atlantis-Literatur abgrenzt. Atlantis wird ja von Spitzbergen bis zum Niger, an verschiedenen Mittelmeergestaden, bei Helgoland, am Kaukasus, bei den Azoren oder im versunkenen südspanischen Tartessos gesucht. Wirths Auffassung erfordert ein völliges Umdenken der Frühgeschichte. Die meisten Autoren halten sich an die Ausgrabungen zumal im Vorderen Orient und die traditionelle Ansicht einer von dort ausgehenden Kulturentwicklung. Immer stärker jedoch macht sich eine Geneigtheit zur Annahme frühzeitigen Bekanntseins mit der Präzession bemerkbar. Anlaß sind einerseits die Überlieferungen vom sog. platonischen »Großen Jahr« sowie anderseits kultsymbolische Gemeinsamkeiten gewisser Zeitalter. Am deutlichsten können hierbei eine »Stier«- und eine »Widder«-Epoche unterschieden werden, ungefähr übereinstimmend mit der Wanderung des Frühlingspunktes durch die entsprechenden Sternbilder. Auch in der Bedeutung des »Fischs« für die christliche Ära kann man einen solchen Zusammenhang sehen.

»Ungefähr«, dies berührt den Unterschied zwischen Sternbild und Zeichen. Die gleichnamigen Sternbilder sind ungleich groß. Eine gleiche Zeitteilung wäre unmöglich bei Zugrundelegung ihrer Längen:

♈	Widder	24° 44'
♉	Stier	36° 43'
♊	Zwillinge	27° 51'
♋	Krebs	20° 3'
♌	Löwe	35° 49'
♍	Jungfrau	43° 58'
♎	Waage	23° 10'
♏	Skorpion	25° 15'
♐	Schütze	33° 25'
♑	Steinbock	27° 50'
♒	Wassermann	24° 10'
♓	Fische	37° 2'

Nimmt man eine Abfolge zeitengleicher Epochen mit kultischer Gemeinsamkeit an, symbolisch bezogen auf das Bild des Stiers, des Widders, der Fische, dann könnte es sich nur um eine *bewußte Regie* handeln. Es müßte also längst eine Teilung des Kreises in Abschnitte von je 30 Grad erfolgt sein (belegbar erst aus dem 4. vorchristlichen Jahrhundert), so daß die Sternbilder nur sinnfällige Merkbilder am Fixstern-Hintergrund für den Lauf der Sonne gewesen wären. Freilich gehört es zu den rationalistischen Vorurteilen, daß dem Menschen alles ins Bewußtsein treten müsse, was in ihm wirksam ist. Nehmen wir aber *unbewußt entstandene* Kulturgemeinsamkeiten der genannten Art an, dann bejahen wir eine dementsprechende Wirkung der *Sternbilder,* und wenn wir heute nach denselben Bildern deuten,

44

verfallen wir dem Einwand der Präzession. Jedenfalls beginnt eine gleichmäßige Teilung, wie wir sie heute zugrunde legen, mit dem Frühlingspunkt. Wenn der erste Abschnitt von 30 Grad nach wie vor »Widder«, der zweite »Stier« heißt usw., so gilt dies unabhängig von jenen Sternbildern und der Lage des Frühlingspunktes gegen den Fixsternhimmel.

Tafel III: *Verschiedene Datierungen von Kulturepochen nach Zeitaltern aus dem Präzessionszyklus*

	H. M. Böttcher 25 800 J.	O. Lankes 25 782 J.	A. Rosenberg 25 200 J.	W. Kestranek 25 920 J.
Zwillingszeit	6670—4520 v.Chr.	6500—4350 v.Chr.	6450—4350 v.Chr.	6840—4704 v.Chr.
Stierzeit	4520—2370 v.Chr.	4350—2200 v.Chr.	4350—2250 v.Chr.	4704—2544 v.Chr.
Widderzeit	2370— 220 v.Chr.	2200— 50 v.Chr.	2250— 150 v.Chr.	2544— 384 v.Chr.
Fischezeit	220 v.-1930 n.Chr.	50— v.Chr.	150 v.- 1950 n.Chr.	384 v.- 1776 n.Chr.
Wassermannzeit	1930— n.Chr.		1950—4050 n.Chr.	1776 — n.Chr.

Von den Verfechtern großer Kulturperioden, gleichlaufend mit der Präzession gezählt, wird dies meist nicht beachtet oder ein Zusammenhang stillschweigend vorausgesetzt. So oder so gesehen, fraglich ist der Ansatzpunkt des Gesamtkreises. Die ungleiche Länge gerade der Sternbilder Widder und Fische erklärt die schwankenden Datierungen für den großen Zyklus, der Übergang hätte nach astronomischen Anschauungen in der ersten Hälfte des letzten vorchristlichen Jahrhunderts gelegen.

Auf die Begründung der verschiedenen Zeitangaben brauchen wir hier um so weniger einzugehen, als vom Geistesleben dieser Epochen keineswegs *Richtigkeit oder Irrtum* astrologischer Anschauungen, sondern nur die *Herausbildung* der herkömmlichen Anschauungen abhängt. Nimmt man allerdings den Werdegang der astrologischen Vorstellungswelt als ihr Wesen, so bleibt man am geschichtlichen Bilde der Astrologie hängen und findet keinen Zugang zur Betrachtung ihrer Grundlagen im heutigen Erkenntnisstil. Erst von da könnte man auch eine astrologische Geschichtsbetrachtung einleiten. Trägt man wiederum später herausgebildete Vorstellungen, wie die Beziehungen der Planeten in ihrer Siebenzahl (einschließlich Sonne und Mond) zur Zwölfzahl der Zeichen, in den Beginn hinein, dann nimmt man ein fertiges System als Maßstab für seine mythengeschichtliche Anbahnung. Auf solche Weise kommt etwa Julius Schwabe zur Behauptung, die »richtige Grundstellung des Tierkreises« sei schon im zweiten vorchristlichen Jahrhundert »in die Brüche gegangen« und die Verschiebung durch die Präzession ihr zum Verhängnis geworden.[3]

Ein Durchdenken der Tierkreisordnung, die Abwendung von den ungleich großen Sternbildern zugunsten gleich langer Strecken, ihre gegenseitige Beziehung als »Zeichen«, betrifft aber eine Abkehr vom Mythos überhaupt. Es liegt darin ein Übergang des Denkens aus *natürlichen* in *rationale* Ordnungen wie etwa bei der Stundenzählung nach Wasseruhren gegenüber ihrer Einteilung nach Sonnenauf- und -untergang. Hier müssen wir uns jedoch vor summarischer Parteinahme für das Natürliche hüten, wo es das Zufällige ist. Man darf hinzufügen, daß in bezug auf die Kreisordnung eine geometrische Gesetzmäßigkeit richtiger dem kosmischen Maß entspricht als die Anschauungswillkür. Dem Frühmenschen genügte nicht die Ausmessung der Himmelsvorgänge, er brauchte eine religiöse Deutung der Welt seiner Anschauung, im mythischen Geschehen wurden ihm die Kräfte der Natur als Götter lebendig. Dem Menschen der Spätantike stellte sich immer dringlicher das Problem eines rationalen Erfassens der Dinge.

Mythos und Geschichte

Mit dem Abtöten der Astralmythen durch zunehmend »verbesserte Sternkunde« verfolgten wir ein Stück Menschheitsgeschichte. Rückblickend wollen wir uns klarwerden über das an sich ungeschichtliche Wesen mythologischer Weltschau.

---

3 Julius Schwabe, »Archetypus und Tierkreis«, Benno Schwabe & Co., Bern 1951.

Mythos und Geschichte liegen auf verschiedenen Ebenen. Gäben wir dem Mythos nur einen geschichtlichen Platz, dann meinten wir etwas schlechthin Gewesenes. Der Tiefenpsychologie zufolge rührt der Mythos jedoch an Regungen in uns, die außerhalb bewußter Errungenschaften noch und noch wirksam sind, ja auf eingeborenen Urbildern beruhen können. Daraus geht hervor, daß der Sinn mythischen Geschehens nicht im Vergänglichen beharrt, daß er mit einer geschichtlich überholten Bildausstattung keineswegs wegerklärt ist. Es wäre grundverkehrt, die Schöpfungsmythen nur so zu verstehen, als hätten die mythenbildenden Menschen sich auf solche Weise den Hergang der Weltentstehung vorgestellt. Wenn derartiges mitlief, war es Sache des entwicklungsbedingten Bewußtseins. Um dem Wesen grundlegender Erlebnisse nahezukommen, müssen wir immer den Bezirk aufsuchen, in dem sie erlebt worden sind. Dem Astralmythos ging es um *Selbstbestimmung des Menschen vor dem Welthintergrund,* den wir heute naturgesetzlich sehen, und den er als Götterspruch deutete. So oder so sucht man Sinn und Würde des Menschen im Bestehenkönnen vor dem Ewigen. Wenn als dessen Ausdruck die Gestirnwelt galt, so war dies allerdings noch keine individuelle Astrologie, wie sie dann notwendig mit dem Hervortreten des einzelnen aus der Gruppe entstand und worin untersucht wurde, ob und wieweit ein persönliches Schicksal, ablesbar aus den Sternen, ihn umklammert. Sehen wir Geschichte als Abfolge menschlicher Taten, um zunächst in natürlichen Verhältnissen ein Lebensgleichgewicht zu erzielen, so führt der Ausdruck »Naturmensch« – eine Wortprägung der Romantik – leicht dahin irre, es sei nur um Befriedigung naturgeschöpflicher Bedürfnisse gegangen. Die Religion, die strengen Tabusatzungen, der künstlerische Ausdruckswille der »Primitiven« widersprechen dem. Für die menschliche Frühentwicklung stand im Vordergrund die *geistige Bemächtigung der Naturgewalten* durch Bannwort und Zauberformel. Das Vergleichbare aber lag in dem, worauf sich das bildhaft Gestaltete bezog und was die einfließende Gestirnbeobachtung erhellte. Wenn diese sich nun loslöste und als Astrologie verselbständigte, so mußte auch im rationalen Gewand die magische Absicht, die »Bemächtigung«, zunächst an der Oberfläche vorherrschen. Daraus hat sich das unerquickliche Zweierlei astrologischer Deutungspraxis und kosmologischer Weltbetrachtung ergeben.

Heute leuchtet als Symptom eines Rückfalls in die magische Sphäre der eingangs geschilderte Zauber der Zeitungsastrologie auf. Diese moderne Erscheinung befriedigt Massenbedürfnisse in einer Zeit der Beirrung geschichtlichen Denkens. Sie signalisiert den Verlust vorher bindender Maßstäbe. Neue sind freilich noch nicht gefunden, und das Dargebotene ist kümmerlicher Ersatz.

Die tiefenpsychologische Auffassung des Mythos muß dem Bezirk entnommen werden, in dem er erlebt und geformt wurde – abgesetzt gegen die meteorologische Mythendeutung des ausgehenden 19. Jahrhunderts, die heute noch bei vielen in ihrem Fach tüchtigen Naturwissenschaftlern herumspukt. Die alten Götter wären demnach personifizierte Naturvorgänge, durch Augurentricks verbildlichte Urheber von Wetter und Katastrophen gewesen. Den Frühmenschen wurde einerseits eine heillose Angst davor unterstellt, anderseits behauptet, daß ihnen die Natur in gleicher Weise wie späterer Naturwissenschaft ein biographisches Material geboten hätte, das sie nur unvollkommen verstanden. Allzugern mißt man vergangene Anschauungen am logistischen Fortschritt, an heutigen Kenntnissen und Praktiken. Man klopft den Vorfahren, die noch keine Kühlschränke und Autos herstellen konnten, nachsichtig auf die Schulter. Die eingetretene Entmythologisierung durch das rationale Denken läßt lediglich meßbare Wirkungen und Anwendungsfälle gelten. Auch in den Wissenschaften verdrängen die angewandten Fächer immer mehr die beschreibenden sowie erkenntniskritisch untersuchenden und begründenden Methoden. Der Sachbegriff verwirft den Typus, entschiedener noch das Symbol und seine »Unbestimmtheit«.

Vergegenwärtigen wir uns demgegenüber, daß wir ein Drittel unserer Lebenszeit mit der organischen Wiederherstellung und der seelischen Ausgleichstätigkeit im Schlafe verbringen, wobei sich die innere Regulierung mit Erfolg *ebensolcher Symbole* in mythisch gefärbten Bildern bedient. (Allerdings ist ein englischer Arzt bereits dabei, den Schlaf als »unnütze Zeitvergeudung« durch Tabletten auf eine Stunde oder zwei zu reduzieren.) Auch dieses »unwissenschaftliche Verhalten« unseres Unbewußten ist eine Wirklichkeit, sie folgt nur anderen Gesetzen als die raumzeitliche Außenwelt. Ihre Symbole und Wirkungstendenzen müssen erst übersetzt werden, wenn wir sie verstehen wollen.

Wir erkennen das Wesen der alten Mythen, sehen wir darin etwas anderes als die Verbildlichung innerer Vorgänge. Dank der Tiefenpsychologie ist es dahin gekommen, daß wir die Symbolsprache unserer Träume wieder ernst nehmen und daraus auch das Bildschöpferische im Mythos neu verstehen. Seine erzählende Form ist ein dramaturgischer Kunstgriff; im mythischen Bericht können Handlungen, die *nie an irgendeinem Ort* geschehen sind, etwas ausdrücken, was *immerwährend und überall* geschieht. Schon der ethymologischen Herkunft nach – aus symballein = zusammenwerfen – meint das Symbol ein Konzentrat vieler, räumlich und zeitlich ausgebreiteter Erscheinungen. Geschichtliche Tatsachentreue dagegen sucht redlich zu registrieren, was sich wann und wo einmalig in der Außenwelt real vollzogen hat. Ihre Tugend heißt raumzeitliche Genauigkeit der Beschreibung, Erhellung beschränkender Umstände und mitwirkender Ursachen, Unterscheidung zwischen Gesichertem und Vermutetem.

Glanz und Niedergang der Sterndeutung im Altertum

Es hat seinen guten Grund, daß mit dem Nachlassen überkommener Religionsübung, wachsender Skepsis gegen die mythologische Weltschau, zusehends die Astrologie erstarkte. Man kann darin einen Verfall oder eine Weiterbildung sehen, je nachdem man die Teilnahme des individuellen Bewußtseins einschätzt.

Der Name Sokrates erinnert an eine Stufe, auf welcher der einzelne die Rechtfertigung seines Handelns in sich selber sucht, erinnert im Kollektivgeschehen an Umwälzungen, in denen die traditionellen Lebensnormen und ihr kultischer Ausdruck nicht mehr hinreichten. Bewußtwerden eines individuellen Schicksals behalf sich bei den meisten mit Orakelfragen an eine vertrauenswürdige Instanz. Da nun an die Stelle der Inspiration überall Gedankensystem und Methode trat, wurde diese Instanz in einer systematischen Zusammenfassung von Inhalten gesucht, denen einerseits noch der Nimbus des Übermenschlichen anhaftet, deren Daten anderseits genauer werdendem Wissen entnommen waren. Solche doppelte Bedeutung hatte in den letzten vorchristlichen Jahrhunderten die Gestirnwelt. Wie aber das weitergebildete religiöse Erleben sich vom öffentlichen Tempeldienst in die Mysterien zurückzog, um zu tieferem Bewußtsein der letzten Dinge zu gelangen, so konnte und mußte diese exoterische eine esoterische Astrologie aussondern, worin die Inhalte sich zum Einklang eines harmonikalen Weltbildes vertieften.

Diese zwiegesichtige Lage, deren Herausbildung wir geschichtlich am besten in Griechenland verfolgen können, bahnte sich bereits in den Großstädten des Zweistromlandes an und griff mit der Ausbreitung der hellenistischen Zivilisation auf alle Länder der antiken Welt über. Sie hat die Astrologie geschaffen, die wir als Massenbefriedigung kennen sowie ihren mehr verborgenen Unterstrom, welcher zwei Jahrtausende lang die erlesenen Geister befruchtete.

Bemerkenswert für die ältere babylonische Deutung ist, wie stark sie die sinnliche Erscheinung der Gestirne für Aussagen heranzog. Am Monde galt wichtig, ob er einen Hof hatte und welcher Stern darin stand, wie sich Lage, Aussehen und Helligkeit der Sichel des Neulichts gestaltete, wann die Hörner zum Vollmond zusammentraten, man legte Wert auf atmosphärische Verdüsterungen, aschfarbenes oder goldglänzendes Aussehen der Scheibe. Die an Aussagekraft zurücktretende Sonne wurde auf weißes, gelbliches oder rotes Licht hin betrachtet, auch einzelne Verdunkelungen tagsüber (Sonnenflecken?) wurden notiert, Bewölkung oder Färbung der Himmelsfläche beim Auf- und Untergang in Rechnung gestellt, Halo-Erscheinungen beschrieben. Ebenso wurde bei den Planeten auf die Farbe und ihren Wechsel, die Leuchtkraft, auf Zeiten der Sichtbarkeit oder des Unsichtbarbleibens geachtet, ferner auf Konjunktionen wie z. B. zwischen Jupiter und Venus oder Jupiter und Saturn. Daß Morgen- und Abendstern ein und dasselbe Gestirn sind, erkannte man nach Bezold schon um 2000 v. Chr., im ersten Falle galt Venus männlich, im zweiten weiblich.

Um die Mitte des ersten Jahrtausends v. Chr. liegt jener Einschnitt der Geistesgeschichte, den Karl Jaspers die Achsenzeit nennt. Er ist gekennzeichnet durch das Auftreten des Buddha (geb. zwischen 562 und 552), von Lao-tse (geb. 604) und Kung-fu-tse (551–479) im Osten, der jüdischen Propheten sowie im griechisch beeinflußten Westen von Pythagoras (582–507) und der unmittelbar ihm folgenden großen Philosophen. Diese Erneuerungsversuche trachteten den Verfall der mythischen Weltschau, der Priesterherrschaften und Stammesreligionen auszugleichen durch Aufstellung allgemeinmenschlicher Ideen und Werte. Die Astrologie konnte nicht spurlos daran vorübergehen, im Gegenteil kamen ihre universellen Möglichkeiten dadurch erst zur Entfaltung. Das im Mythos uranfänglich vorausgesetzte Vollkommene rettete sich in ein gedanklich konstruiertes System hinüber, dessen Harmonik einen Schutz bot sowohl gegen begriffliche Relativierung der Erscheinungswelt und Willkür ethischer Leitsätze, als sie auch gegen unberufene Schauungen abgrenzte.

Zum weitergeführten esoterischen Priesterwissen gehörte die Betrachtung der Zahl als *Ordnungszahl,* wodurch das Gestirn zum Glied einer *Weltstruktur* wurde und mehr als in seiner Erscheinung im *Stellenwert* Beachtung fand. Wir denken dabei gewöhnlich an Pythagoras und seine Beziehung zwischen Zahlen und Tönen, das von ihm untersuchte Verhältnis zwischen Teilung der Saitenlänge und Tonhöhe. Weniger bekannt ist, daß Kung-fu-tse nicht nur Reformator der chinesischen Sitten war, sondern auch Erneuerer der »heiligen Musik«, in ihrer Zahlengesetzlichkeit betrachtet als charakterbildend, weil Ausdruck der Harmonie zwischen Himmel und Erde. Sechs Wissenschaften stellte er auf; das Ritual, die Musik, das Bogenschießen, das Wagenlenken, die Schreibkunst und die Astrologie. China war übrigens ein Land, in welchem gleichzeitig und für verschiedene Aufgaben eine Fünftonleiter, eine Siebentonleiter und eine Zwölftonleiter nebeneinander bestehen konnten. Unter solchen Gesichtspunkten war es auch in Babylon nicht nur der oft hineingesehene Schematismus, wenn eine gleichmäßige Zwölfteilung des Tierkreises durchgeführt und die Siebenzahl der aussagenden »Himmelswanderer« deutungsmäßig in Verhältnis dazu gebracht wurde (12 = 3 · 4, 7 = 3 + 4). Die Dreiheit war schon immer eine beliebte Zahl in der babylonischen Mythologie, die Vierheit die grundlegende Zahl der Himmelsrichtungen. Wir haben die 360, die 60, die 24 in der Kreis-, Grad- und Zeiteinteilung beibehalten, die einst verbreitete 12-Teilung von Maß und Gewicht blieb nur noch in England bestehen.

Inhaltlich war im Altertum die Vierheit besetzt für »das Grundlegende«: 4 Weltecken, 4 Grundstoffe, 4 Temperamente, demgemäß später 4 Evangelien. Ihre astronomische Bedeutung betrifft im Jahr die beiden Tagundnachtgleichen im Frühling und Herbst sowie die beiden Sonnenwenden im Sommer und Winter, die 4 Kardinalpunkte der Tierkreisordnung. Den 12 Tierkreiszeichen wurden schon im späten Babylon 12 Körperregionen sowie Pflanzen und Steine zugeordnet; hier haben wir den Ansatz des »kosmischen Menschen« und der durchgreifenden Entsprechungslehre des Mittelalters, des »Adam Kadmon« der Kabbalah, ausgehend vom Grundgedanken, der Leib und seine Glieder seien Ebenbild eines himmlischen Urbildes. Die Siebenzahl ging im Neuplatonismus in die 7 »Angeloi« ein, Boten und Befehlsüberbringer des göttlichen Willens. Ganz von Zahlenbedeutungen durchsetzt ist die Offenbarung des Johannes: 4 Tiere, Engel, Winde, Ecken der Erde, 7 Sterne, Geister, Leuchter, Fackeln, Siegel, Posaunen, Schalen, Donner, Plagen, Gemeinden, Könige, Kronen, Häupter, Augen, Berge. Dann überlieferungsgemäß 12 Apostel, Geschlechter Israels, Engel, Tore, Steine, Früchte, 12 · 12 Ellen, 24 = 2 · 12 Älteste.

Wer dies einfach als »Zahlenmystik« abtun will, sei sich klar, daß unser Denken stets, wenn es ein *Ganzes* erfassen will, sich in einem Netz von Verhältniszahlen bewegt, deren Gesamtproportion dieses Ganze abstrakt zum Ausdruck bringt. Dies ist bei der Heisenbergschen Weltformel nicht anders, nur komplizierter. Auch die Chemie beruht im periodischen System auf einer Zahlenordnung, welche die Möglichkeiten der Verbindung von Stoffen enthält. Die Musik im Verhältnis ihrer Schwingungszahlen ist ein Musterbild solcher Geordnetheit. Der Unterschied teilheitlichen und ganzheitlichen Denkens ergibt zwei Gesichter der Zahl: das arithmetische Zählungsmittel zum Fortzählen ins Unendliche, die gewöhnliche quantitativ gebrauchte *Rechenziffer* sowie die begrenzende, Strukturverhältnisse darlegende *Ordnungsziffer*, die in innerstrukturelle Qualitäten hineinleuchtet. Die ausgereifte Astrologie suchte den Schlüssel ihrer qualitativen Verhältnisse in der Kreisgeometrie. Man mag dies in bezug auf eine Weltordnung für verfehlt betrachten, doch statt auf unnütze Spielerei mit solchen Zahlen hinzuweisen, wäre zu untersuchen, ob und in welcher Hinsicht dieser Schlüssel anwendbar sein könnte. Davon später.

Mit der Beachtung des Himmelszustandes im Augenblick einer Geburt eröffnete sich in Babylon die individuelle Deutung, beginnend wahrscheinlich mit dem aufgehenden Gestirn. Untersuchen wir zwei solcher Keilschrifttexte. »Wenn ein Kind geboren wird, wenn Venus aufgeht und Jupiter untergeht, so wird die Frau dieses Mannes mächtiger sein als er.« Hier ist bereits der Horizont eines Geburtsaugenblicks in Betracht gezogen sowie die Opposition, der Gegenschein zweier Gestirne. Die Deutung bewertet den Aufgang (Aszendenten) für die Person des Geborenen, den Untergang (Deszendenten) für die Person des Partners, ganz im Sinne der späteren Individual-Astrologie. Auch die Planetenbewertung liegt in der später verfolgten Richtung. Die Aussageform aber geht über die *Wahrscheinlichkeit eines Konflikts zwischen Eigenperson und Partner* hinaus, sie steuert auf das Ergebnis hin und setzt *das fertige Ereignis als schicksalhaft vorbestimmt*. Diese Aussageform, die heute noch in der vulgären Astrologie gilt, zeigt eine durch die ganze Astrologiegeschichte sich hinziehende *irrtümliche Anwendung*. Auch wenn 90 von 100 Fällen dasselbe Ergebnis zeitigen würden, so wäre doch die Abfassung falsch, richtig könnte nur eine Durchschnittsregel sein, welche den Entwicklungsstand der beiden Partner berücksichtigt. Eine einfachere Art der Aussage beschränkt sich auf das aufgehende Gestirn. »Wenn ein Kind geboren wird, während der Mond aufgeht, so ist sein Leben glänzend, glücklich, richtig und lang; wenn ein Kind geboren wird, während der Mars aufgeht, wird es Schaden nehmen, krank werden und schnell sterben.« Abgesehen von standpunkthaft-summarischer Bewertung der Gestirne wird *das Gesamtschicksal aus einem einzigen Faktor abgeleitet*, keine Rede von individuellen Anlagen, nur vom Ergebnis.

Freilich darf man im Beginn der individuellen Astrologie nicht erwarten, daß die Grenzen der Determination schon genau abgesteckt sind. Verallgemeinernde Urteile kommen einer bescheidenen Fassungskraft entgegen. Den Bestellern der babylonischen Horoskope werden diese im großen ganzen genügt haben; die Gestirnstände sind nicht in Graden, nur in Zeichen angegeben, offenbar wurden sie nicht direkter Beobachtung (die nur nachts möglich wäre), sondern den Jahrbüchern entnommen. Es soll hier keineswegs an Unbeholfenheiten im Werden der Aussagen Kritik geübt, sondern der *Ansatz der Fragestellung* verstanden werden. Daß er auch anders sein konnte, zeigt das uralte I-Ging, das chinesische »Buch der Wandlungen«, unter anderen von Kung-fu-tse mit einem Kommentar versehen. Obzwar ein Orakelbuch, gibt das I-Ging dem Befrager – in der vorausgehenden Auslese der Schafgarbenstengel sehen wir heute eine Manipulation des Unbewußten – nicht zur Antwort, *was geschehen wird*, sondern *wie er sich in der herantretenden Situation am weisesten verhält*. Es ist eine Sammlung von Problemen, in welche der Mensch im Leben versetzt wird, und von Anweisungen, aus ihnen herauszufinden. In der babylonischen Auffassung des Gestirn-Orakels dagegen treffen wir eine Eigentümlichkeit des westlichen rationalen Denkens an, die weitgehend unseren

Schicksalsbegriff beeinflußt hat: nämlich ein Vorauswissenwollen von Ereignissen.

Zur Obliegenheit der sich weiterentwickelnden Astrologie, wenn sie ihre Aufgabe ernst nahm, wurde es nun, tatsächliche Erfahrungen des Geschehens sowie die Bedingtheit des Geschehenden *gegen* eine solche Fragestellung herauszuschälen. Naturgemäß blieb dies entsprechend dem Gedanken des »Weisen, der die Sterne beherrscht«, der esoterischen Astrologie überlassen, während der wahrsagerische Gebrauch den Oberflächenbetrieb beherrschte.

Ganz konnten weder Babylonier noch Ägypter ihrer Lebenseinstellung nach dem einzelnen eine kosmische Selbständigkeit einräumen, er stand weit unter dem Gott-König als ein Bestandglied der Masse. Frühe Voraussagen betreffen Unwetter, Dürre oder Überschwemmung, Ernteaussichten, Staatswohl und Gefahr für den König, Krieg und Frieden. Auch in Ägypten soll es einen Fries von 365 Ellen Länge gegeben haben, auf dem für jeden Tag die Auf- und Untergänge der Sterne und die daraus erschlossenen Wetterveränderungen angegeben waren; es konnten hierauf außer der Sonne nur Fixsterne verzeichnet gewesen sein. Die uns erhaltenen Anfänge der Individualastrologie datieren in Babylon seit dem Ende des 5. Jahrhunderts v. Chr., nach und nach wurden die Grade der Zeichen beachtet sowie, eine alte Überlieferung ins Praktische umsetzend, die Mondstellung der Empfängnis (3. Jahrhundert). Eingeführt wurden *Erhöhungen,* z. B. der Sonne (Schamasch) in WIDDER (Taglöhner), des Mars (Nergal) in STEINBOCK (Ziegenfisch) und *Erniedrigungen,* z. B. der Sonne in WAAGE. Das für den späteren Deutungsstil so verhängnisvolle »gut und schlecht« griff Platz. KREBS und SKORPION galten allgemein als schlecht. Alt scheint das Prinzip der *Gestirnvertretung* zu sein, in der Regel von Planeten und Fixsternen (beurteilt nach Ähnlichkeiten der Farbe), aber in gewissen Fällen auch eine Vertretbarkeit der Sonne durch Saturn (Ninurtu) oder Jupiter (Marduk).

In einer Hinsicht waren die Griechen Schüler dieser babylonischen Astrologie; der Balpriester Berossos lehrte auf der Insel

Kos um 280 v. Chr., aber Thales soll schon die Sonnenfinsternis von 585 vorausgesagt haben, was eine Bekanntschaft mit den babylonischen Berechnungsweisen voraussetzt. In anderer Hinsicht entwickelten die Griechen aus Eigenem nicht nur technische Verbesserungen, sondern eine neue Auffassung gemäß der Richtschnur des »gnothi seauton«, des erkenne dich selbst. Befruchtend kamen zusammen die Umwertung der griechischen Astralmythologie durch den Scharfsinn ihrer Philosophen sowie die Unbekümmertheit einer jungen Naturforschung, welche die Wirklichkeit der Welt im sinnlich Wahrnehmbaren beschlossen sah. Die Grenzen zwischen Physik (Naturlehre) und Metaphysik (Lehre von den ersten Prinzipien und Ursachen) waren noch nicht starr abgesteckt; das ganze griechische Denken ist durchzogen einerseits vom *Streben nach Erkenntnis der Welt, wie sie ist*, anderseits vom *Suchen nach der rechten Stellung des Menschen zur Welt*. Pythagoras hatte eine zahlenmäßig gegründete Weltharmonik vorgedacht und von Seelenwanderung gesprochen, Heraklit (um 500) vom Werden und Vergehen einer in ständigem Fluß, in der Wandlung, im Umschlagen eines Extrems in das andere begriffenen Welt. Plato (geb. 427, zu Beginn des peloponnesischen Krieges, der Selbstzerfleischung Griechenlands) brachte den Gedanken, daß die Seele, im Himmel zu Hause, sich ihr Los wählt, in dem ihr künftiges Schicksal festliegt und womit sie vor die Göttin der Nötigung, vor Ananke hintritt, bevor sie sich zur Erde senkt und einem Mutterschoß eingastet. Im Erdenleben erfüllt der Mensch somit ein selbstgewähltes Schicksal. Nach seinem Schüler Aristoteles, dem großen Zusammenfasser und begrifflichen Klarsteller, trat dann an Stelle der Auseinandersetzung original denkender Persönlichkeiten mehr ein Streit der Schulen. Politisch aufgegangen im mazedonischen Großreich bildete der griechische Geist, skeptisch geworden und Tagesaufgaben angepaßt, schließlich den Träger der ersten internationalen Mischkultur. Damit stellten sich den Astrologen, mochten auch einige Esoteriker inhaltlich von den Mysterien und dem Erbe der großen Philosophen zehren, durchaus vordergründige Aufgaben. Gemäß der vom Mythischen abgelösten Einstellung war der einstige Entwurf des Sonnenhelden nun unterzubringen in den kleinen Ereignissen eines privaten Daseins.

Als Mittel zur Beantwortung dieser gegenständlichen und persönlichen Fragen wurde das System der sog. Häuser ausgebaut. Dem Leser müßte eine Menge mathematischer und philologischer Einzelheiten zugemutet werden, wollten wir ihm den gewundenen Werdegang der Häuserberechnung vor Augen führen.[4] Inhaltlich ist aber zu wissen nötig, daß sich dies System auf den Ort der Geburt (geogr. Länge und Breite) bezieht und aus der täglichen Umdrehung der Erde ableitet. Seinen Ansatz bildet der schon von den Babyloniern in Betracht gezogene Horizont (Sichtkreis, Ebene des Auf- und Untergangs der Gestirne). Im scheinbaren Tageslauf der Sonne liegt über dem Horizont die Taghälfte, unter dem Horizont die Nachthälfte. Deutungsmäßig lernten wir ihn als eine die Eigenperson und den Partner in Verhältnis bringende Teilungslinie kennen. Hinsichtlich einer weiteren Aufteilung entstand nun ein Problem daraus, daß infolge der Schräge der Erdachse der tägliche Drehkreis, der Äquator, und der Kreis der Planetenbewegungen, die Ekliptik, sich in einem schiefen Winkel schneiden, der, um kleine Werte veränderlich, gegenwärtig 23° 27' beträgt. Hipparch stellte die Forderung auf, den wahren Meridian des Orts als Teilungskreis gegen den Horizont, also die vom Meridian durchschnittenen Punkte der Ekliptik gegen die östlichen Auf- und westlichen Untergänge zu setzen. Dies konnte zunächst nicht durchdringen gegenüber dem älteren und bequemeren Brauch, den höchsten und tiefsten Punkt der Ekliptik vom Aszendenten aus einfach 90° nach oben und unten zu nehmen. Vornehmlich nach oben, denn in der Frühzeit schrieb man den Sternstellungen unter dem Horizont keine wirkende Kraft zu, sah diese Kraft am stärksten bei der

---

4 Eine ausführliche, gut unterrichtende Darstellung bringen W. Koch und W. Knappich, »Horoskop und Himmelshäuser«, 1. Teil, Siriusverlag, Göppingen 1959. Beide Autoren haben sich auch sonst um die geschichtliche und mathematische Aufhellung der astrologischen Grundlagen verdient gemacht.

Kulmination, im Gipfelpunkt oder Zenit des Standorts; im Vergleich mit der Sonnenstrahlung lag dies ja nahe.

Wie fest eine solche Anschauung sitzt, zeigt das Wiederaufgreifen dieser Lehre vom 90. Grad über dem Horizont durch den sizilianischen Senator Firmicus Maternus (Anfang des 4. Jahrhunderts zum Christentum übergetreten, worauf er seine früheren »heidnischen Anschauungen« widerrief). Auf sein System gründet sich noch heute die sog. äquale Manier, sie nimmt als Häuser zwölf gleich große Abschnitte der Ekliptik von je 30°. Die inäquale Verschiebung, die daraus entsteht, daß der Meridian die Ekliptikhälfte über dem Horizont in zwei ungleich große Strecken teilt, kommt am deutlichsten in hohen geographischen Breiten zum Vorschein und schafft natürlich bei Geburten über dem Polarkreis ein astrologisches Problem. Aber die genaue Berechnung der Polhöhe war noch unbekannt, und in den Mittelmeerländern spielte dies keine so große Rolle. Erst Ptolemaios (2. Jahrh. n. Chr.), mit welchem die griechische Astronomie einen abschließenden Höhepunkt erreichte, setzte die Berechnung des wahren Meridians gegen gleiche Ekliptikteile in ihre Rechte, ließ aber die Berechnung von Zwischenfeldern zwischen Meridian und Horizont im unklaren.

Zählt man nur einfach auf, was es unter dem Titel der Astrologie gegeben hat, so erhält man – da schlechterdings alles, was denkbar ist, durchexerziert wurde – ein buntes und verworrenes Bild. Mit Leichtigkeit kann sich jeder davon aussuchen, was er für seine vorgefaßte Meinung braucht. Begreiflicherweise richten die Gegner ihr Augenmerk vor allem auf die Ausartungen, auch ernste Historiker geraten gern in einen saloppen Ton, sobald sie auf die »Sterndeuterei« zu sprechen kommen. Ist aber begriffen, was über die zwiegesichtige Lage der Astrologie in der antiken Welt gesagt wurde, dann wird man sein Urteil über die Entwicklung des astrologischen Gedankens nicht aus Geschäftspraktiken etwa der »Chaldäer« ziehen – damals ein Berufsname, ebenso von Einheimischen zugelegt –, die mit Himmelsglobus, Planetarium und Listen versehen vor dem Circus maximus in Rom konsultiert wurden. Ihnen diente zur Reklame, daß die stoischen Philosophen gleichfalls dafür seien und der Kaiser Augustus sein Zeichen STEINBOCK, genauer das Zeichen der Mondstellung bei seiner Geburt, auf Münzen prägen ließ. Von diesen Oberflächenerscheinungen muß man absehen, um einen Fortschritt zu erkennen.

Auch freundlich Gestimmten wird es jedoch schwer gemacht, durch die verschiedenen Theorien der Häuser hindurchzublikken, da Anschauungen unterschiedlicher Herkunft und Höhe zusammentraten. Nicht zu unterschätzen sind einfließende ältere Deutungsweisen, wie die Besserbewertung gewisser Stellungen über dem Horizont, überhaupt das Gut und Schlecht, das von »faulen« und »verworfenen« Orten sprechen ließ und besonders dem VIII. und XII. Haus ein solches Odium eingetragen hat. Das ursprüngliche Vier-Quadranten-System, gebildet aus dem Horizont und der Senkrechten darauf (4. Jahrh. v. Chr., später astronomisch genauer Horizont und Meridian), erhielt eine weitere Gliederung durch Zwischenfelder. Wenn sich hieraus erst ein Acht-Orte-System entwickelte (oktatopos), so spielten vielleicht heute untergegangene Erinnerungen an das elamische Doppelkreuz mit, das der Orientalist F. Röck in den altindischen »Acht Regionen«, dem altmalayischen »Acht-Stäbe-Tierkreis«, sieht, als »prähistorische Urform unseres Tierkreises« betrachtet und zurückführt auf das im 3. Jahrtausend v. Chr. blühende Elam, das Hochland östlich vom unteren Tigris. Auch an die 8 Grundzeichen des I-Ging und die Rolle der 8 im germanischen Norden kann man denken. Bei den acht »alten« Bildern des Tierkreises fehlen die Zeichen JUNGFRAU, WAAGE, SCHÜTZE und WASSERMANN, die übrigen haben den unseren entsprechende oder verwandte Tierbilder. Der zwölfteilige Tierkreis spiegelt sich dann in einer Drittelung des Raums zwischen den 4 Eckpunkten wider, wie zuvor schon zeitlich in den 12 babylonischen Doppelstunden.

Dieses ausgebaute Zwölf-Häuser-System stammt aus Alexandria, wo in den letzten vorchristlichen Jahrhunderten das Wissen aller alten Völker zusammenströmte, wo der babylonische Vorsprung genauer Beobachtungen, wissenschaftlicher Unter-

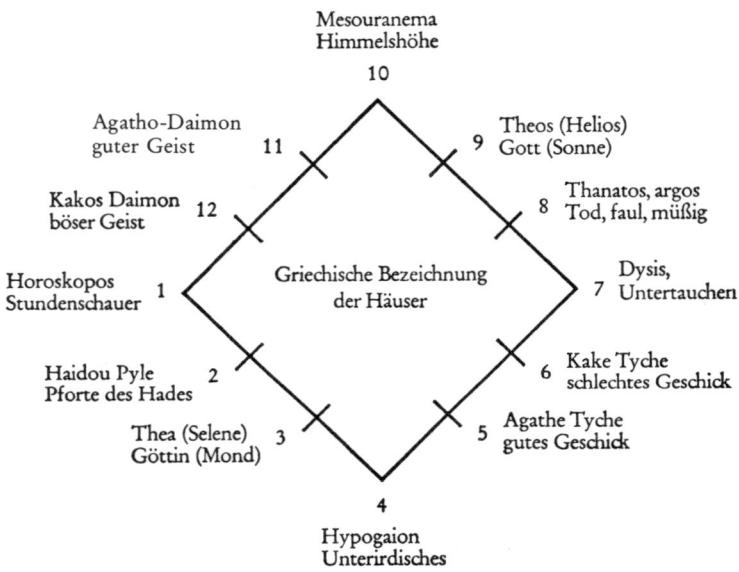

Mesouranema
Himmelshöhe

10

Agatho-Daimon
guter Geist 11

Theos (Helios) 9
Gott (Sonne)

Kakos Daimon 12
böser Geist

Thanatos, argos 8
Tod, faul, müßig

Horoskopos 1
Stundenschauer

Griechische Bezeichnung
der Häuser

Dysis, 7
Untertauchen

Haidou Pyle 2
Pforte des Hades

Kake Tyche 6
schlechtes Geschick

Thea (Selene) 3
Göttin (Mond)

Agathe Tyche 5
gutes Geschick

4

Hypogaion
Unterirdisches

Spätere Ergänzungen:
I Das Aufsteigende, Lebenspendende, bes. in der Kindheit, Lebensart.
II Erwerb, Besitz, Ausgaben und Einnahmen, Lebensunterhalt.
III Region der Laune u. des Zufalls, Brüder u. Schwestern, Geistesanlagen, Träume, Wege, Handlungsweise.
IV Heimat, Eltern, Erbgut, Heim und Haus, Alter.
V Liebe, Kinder, Adoption, Spielgewinn (bonne fortune).
VI Mißgeschick und Unheil, bes. Krankheiten, Arbeit, Sklaven.
VII Heirat und Ehefrau, Zusammenleben, auch Streit und offene Feindschaft.
VIII Tod u. Jenseitiges, Lebensgefahr, Endzustände, Erbschaft, Buße, das Verborgene.
IX Glaube, Gottesdienst, Prophetie, auch in Träumen, Botschaften, die Fremde, Reisen.
X Tatkraft, Beruf, Rang und Herrschaft, Sieg, anderseits Laster, Unglück.
XI Persönlicher Schutzgeist, Hoffnung und Förderung, Freunde.
XII Mühe u. Leiden, Unglück, geheime Feinde, Neid u. Verleumdung, erfahrener Zwang, Gefängnis.
Der tägliche Lauf der Sonne geht entgegen der Zahlenfolge. I = Aufgang, X = Mittagshöhe, VII = Untergang, IV = Mitternachtstiefe.

nehmungsgeist und Symmetriedenken der Griechen sowie der geometrische Sinn der Ägypter miteinander verschmolzen. Von der alten ägyptischen Astrologie ist uns wenig erhalten. Doch das aus graeco-ägyptischer Neubelebung um 160 v. Chr. entstandene Werk, auf das die meisten späteren Astrologen zurückgreifen, galt – wohl der nachdrücklicheren Wirkung wegen so aufgezäumt – als vom König Nechepso und dem Hermespriester Petosiris überliefert. Bei allem Bemühen um Gleichwertigkeit schlich sich auch in das Zwölfersystem eine Rangordnung ein, die noch heutige Anschauungen starr beherrscht, entstehend daraus, daß die Eckpunkte *als Gipfel,* als maximale Bedeutungen und Äußerungen, verstanden wurden. Der *vor* einem solchen Eckpunkt (Himmelshöhe und Himmelstiefe, Aszendent und Deszendent) aufgestiegene Bezirk wurde als vom Gipfel *abfallend,* darum schwächer wirksam, aufgefaßt; das III., VI., IX., XII. Feld galten als solche »fallenden« Häuser. Anschließend an die Eckpunkte liegen die als stark bewerteten Eckhäuser I, IV, VII, X, ihnen reihen sich die mittelstark bewerteten »nachfolgenden« Häuser an, das II., V., VIII., XI. Die Zählung geht gegen die Uhrzeigerrichtung, vor der Einführung des wahren Meridians betrugen die Strecken gleichmäßig je 30° auf der Ekliptik.

Manchem psychologisch geschulten Zeitgenossen mögen die Häuserbedeutungen, auch im späteren Ausbau, etwas primitiv vorkommen, zu eng auf ein Frage-Antwort-Spiel abgestimmt: Fragen nach der Person des Geborenen, seinem Vermögen, seiner Erziehung, seinem Elternhaus, seinen Kindern, seiner Gesundheit, seiner Partnerschaft, den Ursachen seines Todes, seinen Auslandsreisen, dem öffentlichen Platz und Erfolg, seinen Freunden und seinen Feinden. Nicht in diesem Gegenständlichen liegt das Neue, auf ihre Weise hatten schon die Babylonier die Anwendbarkeit des Sternorakels auf alle Fragen des Lebens vorgeführt. Abgesehen davon, ob Sterne oder Götter sich um so Erfragtes kümmern, war im Altertum erstmalig ein *Bezugssystem motivisch bedeutsamer Dinge* aufgestellt. Es wurde zu formulieren versucht, was die astrologische Menschenkunde vor dem stückweisen Erfassen der Dinge auszeichnet: *ein überindi-*

viduelles Grundschema, in welchem die individuellen Anlagen durch Lagerung enthalten sind.

Damit trat der Versuch systematischer Erfassung des Menschenganzen aus den Zauber- und Orakelpraktiken heraus. Jahrhundertelang übte man schon die Tagewählerei, die aus einem reichhaltigen Arsenal, worin Götter- und Sternsagen für den kleinen Mann ausgeschlachtet waren, Günstiges oder Ungünstiges über den einzelnen und sein augenblickliches Vorhaben aussagte. Für solche Zwecke wurden etwa die 36 »Dekangötter« des Tierkreises gebraucht, die Ausdeutung von »Grenzen« (ekliptische Abschnitte von 2 bis 8 Graden, Ptolemaios führt ihrer 3 Arten an) sowie die später rational eingebauten »Schicksalslose«. Der auf den Aszendenten bezogene Ausdruck horoscopos = Stundenschauer konnte dann begriffen werden als der die Stunde beschauende Tierkreisgott, welcher den aufsteigenden Grad regiert. Es war eine Zeit, in der man auch aus dem Vogelflug oder aus der Leber des Opfertieres weissagte. Jeder erwartet Antworten, die er verstehen kann, und bekommt die Astrologie, die er verdient. Vielen genügte es, wenn der Zauberer im Priestergewand ohne weitere Berechnung nach Anrufen der Götter einige Lossteine auf ein Brett warf, bemalt mit den 12 Tierkreisbildern, den Dekangöttern und anderen Einteilungen. Aus der Anordnung der mit Symbolen bedeckten Lossteine erfolgte die Deutung. Man konnte auch das alte Quadrantenhoroskop durch Würfelwurf ergänzen, es werden 7 Lose oder Kleroi genannt:

1. Sonne *Daimon*, Genius, Guter Geist
2. Mond *Tyche*, Fortuna, Glück
3. Merkur *Ananke*, Not, Gewalt oder Kairos, Gelegenheit
4. Venus *Eros*, Amor, Liebe
5. Mars *Tolma*, Animus, Mut
6. Jupiter *Nike*, Victoria, Sieg
7. Saturn *Nemesis*, Necessitas, Notwendigkeit

Verwendete man zwar in stichwortartiger Form die Gestirnbedeutungen, so war dies doch mantischer, nicht astrologischer Gebrauch. Der Unterschied liegt in der Spielsituation und der

62

Manipulation des Unbewußten dort, der logischen Erschließung hier.

Astrologie als solche strebte zu einem geschlossenen und begründenden System, das die Ordnungskomponenten der äußeren und der inneren Welt zusammenfaßte, entsprechend dem Gleichnis des Hermes Trismegistos: *Wie oben so unten.* Im zwölfteiligen Bezugssystem der Motive, Interessen und dementsprechenden Lebensgebiete war die Querverbindung hergestellt zum Tierkreis, dessen Durchgliederung mit den in der 12 enthaltenen Ordnungszahlen. Astronomisch wurden damit Umdrehung und Umlauf, zeitmäßig Tag und Jahr in ein Verhältnis gesetzt. Die Vierheit, die sich im Häusersystem aus Horizont und Meridian ergab, gliedert den Tierkreis gemäß den Tagundnachtgleichen im Frühling und Herbst sowie den Wendepunkten im Sommer und Winter. Jedes dieser beiden Kreuze vereinigt gegensätzliche Qualitäten. Hier knüpfte die Vierheit der Elemente an, Erde, Feuer, Wasser, Luft, worin Heutige meist eine primitive Vorstellung von Grundstoffen sehen, die aber im charakterologischen Bezug (deutlich in den Temperamenten) eine Verwandtschaft mit den 4 Seinsebenen bezeichnen, der materiellen, organischen, seelischen, geistigen Ebene. Symmetrisch dem Tierkreis eingeordnet, erhält jede dieser Ebenen drei Wirkformen. Diese Zusammenfassung nach Dreiheiten setzte den Trinitätsgedanken der großen Mythologien fort (es gibt ein schöpferisches, ein erhaltendes und ein verwirklichendes oder umwandelndes Prinzip); demnach ergibt sich jeweils ein kardinales, ein fixes und ein labiles Zeichen. Nicht zuletzt bildet diese Zahlenordnung den Grundriß der Aspekte, der für Beziehungen von Planeten untereinander als gültig angesehenen Winkelabstände, welche in Übereinstimmung mit der Kreisgeometrie und den regelmäßigen Figuren stehen. Für das individuelle Meßbild wählte man den sinnreichen Ausdruck »das Thema«.

Mochte dieser Entwurf vollendet durchdacht sein oder nicht, so hatte doch der symmetrische Geist der Griechen den Rahmen für eine universelle Betrachtung, in der sich die menschlichen Angelegenheiten kosmisch einordnen, erstellt. Das Sein war ihnen etwas Bestimmtes, kein Ungefähres. Die alten Naturphilosophen hatten das Unerschöpfliche, Grenzenlose und Unbestimmte, das Apeiron, als untersten Ursprung und Sprosse einer Stufenleiter gesehen, auf der zuoberst das Sein eine klare Form und Gestalt bekommt. Dies rundete sich nun in der Auffassung des Menschen als ein in den Makrokosmos eingebauter Mikrokosmos: der Mensch eine kleine Welt für sich, welche die Grundkräfte der großen Welt spiegelt. Der Streit um das uranfängliche Element, Wasser (Thales), Feuer (Heraklit), Luft (Anaximenes, die erdhafte Schau blieb Demokrit vorbehalten) war durch Empedokles in echt griechischem Sinne behoben worden im Gedanken der Mischung aller Elemente, in Gang gehalten durch Liebe und Haß. Die Frage nach der rechten Stellung zur Welt beantwortete sich im Streben, *die harmonische Mischung gegensätzlich auseinanderstrebender Qualitäten,* das heißt durch Enthebung von ihren Einseitigkeiten den *Einklang* zu erreichen. In diesem über den Leidenschaften stehenden geistigen Gleichmaß, nicht im passiven Hinnehmen des Schicksals, wie in Verkennung des Ausdrucks »Apathie« oft falsch gedeutet, lag der innere Bezug der stoischen Ethik zur Astrologie.

Mit der Naturforschung dieser Zeit geriet sie nicht in Konflikt. Im Gegenteil gab es der Forschung einen Antrieb, zu denken, am Himmel gäbe es keinen Zufall und keine Willkür, jede Bewegung müsse daher berechenbar sein. Umgekehrt suchte Astrologie ihre Begründung in natürlichen Gesetzen. Bei Geminos und Strabo bekommt die Naturlehre (Physik) einen fast modern anmutenden Inhalt, nämlich die Erforschung von Stoff, Kraft, Form, Werden und Vergehen der Himmelskörper gegenüber der Sternkunde, welche Ordnung, Gestalt, Größe, Entfernung und Bewegung der Himmelskörper zu beschreiben hat. Als Kraft, die sich in der Gestirnwelt offenbart und Überirdisches mit Irdischem in Zusammenhang bringt, galt für Poseidonios (135–50 v. Chr.) die *Sympathie* oder Mitleidenschaft. Hieraus konnte die Welt als eine große Einheit, in welcher alles aufeinander abgestimmt ist, verstanden werden.

Bezeichnenderweise betreffen die im Altertum erhobenen

Einwände mehr die Ausübung, die im argen liegende Praxis, als die theoretischen Voraussetzungen. Besonders groß war um die Zeitenwende der Abstand zwischen der Einsichtsfähigkeit einzelner Denker und der Entwickeltheit des Massenbewußtseins, das nach nächstliegenden Versprechungen griff. Als Kritiker der stoischen Anschauungen trat Karneades auf (um 214–129 v. Chr.), Haupt der platonischen Akademie. Er machte gegen die Astrologie die Unsicherheit des ermittelbaren Zeitpunkts einer Geburt oder gar der Empfängnis geltend, den Widerspruch im Lebenslauf von Menschen, die zu gleicher Zeit am gleichen Ort geboren sind: heute noch zu hörende Einwände, die an ihrer Stelle besprochen werden. Das Hauptanliegen seines Kampfes gegen mantische Vorzeichen und Astrologie war die von ihm vertretene *Willensfreiheit*. Damit traf er den in der babylonischen Fragestellung enthaltenen Fatalismus, den Schicksalsbegriff im Sinne vorbestimmter Ereignisse, der noch heute den meisten für unabtrennbar gilt vom astrologischen Gedanken.

Offenbarung, Erlösungsreligion und Astrologie

Gegen die Zeitenwende bemerken wir in der alten Welt eine allmähliche Abwendung vom Logos, der rationalen Erkenntnis, und eine Hinwendung zur Gnosis, dem Erkennen durch Vision und Ekstase. An die Stelle ursächlicher Naturerklärung trat die Auslegung irrationaler Gewißheiten. Der Widerstand gegen neue Lehren hatte schon in der klassischen Zeit weniger sachliche als religiöse und moralische Gründe. Aristarch von Samos (310–250 v. Chr.), der eine rotierende Erde um die Sonne kreisen ließ – vom Babylonier Seleukos auch auf die Planeten ausgedehnt –, wurde deswegen von Kleanthes der Gottlosigkeit geziehen. War die Metaphysik bei Aristoteles einfach ein der Physik nachfolgendes Buch, das die ersten Prinzipien und Ursachen behandelt, so wurde daraus in der Umdeutung durch Philo aus Alexandria eine Lehre von etwas, das *über die Natur hinausgeht* und, das eigentlich Wirkliche darstellend, *hinter den Erschei-*

nungen steht. Philo, ein Zeitgenosse Jesu und gesetzestreuer Jude, suchte Übereinstimmungen der griechischen Philosophie mit der Bibel nachzuweisen, erläuterte die Ideenlehre Platos theologisch und im Sinne einer Psychologie des göttlichen Geistes, behandelte die Natur als Schrift Gottes und Gleichnis des Übersinnlichen.

Auch bei Poseidonios kündet sich die syrische Herkunft in mystischen Zügen an. Der Orient, vom griechischen Geist nur überrumpelt, war wieder im Vormarsch. Den Massen der Großstädte, einem aus früheren Bindungen gerissenen Völkergemisch – Alexandria zählte 300 000 Einwohner, Handels- und Geistesbeziehungen reichten bis über Indien hinaus – vermochten die Vorstöße einiger kritischer Denker wenig zu geben. Das noch ungeübte und in neue Verhältnisse gestellte Ichbewußtsein suchte nach Rückhalt in einer Religion, mitbestimmt vom Glauben an magische Kräfte. In wenigen Jahrhunderten war ja die bildhafte Schau der mythologischen Stufe abgelöst worden von einer rationalen Entwicklung, die bei aller begrifflichen Klärung doch fester Überzeugungen ermangelte, die einen Verlust an »religio«, an Rückverbindung zu den schöpferischen Quellen der Existenz, gebracht hatte. Auch soziale Spannungen, politische Machtkämpfe machten die Stimmung reif für das erlösende Wort und Beispiel.

Tritt Glaubensinbrunst, Offenbarungsgewißheit gegen Erkenntnisdrang an, so läßt sie scharfsinnige Dialektik nur für Auslegungen gelten. Hiermit ist die Position des jungen Christentums umrissen. Es entsprach dem Zeitstil, von ungewöhnlichen himmlischen Ereignissen bei der Geburt und beim Tode des Stifters zu sprechen und das Lehrgebäude kosmologisch zu verankern. Die Zahl seiner Jünger betrug 12, die kanonischen Evangelien wurden auf 4 beschränkt, und in den Sinnbildern der Evangelisten – Stier, Löwe, Adler, Engel – schimmert die Vision Ezechiels durch, die in der Sphinx zusammenfaßbare Symbolik der »fixen Zeichen«. Der Trinitätsgedanke führte zu langwierigen Auseinandersetzungen. Die Geltung Christi als »Licht der Welt« verlangte eine zeitliche Stilisierung seiner Geburt, dies erfolgte Mitte des 4. Jahrhunderts. Ein Angelpunkt kosmologischer Überlieferung war die Nacht vom 24. zum 25. Dezember, besonders wenn im 19jährigen Zyklus der Neumond mit dem wieder länger werdenden Tage zusammentraf. Als 273 n. Chr. Kaiser Aurelian den unbesiegbaren Sonnengott, »sol invictus«, zum römischen Reichsgott erklärte, wurde der 25. Dezember zu dessen Geburtsfest, »dies natalis solis«. Im gleichen Zusammenhang ist es von Belang, daß auch die Sekte der Essener, aus der Johannes der Täufer hervorging, von Josephus Flavius als gestirnkundig, »an Vorbestimmung glaubend«, bezeichnet wird und ihr Gebet vor Sonnenaufgang verrichtete.

Etwas anderes als solche Symbolik ist die Stellungnahme zum Wahrsagen und zur Tagewählerei, die schon im orthodoxen Judentum scharf bekämpft wurde. War auch Daniel im babylonischen Exil selbst Sterndeuter, so verurteilte Jeremias um so schroffer mit der Astrologie die »Zauberkniffe der Chaldäertochter«. Die ersten Kirchenväter verhielten sich je nach ihrer Kenntnis der Sache. Eine Lehre, gegründet auf die aus einer einzigen Quelle geoffenbarte Wahrheit, hätte die menschliche Verantwortung und die Kraft des Gebetes beschneiden müssen, wollte sie Gestirne als Ursachen eines unvermeidlichen Schicksals zulassen. Origenes (185–254) war der Ansicht, daß die Sterne anzeigen, nicht bewirken, er bejahte Entsprechungen zwischen Menschenleib und Tierkreis. Auch Dionysos Areopagita (5. Jahrhundert) sah den Menschen als Typus vom Archetypus des oberen Menschen, deutete so den biblischen Gedanken der Ebenbildlichkeit. Augustinus (354–430) ließ eine Einwirkung auf äußere Ereignisse gelten, verwarf aber die Schicksalsdeutung aus demselben Motiv der Willensfreiheit, wie einst Karneades. Eine Umwertung des griechischen Daimonbegriffs hatte sich inzwischen unter dem Einfluß der Gnostiker und Manichäer dahingehend vollzogen, daß man darunter nurmehr das Böse, Sündhafte schlechthin verstand, in diesem Sinne wurden die Sterne »dämonisiert«.

Mit dem paulinischen Christentum widersetzte sich der alten

Kosmologie eine neue Ansicht vom Menschen, hervorgegangen aus der Krise des antiken Bewußtseins. Demnach ist es der Mensch, welcher durch die Sünde die Harmonie der Schöpfung stört. Was damit gemeint war, sehen wir anders, wenn wir den Menschen zum Unterschied von den übrigen Naturwesen als *noch nicht abgeschlossene,* als *werdende Gestalt* begreifen. Dann, etwa in der Auffassung von Jakob Böhme, wird das Gute und Böse oder die ethische Dialektik nötig, um den Werdeprozeß in Gang zu bringen. Als selbstentscheidendes Wesen tritt der Mensch freilich aus dem Zustand einer von Instinkten gesteuerten und behüteten Harmonie heraus. Die Befreiung vom Zwangslauf der Instinkte gab ihm aber die Anwartschaft, Mitschöpfer einer »werdenden Natur«, *Schöpfer seiner Kultur* zu sein. Diese Freiheit impliziert Irrtümer, Fehlgriffe, bringt Unsicherheiten der Wahl, Schuldgefühle, wo die Verwirklichung gesehener Aufgaben versäumt wurde sowie Ängste des unbefriedigten Ichs, das aus überschrittenen Grenzen nicht zurückfindet und insgeheim sich in der Hybris weiß. Begreiflich ist die Flucht, wenn auch Verzicht auf das Beste in uns, auf das Menschenwürdige. Die primitive Angst vor dem Tode und das Nichtwissen, was dahinter ist, unerfülltes Suchen, verpaßte Gelegenheiten, nicht eingestandene Schuld drängen den, der die Gründe nicht in sich erkennt, zum Orakel. In diesem Gefolge wurde die Astrologie zum Gegenteil kosmischer Geborgenheit, wurde ihr vulgärer Gebrauch abgestempelt.

Man hätte Ptolemaios richtig lesen sollen! Gleich im 1. Buche seiner »Tetrabiblos« (Werk in vier Büchern) bringt er im einleitenden Abschnitt »Was ist das Wesen einer Wissenschaft astrologischer Vorherverkündigung und wieweit vermag diese Wissenschaft vorzudringen?« folgende Einschränkungen. Die Unwiederholbarkeit genau derselben Konstellation, die Unähnlichkeit alter Beispiele mit neuen Verhältnissen ist ein Grund, daß sich in astrologischen Prognosen Irrtümer finden können. Ferner wird sich öfters irren, wer alles allein aus dem Lauf der Gestirne herleiten will und nicht die Verschiedenheit der Samen sowie die Unterschiede der verschiedenen Gegenden berücksichtigt. Es gibt in den verschiedenen Weltgegenden eine Unähnlichkeit bezüglich der Körpergestalt und der Seele. »Und nehmen wir letztlich an, daß selbst alles Ebenerwähnte übereinstimmen würde, so erzeugen trotzdem Erziehung und Lebensgewohnheit Unterschiede in einem Teil der seelischen Anlage oder der sittlichen oder im Lebensgange.«[5]

Ptolemaios zieht mit klaren Worten von der Konstellation ab, was wir heute *Erbe und Umwelt* nennen, und spricht von *Anlagen*. Für deren Ausbildung räumt er nur der Erziehung eine ausdrücklichere Bedeutung ein, als dem selbstbestimmenden Faktor, der *freien Entscheidungswahl*. In anderen Partien, bei seinen Typenbeschreibungen, huldigt Ptolemaios durchaus der Vorstellung fertigprägender Einflüsse. Auch er ist Kind seiner Zeit, die Ethik der Astrologie war im Altertum beim Erstreben einer Harmonisierung des Gegebenen stehengeblieben. Die Individuation hatte im Zusammenhang mit dem Welthintergrund noch nicht die dramatisierende Note der Freiheit erfaßt, welche um einen besonderen, einen individuellen Anteil an der allgemeinen Kulturentwicklung kämpft und aus diesem Ansporn gegebene Anlagen auf eine höhere Stufe bringt.

Noch bestand der Auftrag der Astrologie darin, die Problematik zwischen Freiheit und Zwangsläufigkeit zu verschärfen. Hier konnte die Kirche mit der Gewissensentscheidung einsetzen. Sie war aber religiösen Gefühlen der Massen verpflichtet und hatte Sorge zu tragen für die Folgen ungenügender Einsicht in die Grundlagen eines Durchschnittsbewußtseins, das wie unser heutiges unter Astrologie lediglich ihren Mißbrauch versteht. An der üblichen Schicksalsdeutung anknüpfend, betrachteten spätere Dogmatiker die Sterne nicht als unwirksam, machten sie aber zu Vollstreckern der Verführung in Sinnlichkeit, Schuld, deren Macht durch den wahren Glauben und göttliche Gnade gebrochen wird. Es drohte von Weltkindern her das fatalistische Argument: wenn die Sterne das Schicksal bestimmen, veranlas-

---

5 Ins Deutsche übertragen von E. M. Winkel nach der Melanchthon-Ausgabe von 1553, Linser-Verlag, Berlin-Parkow 1923.

sen sie notwendig auch die Sünde. Dann, mußte die Kirche folgern, war Christi Erlösungstod umsonst. Besser, man sprach nicht mehr als nötig davon. Hier erhoben sich Probleme, die von kirchlicher Seite erst Thomas von Aquin gelöst hat.

In Indien lag die Problematik anders. Der später in mongolische Länder abgedrängte Buddhismus ist eine Religion der Selbsterlösung, der Erlösung vom Leiden, gesehen als Verhaftetsein an sinnliche Begierden und ihre Folgen. Die Reaktion des älteren Brahmanismus suchte in der Rückkehr zum Vedastudium, in den Upanishaden, eine philosophisch-systematische Vertiefung. Zwar stellte er sich feindlich gegen den Buddhismus, jedoch im religiösen Grundton gleichfalls getrieben vom Drang, *das kleinere Ich im größeren Zusammenhang aufgehen zu lassen.* Ein weiterer gemeinsamer Zug ist das Gesetz des *Karma,* daß nämlich das Schicksalhafte im Leben die Folge der Taten in einem früheren Leben sei. Die mit der Astrologie aufgerollte Frage des Verhältnisses von Zwangsläufigkeit und Freiheit stellte sich genauso wie im Abendland, nur mit engerem Bezug auf das unmittelbare Erleben und Verhalten. Hier wie dort bedrohte eine fatalistische Auffassung die Frucht des ethischen Bemühens: ist das Leben restlos determiniert, dann war es das vorige Leben ebenfalls, auch vorwärts bestand dann keine Möglichkeit, ein künftiges zu verbessern.

Hauptsächlicher Träger der frühen Sternkunde war die Priesterkaste der arischen Einwanderung (etwa 14. Jahrh. v. Chr.), der Sterndienst verwuchs so mit Religion und Staatswesen, daß man bei bösen Vorzeichen den Einfluß der Sterne durch entsprechende Sühneriten zu mildern glaubte. Ein geschlossenes System der Astrologie schreibt man bereits Parasára (um 1200 v. Chr.) zu. Anfangs wurden mehr die 27, bisweilen 28 Mondstationen (Nakshastras) gedeutet; allmählich drang die Siebenzahl ein wie in der Unterscheidung von 7 Weltschichten. Die religiösen Auseinandersetzungen änderten nicht die Beachtung der Gestirne, auch der buddhistische Mönch hatte zu lernen: die Lage der Mondhäuser, Hauptpunkte der Sonnenbahn, Länge der Jahreszeiten, Teilung des Tages und Bestimmung der Tageszeit durch

Messung der Schatten. Ihre Blütezeit rechnet die indische Astrologie vom 3. nachchristlichen Jahrhundert an, die Präzession wurde bekannt (berechnet mit jährlich 54″), aber später vernachlässigt; es existieren Lehrbücher wie das von Varaha Mihira (Anfang 6. Jahrh.).[6] Was sich geistig in Babylon, dann in Athen und Alexandria herausbildete, strahlte auch nach Indien aus und befruchtete dessen verhältnismäßig abgeschlossene Kultur, ohne ihr Selbständiges zu beeinträchtigen. Dieses Eigene strebte weniger nach Exaktheit in unserem Sinne, sondern folgte dem Blühen und Wachsen einer einfallsreichen Phantasie, dem Hang zur Mannigfaltigkeit, dem Spiel mit großen Zahlen. So entstand das uns oft schwer durchschaubare Gesamtbild. Ein besonderes Merkmal sind die vielen Unterteilungen des Mond- und Sonnenkreises mit besonderen Aussagen.

Wer die gewaltigen Observatorien aus weißem Marmor und rötlichem Sandstein in Delhi und Jaipur sieht, wird den Eindruck eines astronomischen Beobachtungseifers im alten Indien bekommen. Es handelt sich aber um eine Prachtentfaltung des islamischen Mogulkaisers Sawa ̄ ai Singh II. (1686–1743), der besessen war vom Gedanken, daß mit einer Vergrößerung des Instruments auch die Genauigkeit zunehmen müsse. Darin täuschte er sich, ein gemauertes Gerät ist Temperaturschwankungen, inneren Verschiebungen und Bodensenkungen ausgesetzt. Die Anlagen sind wenig und nicht mit dem gewünschten Erfolg benutzt worden. Um so merkwürdiger mutet Jai Singhs großsprecherische Vorrede zu seinem Tafelwerk an, worin er Hipparch einen unwissenden Hanswurst nennt, unfähig, die allumfassenden Wohltaten der göttlichen Macht zu begreifen, und Ptolemaios eine Fledermaus, die niemals bei der Sonne der Wahrheit ankommen könne.

Allerdings befleißigten sich die gelehrigen Nachfolger alter Gelehrtentradition der Genauigkeit und erzielten teilweise Verbesserungen der Beobachtungsergebnisse von Ptolemaios. Doch

6 Ins Deutsche übertragen (nach der engl. Ausgabe von N. C. Iyer) von W. Wulff, Atair-Verlag, Hamburg 1925.

die Blütezeit der islamischen Kultur, auch der Gestirnkunde, hatte im 13. Jahrhundert ihren Höhepunkt überschritten. Dann zeigte sich, daß ein in seinen Grundsätzen erstarrter Monotheismus geistig ebenso unduldsam wird, wie ein um Geltung kämpfender angriffslustig ist. Voraussetzungslose Forschung findet in einer Glaubenslehre wenig günstigen Boden.

Wegen seiner Brückenstellung vom Altertum her, der Übermittlung griechischen Wissens an das Abendland und damit auch der Astrologie, müssen wir einen Blick auf die Herkunft des Islam werfen. Arabien, mit Ausnahme des fruchtbaren Randgebietes im Süden nur von Nomaden durchstreift, galt seit alters her als Ursprung der semitischen Völker. Ein Riesenland (fünfmal so groß wie das frühere Deutschland) mit wenig Städten um bewässerte Flecken, wovon Mekka zu Beginn des 7. Jahrhunderts etwa 20 000, Medina 15 000 Einwohner gezählt haben dürfte. Religiöses Zentrum, 300 Stammesgötter vereinigend, war Mekka mit seiner Kaaba, einem kleinen Tempel mit darin befindlichem Meteoriten. Dorthin strömte in den Monaten der Waffenruhe eine Schar von Pilgern, es war Versammlungsort der Scheiks sowie der Dichter von Kampf- und Liebesliedern. Medina hingegen und der fruchtbare Jemen erfuhren eine Zuwanderung jüdischer, christlicher, persischer Religion und Kultur. Die von Mohammed verkündete Einigung unter einem Gott wurde in Mekka zuerst bekämpft, er flüchtete nach Medina, und unter wechselvollen Zwischenfällen eroberte er von dort ganz Arabien für seine Lehre. Theologisch einfacher und menschlicher als die anderen großen Religionen, ohne selbstherrlichen Priesterstand, enthielt der Islam seit der Hedschra (Flucht nach Medina 622) eine unbedingte Abhängigkeit von Allah. Verbot Mohammed zwar die Astrologie bis auf Vorhersagen des Wetters, da nur Allah die Zukunft wisse, so war sie in einer weniger strenggläubigen Zeit doch begünstigt in der Form eines schrankenlosen Determinismus. Ihre Durchgestaltung vom einheimischen Mondkult war seit Jahrhunderten im Gang, griechische und indische Einflüsse verschmelzend. Während sich den Christen immer Bedenken erhoben wegen einer Vielgötterei, wenn man die

Sterne als Schicksalsmächte anbetete, konnten die Moslims darin Allahs Kunstwerk und Ausdruck seines Ratschlusses bewundern.

Eine ungeheure Expansion entfesselte der Schwung des neuen Glaubens. Schon zu Beginn des 8. Jahrhunderts gab der Feldherr Tarik dem Felsen von Gibraltar den Namen durch seine Landung auf spanischem Boden. Der ganze Nordrand Afrikas befand sich in arabischer Hand, längst war Syrien, Mesopotamien und Persien erobert, und der Islam reichte vom Indus bis zum Atlantischen Ozean. Die Flut ging über die Pyrenäen weiter und empfing erst 732 bei Tours und Poitiers, 100 Jahre nach dem Tod des Propheten, den entscheidenden Gegenschlag. Die Iberische Halbinsel verblieb unter der Herrschaft der Omajaden, in einem unabhängigen Staate wetteifernd mit den anderen Kulturzentren Kairo, Bagdad und Samarkand. Es ist hier nicht der Ort, die Fortschritte der Mathematik (sphärische Dreieckslehre, Sinus- und Tangententafeln), Medizin (wobei griechische Kenntnisse hauptsächlich von den geduldeten christlichen Nestorianern bewahrt und weitergebildet wurden) und Chemie (Entdeckung von Pottasche, Silbernitrat, Ätzsublimat, Schwefel- und Salpetersäure) sowie die Bedeutung der Universitäten darzustellen. Cordoba bildete eine große Anzahl christlicher Studenten aus, jüdische Philosophen neben arabischen übersetzten Aristoteles und schufen eine skeptisch-kritische Geisteshaltung, in welcher eine Scheidung von Religion und Wissenschaft möglich war. Der freiheitsliebende, bewegliche und poetische Geist dieser Rasse, wenn auch mit verschmitztem Erwerbssinn und gelegentlichen Grausamkeiten, doch angeborener Gastfreundschaft, entwickelte eine im christlichen Abendland unbekannte Toleranz gegen Andersgläubige; es genügte, wenn der Giaur seinen Tribut zahlte.

Der mathematische und praktische Sinn bewährte sich auch in der Gestirnbeobachtung. Während aber eine hierauf beschränkte Gelehrtenkaste, schon in Abwehr gegen den überall sich breitmachenden vulgären Sternglauben und Wahrsagebetrieb, den astrologischen Gedanken ausklammerte, erfuhr er

73

vorwiegend bei spanischen Esoterikern eine eigentümliche Weiterbildung.

Sie lag in der Einführung von *Geschichtsperioden*. Die Araber waren ein Volk ohne Mythos, ohne Malerei und Plastik, aber mit fabulierender Phantasie und rechnerischer Begabung, ihnen wurde der zeitliche Ablauf zu etwas *morphologisch Gegliedertem*. Schon die Babylonier hatten die in rund 20 Jahren wiederkehrenden Konjunktionen von Jupiter und Saturn beobachtet. Al Kindi (um 850) bezog eine solche Konjunktion auf das ungewisse Datum der Geburt Mohammeds, bei der eine Legende von einem auftauchenden Stern sprach, und errechnete den 29. oder 30. März 571. (Später griff Kepler dies Thema wieder auf, wählte unter verschiedenen Angaben nach einer arabischen Chronik den 21. September 571 und fand eine Konjunktion von Jupiter und Saturn im SKORPION). Zu langfristigen Perioden gelangte man durch Zusammenfassung, wobei es sich aber nicht um beliebige numerische Größen handeln konnte. Zum Beispiel treffen mit jeder *dritten* Konjunktion, im 60. Jahre, 5 Jupiterumläufe und 2 Saturnumläufe zusammen, bevorzugte Geltung hatte dadurch ein Mehrfaches der Dreizahl. So entstand etwa die Periode $3 \times 4^2 = 48$ Konjunktionen $= 953$ Jahre, mit der im 15. Jahrhundert der Kardinal d'Ailly, im 16. Jahrhundert Nostradamus und Nägelein-Carion ihre erstaunlichen Vorhersagen der Französischen Revolution um 1789, 1790, 1792 erzielten. Nach dem portugiesischen Rabbi Abarbanel (gest. 1508) beträgt diese Periode 959 Jahre. In der Anwendung waren freilich unbefugte Auswerter oft weniger glücklich, und die Gegner hatten zu spotten, wenn die Prognose nicht eintraf. Trotz der starken Einwirkung auf die abendländische Geistessituation sind leider die Originaltexte nur ungenügend bekannt.[7]

---

7 C. A. Nallino schreibt in der »Enzyklopädie des Islam«, Bd. I, daß außer kleineren Schriften von Al Kindi und Abu Maschar sowie dem Werk von Al Battani »noch alle Originaltexte der arabischen Astrologie ungedruckt« sind. Es gibt nur unzuverlässige spanische und lateinische Übersetzungen aus dem Mittelalter.

Mit der Jahrhunderte während christlichen Rückeroberung Spaniens (1085 Einnahme von Toledo – 1492 Fall von Granada) drangen arabische Anschauungen mehr und mehr in das Abendland ein. Wir können uns die Entwicklung der scholastischen Theologie nicht denken ohne den Zuwachs an Aristoteles-Übersetzungen mit arabischen und jüdischen Auslegern und Ergänzern. Von hier geht eine gerade Linie zu Albertus Magnus (1193–1280) und seinem Schüler Thomas von Aquin (1225–1274); diese christlichen Denker standen der Astrologie mit einem Gemisch aus unbezwinglichem Interesse, teilweiser Anerkennung und teilweiser Ablehnung gegenüber. Ein affektbetonter Befürworter war der »doctor mirabilis«, Roger Bacon (1214–1294), der schon von selbstfahrenden Schiffen, Wagen ohne Zugtieren, Flugmaschinen träumte. Er faßte die astrologische Überlieferung in einem Kompendium zusammen und rührte durch seine Ableitung des Christentums aus der Konjunktion von Jupiter und Merkur einen gefährlichen Konflikt mit der Kirche auf, zu der er ohnehin als Begründer des experimentellen Naturwissens einen Abstand bezog.

Eingedrungen war freilich auch die Sterndeuterei der Straße, die für Reiseantritt, Bad und Anziehen neuer Kleider günstige Tage wählte. Noch schlimmer: Der arabischen Periodenlehre hatten sich Geschäftemacher wie der Verfasser der »Toledanischen Briefe« bemächtigt, für eine sensationshungrige Menge unruhige Zeiten, Erdbeben, Hungersnöte und bei Konjunktion vieler Planeten einen Weltuntergang prophezeiend. Ein makabres Bedürfnis, das wir auch heute kennen, wurde mit angsterregenden, holzschnittkräftigen Weissagungen bedient. Dieser Stil gipfelte in der Massenpsychose von 1524, als Stöffler und andere aus der Großen Konjunktion in den FISCHEN eine Sintflut erwarteten, der Erzbischof von Toulouse sich eine Arche bauen ließ und der Kurfürst von Brandenburg mit Gefolge auf den Kreuzberg bei Berlin flüchtete. Daß ein Erregungsfaktor in den Massen selbst zu suchen und damit etwa der Bauernkrieg in Zusammenhang zu bringen sei, entsprach keineswegs dem Glauben an ein oben ausgemachtes Geschick. Nachher aber erhoben sich

Stimmen, die Astrologen seien schuld am Bauernkrieg gewesen. Von dem, was Bildung und Halbbildung aus der Astrologie machen, sind allerdings stets echte volkstümliche Anschauungen zu unterscheiden. Sie finden ihren Ausdruck in Wetterregeln (Eisheilige, Siebenschläfer, Mondwechsel, Tau in mondhellen Nächten), in Überlieferungen von Krankheit und Heilkraut; sind auch oft stereotype Begriffe und Fehlschlüsse eingemengt, so verbinden sie doch kosmisches Lebensgefühl mit Naturbeobachtung.

Thomas von Aquin hatte theoretisch die menschliche Verantwortung für die Kirche zu retten. Er sah Körperbau und Charakter durch die Sterne bestimmt, das heißt die von ihnen *direkt veranlaßte* leibliche Verfassung *indirekt wirksam* auf Verstand, Wille und Wahlentscheidung. »Es gibt nämlich Akte im Menschen, die nicht der Herrschaft des Willens unterstehen, z. B. Akte des Ernährungs- und Zeugungsvermögens; und dergleichen Akte sind ebenso den Himmelskräften unterworfen wie die anderen körperlichen Akte.« Ist aber dadurch die Möglichkeit zu wollen und zu erkennen eingeschränkt, so wird doch »das Erkennen eigentlich gesprochen nicht vom Verstand vollzogen . . ., sondern von der Seele durch den Verstand, so wie nicht die Wärme erwärmt, sondern das Feuer durch die Wärme . . . und so ist das, was im Gemüt ist, auch in der erkennenden Seele gegenwärtig«. Indem »die Himmelskörper nicht unmittelbar auf die vernunftbegabte Seele« wirken, stehen sie der freien Entscheidung nicht im Wege. Die in temperamentsbedingten Leidenschaften liegende Neigung ist kein Zwang, »daraus folgt für sie keine Notwendigkeit der Wahl: denn die vernunftbegabte Seele hat die Macht, die entstandenen Passionen anzunehmen oder abzulehnen«. Zum Gedanken der indirekten Einwirkungen, der Zwischenursache, kommt die etwas resignierte Einsicht, es »widerstehen den körperlichen Neigungen nur die Weisen, deren Zahl gering ist im Verhältnis zur Zahl der Toren« . . . »Und so sagt man, die Himmelskörper verwandelten die Massen, sofern die Masse den körperlichen Neigungen folgt; sie verwandeln aber nicht diesen oder jenen, die durch Klugheit der genannten Neigung Widerstand leisten.« Der Aquinate sieht also eine *graduelle Abstufung* des »Einflusses«, welche der *selbstbestimmende Faktor* in uns, dasjenige was »sich selbst die Neigung bestimmt«, erreichen kann.[8]

Solcherlei Gedankengänge gestaltete Dante dichterisch in seiner »Göttlichen Komödie«:

Den Antrieb eurer Regung gibt der Himmel,
nicht jeden, sag ich, aber gäb er jeden,
so habt ihr doch das Licht für Gut und Böse,
habt freies Wollen, das nur mühsam zwar
den ersten Kampf mit den Gestirnen aushält,
doch dann bei guter Pflege immer siegt.

Durch die Hölle, die Abwandlung des Verzweifeltseins in allen Gemütslagen, zum Mittelpunkt der Erde, vor das Gestalt gewordene Böse geführt, wird Dante von Virgil, dem Leitbild der Vernunft, den Läuterungsberg hinauf zu wachsender Hoffnung geleitet. In diesem Zwischenreich, wo der Mensch die Fesseln seiner Anlagen ablegt, die Neigungen umwandelt, hört er beim Übergang vom Kreis des Zorns zu dem der Trägheit jenen kleinen astrologischen Exkurs.[9] Für die Entwicklung der Astrologie waren solche Stellungnahmen bedeutsamer als später die Allegorie der unsichtbaren Kirche, unterschieden von der hinterher folgend parodierten verweltlichten, bei der Erscheinung Beatrices. Hier tritt die alte kosmologische Verschlüsselung auf: 7 Leuchter (Gaben des Geistes), 24 Älteste (Bücher des Alten Testaments), 4 apokalyptische Tiere (Evangelisten), 7 Nymphen (ausübende Tugenden als Verwandlung der Todsünden). Wenn Dante dann mit Beatrice durch die Planetensphären dem Urlichte zustrebt, so weichen die dichterisch blasser werdenden

8 Nach den Auszügen aus »Quaestiones disputatae de veritate«, die Elsmarie Anrich zusammengestellt hat in »Groß Göttlich Ordnung«, Matthiesen-Verlag, Tübingen 1951.
9 Fegefeuer 16. Gesang, 73 (Boll in »Sternglaube und Sterndeutung« gibt irrtümlich den 17. Gesang an). Gewählt wurde die dem italienischen Wortlaut am nächsten kommende Übersetzung von Karl Vossler, die aus sprachlichen Gründen auf den Bau von Terzinen verzichtet.

Bilder einem Lehrgebäude, das ein philosophisch von Aristoteles, himmelskundlich von Ptolemaios begründetes Weltbild darstellt. In diesem mittelalterlichen Weltbild ist die ruhende Erde umzogen von den Kristallschalen des Mondes, des Merkur, der Venus, der Sonne, des Mars, des Jupiter, des Saturn, jeweils in verschiedener Bewegungsart, dem folgt der Fixsternhimmel mit seinem täglichen Umschwung. Ihm zunächst in diesem konzentrischen Weltbau ist der erste Beweger, das primum mobile, und über allem thront im Empyreum die göttliche Liebe, welche die Sonne und die anderen Sterne bewegt: l'Amor che move il sole e l'altre stelle.

Für jede Entwicklungshöhe hatte der astrologische Gedanke etwas zu geben, mit ihr wechselte er seine Abfassung. Er drang in die Tiefe wie in die Oberfläche des mittelalterlichen Denkens ein; was auf dieser ein Schrecken oder lächerliche Nasführung, war in jener eine weise Anleitung zur Innenschau. Wie uns Wolfram von Eschenbach doppelsinnig verkündet:

Mit der sternen umbereise vart
ist geprûevet aller menschlich art.

Die Wiederbelebung magischen Denkens in der Renaissance

Fast operettenhaft klingt es, doch die theatralische Aufmachung verrät den guten Psychologen. Der berühmte Guido Bonnati im Dienste des Guido da Montefeltre erklimmt vor jedem Kriegszug in Forli zur Sternbefragung den Turm von San Mercuriale. Sein erster Glockenschlag gibt der Mannschaft ein Zeichen zur Rüstung, der zweite zum Besteigen der Pferde und der dritte zum Ausmarsch. Der unter so suggestiven Vorzeichen eingeleitete Kampf soll meistens siegreich gewesen sein.

Schon mit Ezzelino und seinem umgebenden Schwarm von Astrologen, darunter Sarazenen, war eine Generation angetreten, in der jeder Fürst oder Condottiere, jede Stadt, die etwas auf sich hielt, bei der Sterndeutung Rat suchte. Wenn der Hohenstaufenkaiser Friedrich II. in Michael Scotus (gest. 1234, Arzt,

Philosoph und Aristotelesübersetzer) seinen Hofastrologen besoldete, so war dies nicht mehr von symbolischer Bedeutung gleich den Sternbildern auf dem Krönungsmantel, den Heinrich II. im Jahre 1014 trug. Karl der Große hatte seine 12 Paladine, die sagenhafte Artusrunde zählte 12 Ritter, aber jetzt ging es nicht nur um repräsentative Verbildlichung der Weltherrschaft. Praktische Fragen waren es schließlich auch, welche die Päpste des 15. und 16. Jahrhunderts stellten; Julius II. ließ sich den Tag für seine Krönung, Paul III. die Stunde für jede wichtige Konferenz vom Astrologen ausrechnen, Leo X. gründete eine Professur für Astrologie an der Sapienza. Damit folgte die päpstliche Universität nur den vorangegangenen Universitäten von Padua, Bologna und Paris.

Das als Corpus Christianum entworfene Abendland zerfiel in einzelne Nationen. Alte Gesetze, Lebensformen, Ordnungen und Sitten starben ab, um neuen, lebenskräftigen Platz zu machen. Die gedankliche Geschlossenheit des christlichen Mittelalters wurde gesprengt durch einen Wirklichkeitssinn, aus dem die Naturwissenschaft hervorgehen sollte. Den feudalistisch-hierarchischen Aufbau der Gesellschaft untergrub, weitgehende Umschichtungen anzeigend, das Emporkommen einzelner, deren Klasse aus diesem System ausstieg. Konnte einem Medici, einem Fugger ein Fürsten- oder Adelsrang noch etwas anderes bedeuten als eine Verzierung? Die Kunst ging, wie Marx sagt, in die Repräsentationskosten des Kapitals ein, auch im Kirchenaufträge unfromm, in ihrer Darstellungsweise verwissenschaftlicht durch Perspektive, Anatomie, doch eben darin von schaffenden Genies zu neuen Gipfeln geführt.

Dieser »Renaissance« genannte Umbruch erzeugte mit Naturgewalt Persönlichkeiten ohne Rücksicht und Bindung. Frei von überkommenen Spielregeln, war die Schicht sich durchsetzender Kraftnaturen jedoch keineswegs frei vom Aberglauben. Im Gegenteil, je weniger vom humanistischen Bildungsdrang beleckt, je weniger im Bann der Bibeltexte gehalten, um so mehr fand sich Bereitwilligkeit für die Annahme dunkler Mächte im Untergrund des Seins, die man vielleicht durch einen Zauber in seine Gewalt bringen konnte. Gift und Dolch waren sichere Mittel, doch astrologische Amulette konnten als Gegenwirkung verläßlich sein.

Eine Umbruchszeit muß man in ihrer Vielschichtigkeit verstehen. Der Renaissancegeist hatte im Norden die Reformation hervorgebracht. Sie stellte den Menschen auf sich allein, seinen Glauben und sein Gewissen, ohne Beistand der kirchlichen Autoritäten und ihrer Segnungen. Das hatte ein Roger Bacon, ein Dante nicht gewagt. Über die Astrologie waren die Reformatoren geteilter Meinung. Melanchthon hielt Vorlesungen darüber in Wittenberg und übersetzte Ptolemaios' »Tetrabiblos« ins Lateinische, die damalige Gelehrtensprache. Luther lehnte sie ab und erwiderte ihm: »Ei ich frag nicht nach euer astrologia! Ich kenn mein natur und erfar es.« Zu erfahren hatte er nicht nur sein derberes und vulkanisches Naturell, sondern auch den Unfug, der aus kirchenpolitischen Gründen mit seinem Horoskop getrieben wurde. Um eine Verschiebung des Datums (10. November 1483, nach Aussage der Mutter gegen Mitternacht) in den Oktober zurück oder auf Ende November vorwärts oder gar um ein Jahr kam es den Feinden nicht an, wenn es galt, nach den gängigen Regeln ihm den Teufel auf den Nacken zu setzen. Die Freunde wieder hatten ihre liebe Not mit der Stundenverschiebung, um das »Haus der Religion« besetzt zu bekommen. Es bestand also eine astrologische Umgangssprache, die zur Propaganda benutzt wurde, so wie die Renaissancefürsten sich der Geburtsstunde ihrer Widersacher bemächtigten, um die Schachzüge wirksam einzuleiten. Besonders Kluge brachten als politischen Gegenschlag gefälschte Horoskope in Umlauf. Horoskopsammlungen dieser Zeit, auch von namhaften Astrologen, müssen daher im Einzelfall auf die Unterlagen geprüft werden.

Melanchthons Versuch, den astrologischen Gedanken in Einklang mit der Reformation weiterzubilden, spricht von der mittelbaren Wirkung Gottes durch die Naturkräfte, zu unterscheiden von der göttlichen Vorsehung. Der Stand der Gestirne gilt ihm als *fatum physicum*. Die Zeichen am Himmel zeigen den Willen des Schöpfers an; die in Temperament, Säften und Nervenverfassung bestehenden Rückwirkungen berühren aber nicht die innere Freiheit des Menschen. Dies war im Prinzip die Stellungnahme Thomas von Aquins, ergänzt durch stärkere Betonung des Sinnzusammenhangs, der aber ein rein theologischer blieb. Melanchthons Ausdruck »physikalisches Schicksal« war am Vorabend naturwissenschaftlichen Denkens vielleicht unglücklich gewählt; der gläubige Forscher konnte dies eine Zeit lang bejahen unter der Voraussetzung »Gott bedient sich der Kausalität«, bis eine skeptische Generation Gott als »überflüssige Hypothese« abschaffte. Wenn später Kepler gerade die von Melanchthon ausgeklammerte Mathematik zur Begründung der Astrologie heranzog, so zeigt dies den Unterschied des Platonikers zum Aristoteliker. Beide schrieben von ihren Blickpunkten aus gegen Pico della Mirandola (1463–1494), von dem Tycho Brahe sagte, er sei der einzige wirklich kundige Gegner gewesen, der die Sterndeutung von ihren eigenen Voraussetzungen angegriffen habe. Aber seine Einwände seien widerlegt worden, und gegen seinen Willen habe er durch seinen Tod das von ihm Bekämpfte bestätigt: er starb, wie 3 Astrologen ihm vorausgesagt hatten, genau in seinem 32. Lebensjahre.

Widersprüchlich in seinen Erscheinungen, war es das eigentlich astrologiegläubige Jahrhundert, und zwar bis in alle sozialen Schichten hinein. Individualisierungsdrang verbunden mit vereinfachender Sicht griff schon immer zum Wort, jeder Mensch sei unter »seinem« Stern geboren. Bekannt ist der Glaube noch Napoleons – in diesem Punkte Renaissancemensch – an seinen Stern: ein Bild für Dämon oder Genius, zuletzt eine dichterische Metapher des Inhalts, dieser Stern führte zu einem ganz bestimmten Schicksal, und so lange man ihm unbedingt folge, könne nichts schiefgehen. Solche Überzeugungen vertreten das »Ich«, verlegen es aber nach außen. Seit der Erfindung der Buchdruckkunst verbreiteten sich die mit Sprüchen versehenen Bilderbogen der Saturnkinder, Marskinder, Jupiterkinder usw. Darin erlebte der weniger Anspruchsvolle schlechthin sein Geschick unter diesem oder jenem Stern, die Typisierung bot einen gewissen Schutz gegen das unheimliche Gefühl des Vereinzeltseins. Eine *Differenzierung* und *Gestuftheit* der Gestirnwirkung dachte man sich unter Hinzuziehung der Erbsünde. Derartige Gedanken finden sich bei Melanchthon. Auch der Astrologe Nabod (Naibod) erklärt, der Mensch habe ursprünglich vom Schöpfer einen unsterblichen Leib und eine durchlichtete Seele erhalten, diese Vollkommenheit aber durch Ungehorsam verloren. Wenn daher der Himmel ihm jetzt zuweilen schlechte Triebe einflößt, so muß das Böse nicht den Sternen angerechnet werden – diese könnten in der unverdorbenen Natur ebensowohl Gutes wirken –, sondern der Grund läge in der durch Schuld entarteten Natur des Menschen.[10] Die Mächtigen der Welt hatten es nun eben mit dem so beschaffenen Menschen und seinem fatalistischen Sternglauben zu tun. Kaiser Karl V. und Franz I. von Frankreich warben sich in ihren vier Kriegen Sterndeuter nicht für eigene Entschlüsse an, sondern auch, um durch sie die Öffentlichkeit vom Sieg ihrer Partei zu überzeugen.

Abgesehen vom bunten Gewürfel hochentwickelter, feinsinniger Geister wie Heinrich von Rantzau, Cardanus, Junctinus und vieler anderer sowie schlau die Gelegenheit ergreifender Scharlatane, lag in der so verbreiteten Astrologie ein gewisser Halt gegen die Auflösung in subjektive Willkür. Diese sozialpsychologische Rolle, ob über die Sprache der Gebildeten wirksam oder naiven Volksglauben ansprechend, war für viele bindender als die Religion. Sie gemahnte an ein Schicksal, das bei Lebzeiten eintraf. Man mochte es als etwas Unentrinnbares fürchten oder als Bedingung persönlicher Entscheidungen betrachten, wenige in dieser unruhigen Epoche, die sonst alles umzustürzen drohte, entzogen sich der Auseinandersetzung damit. Begreiflich ist es, daß man dem ungewiß Anrückenden mit oft fragwürdigen Mitteln beizukommen trachtete. Die Mittel auch religiösen Eifers, wenn in Händen von Fanatikern, konnten abstrus und fürchterlich sein: bedenken wir, daß in dieser Zeit der Teufel vom gehänselten Dummerjahn zum vollsaftigen Unhold wurde und der Glaube an ihn zahllose Scheiterhaufen für

10 Valentinus Nabod, »Ennaratio elementorum astrologiae«, Coloniae 1560.

Hexen entfachte. Magie war ein Stichwort wie heute Atomenergie. Mit Zaubermitteln suchten Beherzte sich übermenschliche

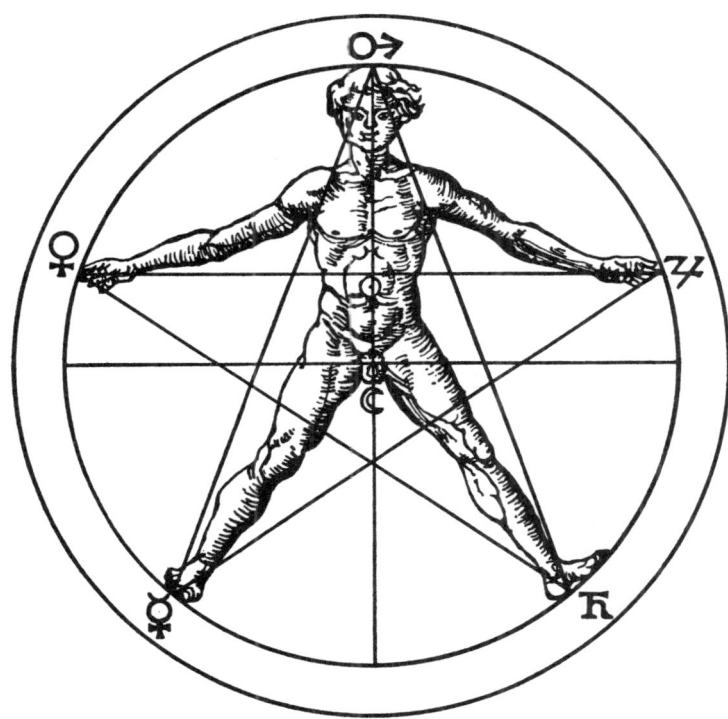

Abb. 2: Der Mensch im Fünfstern. Bei den von Agrippa gebrachten Figuren handelt es sich weniger, dem Titel entsprechend, um die Proportionen des menschlichen Körpers wie sie Leonardo da Vinci, Dürer usw. auffaßten, als um die Ausrichtung von Körperstellungen auf geometrische Grundverhältnisse. In der Ausrichtung nach dem Fünfstern sieht er die Haupt-Lebenssymbole ☉ und ☽ auf Solarplexus und Fortpflanzungsorgane, die fünf Sichtplaneten ♂, ♀, ♃, ☿, ♄ auf Kopf und Gliedmaßen bezogen. Wir können daraus gewisse Schlüsse auf die Deutung von Aspekten ziehen, nämlich Quintil (72°) und Biquintil (144°). (Cornelius Agrippa von Nettesheim, Magische Werke.)

Macht anzuzeigen, zumindest war sie halluzinatorisch erreichbar, wie ja auch die berühmte Hexensalbe in der Einbildung die Gesichte des Hexensabbats hervorrief. Die Gestalt des Doktor Faust hat ihren geschichtlichen Kern.

Ein merkwürdiger faustischer Sucher, Agrippa von Nettesheim (1486–1535), unternahm es, aus allen ihm verfügbaren Quellen ein *System der Magie*, herausgebracht als »Geheime Philosophie«, zusammenzustellen. Er war ein belesener Mann, Doktor beider Rechte und der Medizin, kundig in Astrologie und Alchimie, sprach 8 Sprachen, war ebenso von persönlicher Tapferkeit (als Hauptmann unter Maximilian I. wurde er auf offenem Schlachtfeld zum Ritter geschlagen). Seine Abenteuerlust führte ihn durch Frankreich, Spanien, Italien, die Schweiz bis nach England, neben mehrmaliger Rückkehr in seine Vaterstadt Köln; an vielen Orten hielt er theologische Vorlesungen, die ihn jedesmal in Streit mit dem Mönchstum brachten, anderseits bekam er ein päpstliches Anerkennungsschreiben, man fand ihn bald als Leibarzt der Königinmutter von Frankreich, bald als Syndikus in Metz, bald im Gefängnis in Brüssel. Er korrespondierte mit Erasmus, Melanchthon, war von Fürsten umworben und wieder in Ungnade gesetzt. In einem unsteten, an Verfolgungen wie an Glücksfällen reichen Leben, als Zauberer verschrien, sammelte er unermüdlich Kenntnisse dessen, was wir heute Grenzwissenschaften nennen. Kosmologische Systematik in antiker Überlieferung und in kabbalistischer Auslegung zieht sich gliedernd durch sein Werk. Er beschreibt darin – »mehr eine Darstellung als eine Anempfehlung« beabsichtigend – die verschiedenen mantischen Methoden, nicht immer kritisch in der Auswahl, bringt ausführlich die Entsprechungen und Siegel der Planeten, ihrer »Intelligenzen« oder guten Geister und ihrer »Dämonen«. Für die durchschnittliche Mitwelt war dies nichts anderes als eine Sammlung geheimnisvoller Zaubermittel.[11]

Wenn Agrippa öfter von einem Schlüssel gesprochen hatte,

---

11 C. Agrippa von Nettesheim, »Magische Werke«, H. Barsdorf Verlag, Berlin 1916.

der zum Lesen dieses in jungen Jahren geschriebenen Werkes nötig sei, so ist dies nicht der 40 Jahre nach seinem Tode erschienene, von fremder Hand geschriebene Nachtragsband. Er äußerte sich aber brieflich: der wahre Schlüssel sei das *Verständnis*, das höhere Erkennen. Was man von den wunderbaren Bildern der Astrologen, den Verwandlungen der Alchemisten und dem von ihnen gepriesenen Stein der Weisen an Erstaunlichem erzählt, werde als *nichtig*, erdichtet und falsch befunden werden, so oft man es *buchstäblich* nimmt. Die Überlieferung sei deswegen nicht für Lüge zu halten, nur ist *der Sinn ein anderer*, als die nackten Buchstaben ihn geben. Wir dürfen das Prinzip so großer Operationen *nicht außer uns suchen*.

Hier schlägt sich über vier Jahrhunderte hinweg die Brücke zu C. G. Jung und vor ihm H. Silberer, die im vielverspotteten »Goldmacherwahn« einen in Symbolen verschlüsselten Weg der Seele entdeckten. Man wird sagen, daß leidenschaftliches Interesse am unterschwellig Bedeutsamen, verbunden mit erklärender Logik und eingestreuten Absicherungen gegen kirchlichen Mißverstand, manches Zwittergebilde hervorgebracht haben. Für Agrippa war es wohl ein bewußtes Zweierlei von anschaulichem Bericht sowie verborgenem Sinn, den er darin andeutet, aber nicht aussagt. Dies wurde bei den in der Folgezeit entstehenden »Geheimen Bruderschaften« zu einem die Menge irreführenden Mittel, um zu tarnen, was nur einem auserlesenen Kreise zugänglich sein sollte. Darin setzt sich eine untergründige Geistesströmung fort. Es wird nie völlig zu erhellen sein, wieviel an heidnischen Überlieferungen kosmologischen Inhalts sich vor den Nachstellungen der Kirche in die Geheimbünde des Mittelalters rettete, schon bevor 1232 die Inquisition den Dominikanern übergeben und 1252 die Folter in ihr Gerichtsverfahren eingeführt wurde. In »verkahlter« Form, schrittweise je nach dem vom Novizen erreichten Grade erklärt, pflanzte sich solch Wissen in den Bauhütten der Dome fort, wurde in verschiedenen Ritterschaften, selbst in kirchlichen Orden gepflegt. Im 12. Jahrhundert begegnen wir in Hildegard von Bingen einer Heiligen, deren Kenntnisse mehr aus solchen Quellen als aus der Bibel stammten. Eigene Visionen erschlossen ihr die inhaltsreichen Bilder vom Sinn der Heilsgeschichte, vom Kosmos und vom Menschen. Die von ihr angeführten Entsprechungen in der Natur, die Lehre vom kosmischen Menschen, stellen eine esoterische christliche Weltschau unabhängig vom Dogma dar.

Natürlich finden wir all dies verflacht in den Aderlaßmännlein mit Hinweis auf die Körperteile, in denen ein Aderlaß unterbleiben solle, wenn der Mond durch das entsprechende Zeichen geht, in den Kräuterbüchern mit Angabe der Stunden, wann die Arznei zu sammeln und einzunehmen sei. Der Buchdruck überschwemmte den Markt mit Kalendern und Flugschriften, die Volkssprache verlangte Anschaulichkeit, an astrologischen Gedanken hielt sich nur das Sinnenkräftigste und Gröbste. Es blühte die Vorstellung von Einflüssen, giftigen Dünsten oder wohlduftenden Eingießungen der Gestirne. Wohltäter sollten Jupiter und Venus sein, Übeltäter Saturn und Mars, abhängig allerdings von der Gesamtgestirnung, wobei wieder gute und böse Aspekte mitentschieden. Ein Wust von Mißverständnissen entstellte das Regelwerk. Wie immer fanden sich Unternehmer mit einer Nase für die Konjunktur. So erschien 1547 ein »Calender mit Underrichtung Astronomischer wirkungen«, er belehrte über Handlungen des täglichen Lebens beim Mondstand in den Zeichen. »Hernach volget ein Canon was in iedem Zeychen zu thun odder zu lassen sei, Darinnen (g) gut, (m) mittel vnd (b) böß bedeutet.«

Kann einem da noch etwas Unangenehmes passieren? Daß Schuldenzahlen meistens bös ist, weiß man zwar ohnehin, aber hierbei glänzt der Wassermann, der sich sonst fast durchweg »mittel« verhält. Solche mit der Überlieferung von den Zeichen gar nicht übereinstimmenden, die Konstellation des einzelnen unberücksichtigt lassenden Anweisungen wurden anscheinend ernst genommen. Man muß sich diesen Tiefstand der öffentlichen Meinung vergegenwärtigen, um den Hohn eines Sebastian Brant im »Narrenschiff« und die Verzweiflung der Wissenden zu begreifen.

Hinter dieser Fratze des Jahrhunderts begreifen wir aber, in

Tafel V:

	♈	♉	♊	♋	♌	♍	♎	♏	♐	♑	♒	♓
Gesellschaftmachen	b	g	g	b	g	g	b	b	g	b	m	g
Freuntschaftmachen	b	b	m	g	g	b	b	g	g	b	m	g
Hochzeytmachen	b	g	g	b	g	g	m	m	m	b	m	m
Brettspielen	g	m	g	g	b	m	g	m	b	b	b	b
Ettwas suchen	g	g	m	g	g	g	m	b	m	b	m	m
Schuldbezalen	b	b	b	b	b	b	g	b	b	b	g	b
Negel abschneyden	g	g	b	g	g	b	g	m	m	m	b	b
Bartscheren	b	b	g	g	g	b	m	b	g	m	b	g
Streitanfahen	m	b	g	m	g	b	b	g	g	b	m	g
Kinderentwenen	g	g	m	g	b	g	m	g	b	g	m	g
Disputiern	b	g	m	b	g	g	g	b	m	b	m	g
Fürstensehen	g	g	m	b	g	m	b	b	g	b	m	b
Aderlassen	g	b	b	m	g	b	g	b	g	b	m	g
Erbschafftkauffen	b	g	m	g	g	g	b	b	g	g	m	m

wenigen zur Klarheit gelangend, das Ringen um eine Naturphilosophie, in welcher die mikrokosmische Stellung des Menschen im Makrokosmos verständlich wird, durchformt von denselben Kräften, die auch die große Welt hervorbringen. Hier liegt die Lebensarbeit von Theophrastus Paracelsus (1493–1541).[12] Vom Platz in der Geschichte der Medizin, den er einnimmt, soll nicht die Rede sein. Die empiristische Verengung des Blickfeldes hat vieles verworfen, was gerade für uns, das Augenmerk auf die Entwicklung des astrologischen Gedankens richtend, von Bedeutung ist. In der sinnlich greifbaren Welt sah Paracelsus nur deren Äußeres, nicht ihr Wesen, so auch im Himmelskörper. »Das Gestirn hat nie keiner gesehen, aber sein corpus; wie ein Seel im Menschen, die ist auch nicht sichtbar.« Mit diesem eigentlichen »Gestirn« meinte er ein geistig-vitales Prinzip, das ebensowohl in den pflanzlichen und tierischen Formen tätig ist.

12 Nochmals sei verwiesen auf »Groß Göttlich Ordnung«, Matthiesen Verlag, Tübingen. Elsmarie Anrich ist eine der wenigen Autoren, welche das umfangreiche Werk von Paracelsus ganz durchgearbeitet haben und dem Werdegang seiner gedanklichen Stellungnahme nachgegangen sind.

»Nun wissent aber weiter auf das, das Gestirn teilt sich in zween Teil. Das ein ist im Himmel in den Sternen, das ander Gestirn ist in der Globul auf der Erde.« Er sah ein »unter« Gestirn das irdische Wachsen und Entfalten anregen und ein »ober« Gestirn vorzugsweise den Menschen, der sich durch »Urteil und Vollbringung« über seine tierische Natur erhebt, im natürlichen Verstande inspirieren. Wir würden heute sagen: die physikalischen und chemischen Prozesse, der Erfahrung zugänglich, werden gesteuert von transzendentalen Bildekräften, im geistigen Prinzip uns erfaßbar. Jene nennt Paracelsus das Elementische, diese das Siderische (das Gestirn, auch »firmamentum«). Das alte mythische Zeugungspaar von Himmel und Erde spiegelt sich bei ihm als Polarität des *siderischen* und des *elementischen* Leibes, darum nämlich, »dieweil Himmel und Erden des Menschen Vater und Mutter sind und der Mensch am letzten aus ihnen beschaffen«. Wir sind jedoch damit nicht in eine starre Zweiteilung gestellt, sondern in ein Gegeneinander sich durchdringender Bereiche, eine weitergehende *Zeugungsdynamik, teilhabend an der im Menschen fallenden Entscheidung.* Die sinkende Bewegung in uns drängt zum Erdhaften, die steigende Bewegung bezieht das Himmlische ein, die Entscheidung liegt bei uns. Lassen wir uns unweise nur treiben: »Was ist anders die Ursache, dann daß derselbig Mensch sich selbst nicht erkennt und seine eigene Kräft, so in ihm verborgen, nit zu gebrauchen weiß: daß das Gestirn in ihm und daß er die kleine Welt ist und auch das ganz Firmament mit allen ihren inneren Kräften in ihm hat.«

Noch in der Hochflut der Renaissance lebend, stilistisch an der Schwelle zum Barock, mühsam die für philosophische Gedanken ungelenke Volkssprache zurechtmodelnd, ahnte Paracelsus moderne Probleme voraus wie den Zusammenhang psychischer und organischer Krankheiten. In der religiösen Stellungnahme zur Astrologie ging er weiter als der theologische Kompromiß bei Thomas von Aquin und Melanchthon, die darin eine mittelbare göttliche Willensäußerung sahen; bei ihm steht der Mensch *in unmittelbarer Verbindung* mit dem fordernden Antrieb in sich, den man das Göttliche nennen kann. Der selbstbestimmende Faktor innerhalb der »groß göttlich Ordnung« war in seine Rechte gesetzt. Eben deshalb ist es nötig, zu sehen, »wie er wird geboren in der Stund der Concordanz« (das heißt: der Zusammenstimmung himmlischer und irdischer Ursachen). »Und ein jedlicher soll erkennen dasjenig, in das er geboren ist, gleich als wol umb das natürlich versaumen als umb das ewig.« Ist der Sternhimmel nur Bedingung und gleich der Freiheit nach innen verlegt, dann wird deren Unendlichkeitsstreben nicht zum gegnerischen Argument wie bei Pico della Mirandola, der in der Astrologie das Fatum bekämpfte. Der Mensch *verharrt* nicht in seiner Konstellation, er *sucht mit Aussicht auf Erfolg* ihre Entsprechungen zu *verbessern*. Zum Unterschied vom »großen irrigen Haufen« der Zeitgenossen, »die sich in des Himmels Angesicht belustigen und lassen sich bedünken, sie sehen, wie Mars, Saturnus etc. und dergleichen den Menschen etc. machen,« nahm Paracelsus keinen Einfluß des Gestirnkörpers an, sondern sprach immer nur vom innewohnenden Gestirn und dem Rang, den wir uns darin geben. »Dann ein unvernünftig Mensch und ein Tier ist ein gleich Ding gegen dem Gestirn.«

Ein beliebtes magisches Motiv ist die *Verrätselung,* sei es in bildnerischen, sei es in gedanklichen Darstellungen. Schon die Kenninge der isländischen Skalden, die kabbalistischen Rätselworte mit Vertauschung von Buchstabe und Zahl, die magischen Quadrate, der alte Knoten- und Schlingenzauber bedienten sich ihrer. Vieles davon lebte bei Leonardo da Vinci (1452–1519) wieder auf und bildete dann in der Spätrenaissance ein Bestandteil des heute als selbständigen Stil betrachteten »Manierismus«. Die Zuordnung von Farben und Planeten, die regelmäßigen platonischen Körper spielten hier hinein, überhaupt war die bildende Kunst vom sinnlichen Anschauen lebend besonders empfänglich für diese Art Geistigkeit, worin Zahl und Geometrie eine Rückverbindung zum bildhaften Schauen der mythischen Stufe herstellen. Verfeinerte Endstufen suchen oft über solche Vereinfachungen einen Wiederanschluß an die Anfänge. Bekannt ist, wie Leonardo in seinem »Abendmahl« die Zwölfzahl der Tierkreiszeichen in Charakteristik und Anordnung der Jün-

Tafel VI:

Emanuele Tesauro Stilvorschriften 1654 (in der Heraldik gebräuchlich)		Überlieferte Eigenschaften
☉ = gelb	Sonne	Hoheit und Lebensmacht
☽ = weiß	Mond	Unschuld und Hingabe
♃ = blau	Jupiter	Eroberung und Weisheit
♀ = grün	Venus	Liebe und Sinnenglück
♂ = rot	Mars	Mut und Kampflust
☿ = purpur	Merkur	Urteilskraft u. Gewandtheit
♄ = schwarz	Saturn	Ausdauer und Tiefe

Alchimistische Zuordnung der Metalle		Antike Organzuordnung
☉ = Gold	Sonne	Herz
☽ = Silber	Mond	Gehirn
♃ = Zinn	Jupiter	Leber
♀ = Kupfer	Venus	Nieren
♂ = Eisen	Mars	Galle
☿ = Quecksilber	Merkur	Lungen
♄ = Blei	Saturn	Milz

Bei den Farben ist die psychische Rückwirkung auf einen sinnlichen Eindruck gemeint, sie müßten genauer unterschieden werden. Bei Gelb z. B. handelt es sich nicht um das vergeistigt wirkende lichte Neapelgelb, sondern um ein strahlendes Goldgelb, etwa Kadmium dunkel bis orange. Bei Jupiter gilt Lapislazuli-Blau, bei Venus ein saftiges Blattgrün, Saturn geht von Indigo bis Lampenschwarz. – Bei den Organzuweisungen sind bestimmte Funktionen gemeint, z. B. Gehirn nicht als Nervenmasse, die merkurisch einzuordnen wäre, sondern als Vollzugsorgan der Assoziationen und erinnerungsmäßiger Verfügung über vergangene Eindrücke sowie der Umwandlung solcher in seelische Bilder. – Die Alchemie als Seelenprozeß meinte mit der Verwandlung von Blei in Gold hauptsächlich eine Umwandlung saturnischer Negationen, Härten und toter Punkte in schöpferische Antriebe.

ger dargestellt hat; man kann von daher die astrologischen Einteilungen auch als »mnemotechnische Griffe« oder Gedächtnisstützen verstehen, um eine Vielzahl der Erscheinungen überblicklich zu ordnen. In der alchemistischen Geheimlehre gehörte die synonyme Bedeutung von Planeten und Metallen zur Decksprache; indem sie eines für das andere setzte, verkleidete sie einen inneren Weg in chemische Prozesse, von lediglich goldsuchenden Adepten buchstäblich verstanden und experimentiert. Die Verrätselung sollte Unberufene fernhalten, konnte auch in den Religionskriegen, worin der Fürst den Glauben seiner Landeskinder bestimmte, einen freien Gedanken gegen die herrschende Macht schützen. Auf eigentümliche Art wandte sie Nostradamus, der Seher und Astrologe (1503-1566), an. Seine in »Quatrains« zusammengefaßten geschichtlichen Voraussagen mischte er anscheinend willkürlich, Forscher verschiedener Zeiten bis heute befaßten sich mit der Entschlüsselung. Manches der in dunkler Sprache abgefaßten Prophetie leuchtet erst auf, wenn das Ereignis eingetroffen ist.

Die kopernikanische Wendung

Für den mittelalterlichen Menschen war die Welt der Schauplatz einer geoffenbarten Heilsgeschichte, dem Renaissancemenschen wurde sie zu etwas Geheimnisvollem, worin es zu entdecken, zu erfinden gab. Früher fest umgrenzte Dinge standen auf einmal in ihrer Problematik vor Augen, man konnte sich die Welt auch andersherum denken. Fuhr man anders als auf gewohntem Wege nach Indien, so entdeckte man gegebenenfalls einen unbekannten Erdteil. Bereits zuvor hatte sich gezeigt: zerstampfte man einige Substanzen im Mörser, vielleicht in der Absicht, Gold zu machen, so erfolgt eine Explosion, und das Schießpulver war erfunden. Statt alle erworbenen Kenntnisse einem jenseitigen Ziel unterzuordnen, wurde es langsam möglich, sich am Studium des Diesseits als Selbstzweck zu genügen. Ähnliches hatten schon die Griechen versucht, vor deren Naturwissen die Achtung stieg. Die im Streben aller Wissenschaft gelegene Einheit des Naturganzen war zunächst eine theologische Voraussetzung, sie konnte in der *Anordnung* wie in der *Bewegung* gedacht werden. Wurde die Bewegung als einheitlicher Nenner herausgehoben und durch Teilung der Strecke meßbar gemacht, wie es Galilei tat, so entschied man zugunsten der vitalen und zuungunsten der geistigen Weltschau. Vorher aber veränderte sich die gedachte Anordnung, indem die Erde aus ihrer vermeintlichen Ruhe in der Mitte des Alls gehoben, die Sonne in den Mittelpunkt gesetzt und die Erde als umlaufender Planet betrachtet wurde. Dies war die kopernikanische Wendung, eine Großtat der Unabhängigmachung vom Augenschein.

Die Erde als Stern unter Sternen und auf dieselbe Weise bewegt gedacht wie die anderen Planeten, bedeutet den Fortfall eines *Wesensgegensatzes* zwischen ihr und dem astronomischen Umraum. Damit konzentriert sich religiöses, ästhetisches, moralisches Weltgefühl nicht mehr absolut auf den irdischen Schauplatz und seinen angemaßten Herrn, den Menschen sowie dessen himmlischen Oberherren. Oben und unten gibt es dann nur in Relation zum Standpunkt des Betrachters. Diese Konsequenzen muß der bescheidene, redliche Mann gespürt und wohl erwogen haben, der seine Entdeckung sozusagen erst auf dem Totenbett der Öffentlichkeit preisgab.

Ist von Kopernikus (1473–1543) in Zusammenhang mit Astrologie die Rede, so befällt die meisten ein Taumel der Erleichterung: nun wird es Tag, das dunkle Mittelalter entweicht, der ganze Sternenglaube war ein Wahn, und der Druck, von einem da oben ausgemachten Schicksal abzuhängen, verschwindet vor gesunden Vorstellungen! Eine solche Haltung gleicht der eines eben aufgeklärten Knaben: ätsch, es gibt gar keinen Weihnachtsmann, das war immer der Onkel Julius! Beschämend ist es, daß unter dem Deckmantel wissenschaftlicher Kritik viele es sich so leichtmachen, einen Gedanken zu verdrängen, der das Menschenherz einige Jahrtausende beschäftigt und mancherlei Wandlungen durchgemacht hat. Dieser Gedanke war mit der gesamten bisherigen Kultur- und Geistesgeschichte verflochten und beruhigt sich keineswegs unter dem Stichwort »das falsche Weltbild«. Er betraf ja in bezug auf das Verhältnis der Erde zu den übrigen Körpern des Sonnensystems nicht deren objektive Gestalt und Lage im Raum, sondern setzte die Erde in den *Brennpunkt von Wirkungen aus dem Umraum,* wie es heute die Geophysik ebenso macht. Eine Anordnung, die sich aus einem anderen Standort des Betrachters ergibt, ändert daran nichts. Heliozentrisch oder geozentrisch betrifft verschiedene *Bezugssysteme.* Woran die kopernikanische Wendung ändert, das ist die gewähnte Vorzugsstellung, die sich der Mensch naiverweise zuschrieb, als ob das ganze Welttheater für ihn veranstaltet sei. In bezug auf die Astrologie sind es darauf abgestimmte Deutungen, Praktiken der Ausleger. Die Vorstellung von *Gestirnwirkungen* also war berührt – ob es solche gibt und wenn, welcher Art sie dann sind, wird später zum Untersuchungsgegenstand der Geophysik –; eine vom kopernikanischen Weltbild ausgehende Kritik trifft mithin anthropomorphe Trugschlüsse, das heißt vermenschlichte, aus uns genommene und nur auf uns bezogene Annahmen.

Den Fortschritt der Naturforschung hat es zweifellos gefördert, daß sie für Tatsachennachweise unbrauchbare Gedanken, vor allem Glaubenspostulate, rücksichtslos verwarf. Für sie konnte es keine Intelligenzen oder Regenten der Sterne, keine Götter oder Boten eines Allerhöchsten, Engel und Erzengel geben, mochten sie auch von Calderon und Shakespeare an bis Goethe und Rilke weiter in der dichterischen Symbolsprache existieren. Für den Naturforscher dient Gemütserregung nur dem bewundernden Staunen, Phantasie der kühnen Gedankenkonstruktion. Auch den nüchternen Kaufmannssohn aus Thorn erfaßte ein Pathos, als sich ihm der wieder aufgegriffene Gedanke des Aristarch nach jahrzehntelanger Beobachtung und Rechnung als richtig erwies.[13] Was das heliozentrische System durchgesetzt hat, ist die *Einfachheit des Baugedankens,* der die verwickelten Schleifenbahnen der Planeten als Sinnestäuschung des Beobachters auf der Erde erklärte. Ptolemaios brauchte ein kunstvolles System von Epizyklen – Nebenkreisen, auf denen die Planeten rückgängig liefen, während die Zentren dieser Kreise auf der normalen Planetenbahn weiterlaufend gedacht waren –, um die scheinbare Rückläufigkeit der Planeten vorstellbar zu machen. Rechnerisch führte auch dies zu annähernd richtigen Ergebnissen, doch das Prinzip der einfachsten Erklärung ließ nun den Epizykel als *Spiegelbild der Erdbahn* erkennen.

Immer noch ergaben sich Unstimmigkeiten zwischen Theorie und Beobachtung, weil das kopernikanische System an der Kreisbahn festhielt. Erst Keplers Intuition und Rechenkunst gelang es, die Verhältnisse richtig zu sehen und die Gesetze der Planetenbewegung herauszuarbeiten. In diesem Zusammenhang ist nicht unwesentlich, daß die Begründer der Naturwissenschaft – Regiomontanus, Kopernikus, Tycho de Brahe, Galilei, Kepler – samt und sonders Astrologie betrieben und daß namhafte Astrologen zu den ersten Verfechtern des neuen Weltsystems gehörten. Rhaeticus (Georg Joachim aus Feldkirch in Vorarlberg) gab 1539 seinen Lehrstuhl in Wittenberg auf und reiste nach Frauenburg zu Kopernikus, drängte den Zögernden, sein Werk herauszubringen; die endliche Drucklegung überwachte Schöner in Nürnberg. Keiner der Sachkenner verspürte etwas von dem Schock, den nach heute oft geäußerter Ansicht die kopernikanische Wendung auf das astrologische Denken hätte ausüben müssen. Gegner waren jedoch von Beginn an die Reformatoren, Luther schalt Kopernikus einen Narren, und Melanchthon grenzte sich aus religiösen Gründen ab, während die katholische Kirche erst im Prozeß gegen Galilei eine entschiedene Gegnerstellung bezog.

Geschichtsschreiber, welche außer exakter Messung nur rück-

---

13 Im epochemachenden Werk von den Umdrehungen der Himmelskörper, »De revolutionibus orbium coelestium«, ruft Kopernikus aus: »In der Weltmitte regiert die Sonne. Wer würde denn in diesem prächtigen Tempel die Lampe an einen anderen oder besseren Ort stellen, von wo sie alles zugleich erleuchten könnte? Zumal einige sie nicht ungeschickt die Leuchte, andere den Geist und noch andere den Lenker der Welt nennen, Trismegistos den unsichtbaren Gott, die Elektra von Sophokles den Allsehenden. So beherrscht die Sonne gleichsam von einem Königsthron aus die umkreisende Familie der Gestirne.« (Übersetzung aus dem lateinischen Urtext.)

ständigen Gestirnglauben sehen, bleiben uns die Erklärung schuldig, warum die Astrologie auf bedeutende Geister eine solche Zugkraft ausüben konnte. Angeführt wird der schöne Traum von der Verbundenheit aller Dinge, Ahnungen einer durchgreifenden Notwendigkeit in der Natur und im Menschenschicksal, formalästhetisches Gefallen am Kosmosgedanken, nie aber Tatsachenerfahrung. Kaum einem derjenigen, welche die Astrologie wegen angeblicher Trugschlüsse verwarfen, kam es unwahrscheinlich vor, daß ernsthafte Denker viele Jahrhunderte hindurch nur um einer vorgefaßten Idee willen widersinnige Aussagen in ihre Mitmenschen hineingesehen hätten. Waren sie lebensfremd oder unfähig zu eigener Erfahrung? Konnten sie bei so entscheidenden Fragen in Willkür, Dummheit, Selbsttäuschung befangen sein? Im Einzelfall sind solche Züge den Biographen höchst unbequem, man verschweigt sie, behandelt sie nebensächlich oder zieht sie ins Menschlich-Allzumenschliche. Pythagoras war bei allen Verdiensten ein Phantast in der Heiligung der Zahl, Kepler ein Mystiker, der für die Harmonie der Welt schwärmte und zum Broterwerb leider auch Horoskope stellte, Newton, wenn er die Apokalypse des Johannes las, hatte eben seinen Spleen. Gescheite Leute merken oft gar nicht, welche Unkenntnis sie enthüllen, indem sie automatisch als Aberglauben abtun, was nicht rational klar zutage liegt. Bei Kepler, welcher das neue astronomische Weltbild zum Siege führte, ist die Verbindung mit der Astrologie besonders peinlich; den meisten genügt sein aus dem Zusammenhang gerissener Satz vom närrischen Töchterlein der verständigen Mutter Astronomia, die Hunger leiden müßte, wenn die Tochter nichts erwürbe, um Kepler zum heimlichen Gegner umzustempeln, der nur zähneknirschend den astrologischen Betrieb mitmachte. Man frisiert als verzeihlichen Schönheitsfehler auf, was für ihn von zentraler Bedeutung war.

Johannes Kepler (1571–1630) und Tycho de Brahe (1546–1601) hatten Konflikte anderer Art.

Tycho war Empiriker mit einem religiösen Anliegen, er befleißigte sich einer Erfahrungswissenschaft mit vorausgesetztem

Zweck in der Natur als Endursache. Auf Fehler in den Tafeln nach Kopernikus aufmerksam geworden, verbesserte er die Beobachtungsinstrumente und erreichte damit eine Genauigkeit bis zu 1' Fehlergrenze, während die Griechen bis zu 10' herankamen. Seine in langen Jahren gesammelten Beobachtungen dienten Kepler, den er als Mitarbeiter nach Prag rief, als Unterlage. Um die Erde aus ihrer Mittelpunktstellung nicht zu entthronen, woran ihn die religiöse Scheu hinderte, nahm Tycho einen von Kopernikus vorübergehend gestreiften Gedanken, daß die Planeten vielleicht um die Sonne und diese zusammen mit dem Mond um die Erde kreisen könnten, als Wirklichkeit. Dies ist der »tychonische Kompromißvorschlag«. Astrologie war ihm ein System der Erfahrung göttlicher Absichten, als solches bis zum Lebensende verfochten; vorsichtig und gewissenhaft, zweifelte er trotz großer Deutungserfolge an der Verläßlichkeit einer bündigen Aussage. Gegen den Mißbrauch, die Enthüllung, fand er brieflich scharfe Worte.

Keplers andere geistige Struktur war ausgerichtet auf Maß und Proportion in Einklang mit prüfendem Wirklichkeitssinn. Er diente einem Gott, der Geometrie treibt und das Buch der Natur »in Zahlen und mathematischen Figuren« niederschreibt, das heißt den Bau der Welt auf wenige Grundverhältnisse, geistige Urbilder, gründete. Die so verankerte Intuition befähigte Kepler, aus einem Wirrwarr gesicherter Beobachtungsdaten, schwierigste mathematische Aufgaben lösend, die drei Gesetze herauszukristallisieren, die unter seinem Namen gehen. Es wird heute von kompetenter Seite betont, daß bei aller scharfsinnigen Anlage reine Logik nicht imstande gewesen wäre, diese Gesetze aus dem vorliegenden Erfahrungsmaterial zu finden; vielmehr muß der rätselhafte Prozeß eines Bestimmtwerdens der Aufmerksamkeit durch »urtümliche Bilder« oder Archetypen angenommen werden.[14]

14 W. Pauli, »Der Einfluß archetypischer Vorstellungen auf die Bildung naturwissenschaftlicher Theorien bei Kepler«, in einem Band »Naturerklärung und Psyche« zusammen mit C. G. Jung, »Synchronizität als ein Prinzip akausaler Zusammenhänge«, Rascher Verlag Zürich.

Nennen wir es einfach konstruktive Phantasie, was Kepler in bewundernswerter Weise bei seinen Entdeckungen anleitete, so geht uns hier vornehmlich deren meist in ein schiefes Licht gestellte Seite an. Beim zunehmenden Abrücken der Gelehrten von der Astrologie lag für Kepler kein triftiger Grund vor, neben der »Brotarbeit«, wenn wir es einmal so bezeichnen wollen, sich auch in rein wissenschaftlichen Werken wie der »Astronomia nova« und zuletzt noch in den »Harmonice Mundi« zu ihr zu bekennen, wäre er nicht von einem Wahrheitsgehalt überzeugt gewesen. Daß es nicht die übliche Praxis der Astrologiegläubigen sein konnte, erhellt schon aus den ersten ihm aufgetragenen Kalendern, worin er es unternahm, diese Praxis zu reinigen vom »unziemlich abergläubischen Berühmen«, das ihr »zu viel zugelegt«, weil nämlich »die Kunst selber keinen solchen Grund habe, davon einiger Zufall in specie anders als generaliter könnte vorgesagt werden«. Sein »generaliter« läßt auch bei Charaktergutachten nur allgemeine Dispositionen gelten, nicht das Spezielle, was der Mensch innerhalb seiner Umwelt daraus macht und womit er die eintreffenden Ereignisse herbeiführt. Köstlich ist es zu lesen, wenn er Wallenstein auf die Randnote bezüglich einer Krankheit schreibt, es sei wohl »der Bacchus sein Planet gewesen«, ein andermal »der irdische Planet Mars, unzweifel auch die irdische Venus« und bei der zweiten Heirat »die irdischen Planeten Pluto, weil man einen guten, einträglichen Krieg gehabt, und Frau Pax mit ihren betrüglichen Vertröstungen«. Als Astronom faßte Kepler das Gestirn körperlicher als Paracelsus, wenngleich er es astrologisch ebenso stellvertretend für ein geistig-vitales Prinzip verstand. Er begnügte sich aber nicht mit der Gleichsetzung »wie oben so unten«, sondern genauer die Bewegungsformen untersuchend, deren Gesetze er zum Beweise des heliozentrischen Systems fand, trachtete er sie auch für die geozentrische Sicht fruchtbar zu machen. Die Erde im Brennpunkt von astronomischen Umraumsbeziehungen, dies machte ihm die Aspekte zum Hauptproblem.

Aspekte sind Winkel, die zwei Gestirne zur Erde bilden, von kurzer oder langer Dauer, je nach der Umlaufzeit der winkelbildenden Planeten. Kepler sah diese Aspekte aufgenommen von einem »geometrischen Instinkt« der anima terrae, der Erdseele (wofür man auch den »Archaeus« des Paracelsus setzen könnte), einem Instinkt, der allen Kreaturen in gleicher Weise eigen sei. Damit ist ein Entstehen und Vergehen qualitativ unterschiedlicher Zustände gegeben (etwa Quadrat oder 90° hemmend, spannend, Trigon oder 120° lösend, fördernd). Doch das Gut und Schlecht der üblichen astrologischen Deutung verwirft Kepler, er zieht Vergleiche zu musikalischen Intervallen. Es handle sich um ein »zur Zeit noch verborgenes Aufmerken«, aber: »Wenn Pico eine Begründung herbeibrächte, warum die Geometrie in der Tonkunst den Menschen ergreift, würde ich dieselbe Begründung nehmen, um darzutun, warum die Geometrie in den Strahlen der Gestirne die sublunare Natur affiziert.« (Sublunar oder »untermondisch« war der gebräuchliche Ausdruck für die irdische Gesamtheit.) Gemeint sind natürlich nicht physikalische Strahlungen, sondern was Kepler auch rechnerisch unter Leitstrahl (Radiusvektor) versteht. Diese seine Auffassung wollte Kepler als Hypothese begriffen wissen, »nicht zu dem End, als müßte es also und nicht anders sein, sondern zu dem End, damit man die Möglichkeit sehe, und sich an diesem modo versuche«. Auf Pico della Mirandolas Frage, warum Saturn und Jupiter Größeres vermöchten, wenn sie zusammenstehen (Konjunktion), als wenn sie getrennt sind, antwortet Kepler: »Das Werk, das wir den vereinigten oberen Planeten zuschreiben . . . ist keineswegs Sache der Planeten selbst . . ., sondern ist der sublunaren Natur zuzuschreiben.« Wenn Pico meint, »daß die Vereinigung zweier Planeten um kein Haar mehr Licht aus ihnen heraushole«, erwidert Kepler, er spreche nicht vom Licht, sondern von der »Relation«, das heißt der »Lage, die wir Konjunktion nennen«.[15] Als Übertragung solcher geometrischer Verhältnisse nahm er »eine Art von geistigem Formprin-

15 Hauptsächlich zitiert aus »Vom neuen Stern im Fuße des Schlangenträgers«, enthalten in der Schriftensammlung von H. A. Strauß und S. Strauß-Kloebe: »Die Astrologie des Johannes Kepler«, R. Oldenbourg, München und Berlin 1926.

zip, das auch Keimprinzip genannt wird«. Immer wieder erörterte er »jenes animalische Vermögen, welches einerseits fähig ist, das geometrische Verhältnis zu erkennen, anderseits den Körper regiert, an dem die Wirkung wahrgenommen wird«. Die Reaktionsäußerung ist unterschiedlich je nach der Art und Entwickeltheit; beim Menschen schlägt der Himmel »die Trommel zu den Händeln, welche sonsten nach der Welt Lauf untern Händen schweben«, er werde nicht anders verleitet als der Bauern Tanz durch die Sackpfeife, denn »die Verhältnisse, die Schemata haben an sich noch keine Wirksamkeit«.

In seinen den umfangreichen Fragenkreis abtastenden astrologischen Schriften suchte Kepler zu klären, wofür seine Zeit noch keinen Begriff hatte, nämlich die *organische Reizung, die sich lebensgesetzlich, also autonom äußert,* so daß gleiche Ursachen verschiedene Wirkungen hervorrufen können. Der Aspekt war ihm ein »ens rationis«, ein Gedankending. Nicht so der geometrische Instinkt, der ja auch in den Pflanzen- und Tiergestalten deutlich zur Schau kommt und etwa beim Bau der sechseckigen Bienenwaben als ein *projektives Bildevermögen* auftritt. (Vgl. die kleine Schrift »Vom sechseckigen Schnee«.) »Die Biene hat . . . von Natur aus einen ihr eigentümlichen Instinkt, der sie gerade in dieser Figur am besten bauen läßt . . . nichts vermag hier der Stoff des Wachses, noch des Bienenkörperchens, nichts das Wachstum.« (Vergleiche damit die Bienenwabentheorie von Darwin.) Wir sehen denselben Mann, der wegen 8 Bogenminuten, um welche die Beobachtung der erwarteten exzentrischen Kreisbahn von der Theorie abwich, einen Berg mühseliger Rechnungen umwarf, von vorn begann und endlich die zutreffende Ellipsenbahn des Mars konstruierte, zugleich die *Grenzen der kausalmechanischen Naturerklärung* als nicht hinreichend für Lebewesen einsehen. Damit trat er aus dem wissenschaftlichen Erkenntnisstil seiner Zeit heraus, befaßte sich mit Problemen, für deren Lösung wir erst heute einigermaßen hinreichende Handhaben besitzen. Gab ihm auch astrologische Erfahrung den Anlaß hierzu, so doch in Sinn und Absicht anders gesehen als die Astrologie der horoskopstellenden Zeitgenossen. Im geistigen

Zweifrontenkrieg ist oft diejenige Partei, welche dasselbe zu wollen vorgibt, die widerspenstigste. »So sehr achte ich die Astrologie nicht, und ich habe niemals davor zurückgescheut, die Astrologen für meine Feinde zu halten. Aber mich hat die beständigste Erfahrung (soweit in der Naturwissenschaft eine solche erhofft werden kann) über die Erregung der sublunaren Naturkräfte durch die Conjunktionen und Aspekte der Planeten belehrt und, dieweil ich mich sträubte, überzeugt.«

Solche Bekenntnisse wollen beachtet sein, statt durch herausgerissene Briefstellen die Lauterkeit eines Forschers zu verunglimpfen. Was Kepler gegebenenfalls für seine Überzeugung wagte, zeigen die Worte seines zweiten, korrigierten Horoskops für Wallenstein. Er will diesen »von seinem irrigen Wahn abmahnen« und versagt sich seinem Wunsch, »irdische Partikularitäten« aus der Gestirnung herzuleiten. Eben darin sieht er den Aberglauben des Machthabers.

»Wenn ich aber auf solche Regeln nach philosophischer Prüfung gar nichts halte – so frage ich, ob denn an mich begehrt werde, daß ich mich nichtsdestoweniger als einen Komödianten, Spieler oder sonst einen Platzspieler solle brauchen lassen? Es sind der jungen Astrologen viel, die Lust und Glauben zu einem solchen Spiel haben. Wer gern mit sehenden Augen will betrogen werden, der mag ihrer Mühe und Kurzweil sich betragen. Die PHILOSOPHIA und also auch die wahre ASTROLOGIA ist ein Zeugnis von Gottes Werken und also ein heilig und gar nicht ein leichtfertig Ding; das will ich meinesteils nicht verunehren.«

Keplers Stellungnahme würde etwas ausführlicher behandelt – längst nicht ausführlich genug, um die Weite seiner Schau zu begreifen, von der Endprognose des Wallensteinhoroskops soll noch die Rede sein –, weil diese Stellungnahme den Kreuzweg erkenntlich macht, an dem der astrologische Gedanke angelangt war. Die experimentelle Haltung sowie die Folgerungen aus dem Experiment gingen verschiedene Wege. Nicht die kopernikanische Wendung, wohl aber Galileis Untersuchungen über den freien Fall von Körpern, die damit begründete Mechanik, haben der Astrologie, soweit sie auf dem Glauben eines *ursächlichen*

Wirkungszusammenhangs zwischen Gestirn und Mensch beruhte, einen Stoß versetzt. Mit Galilei (1564–1642) begann diejenige Naturwissenschaft, die sich von der Astrologie trennte durch Absehen von *Werten,* welche der antike und mittelalterliche Mensch als *Begründung* voranstellte. In der Physik wird ein Königsmantel, eine Blechpfanne und ein Himmelskörper nach gleichen Gewichten gewogen. Sie sieht ab vom *symbolischen* Wert, mit dem diese Dinge in unser Dasein eingeschaltet sein können und der im mittelalterlichen Substanzbegriff – aristotelisch-scholastischer Herkunft – als Realität galt. Derartige Werte kommen erst wieder für *biosoziale und psychische Bezugsysteme* in Betracht; was sie darin bedeuten, kann aber nicht aus der physikalischen Daseinsform abgeleitet werden.

Physikalisch bedeutungslos ist eine Begründung wie die von Tycho Brahe in seiner schönen Einführungsrede an der Kopenhagener Universität: »Wer den Einfluß der Sterne leugnet, verwirft Gottes Weisheit und Vorsehung und widerspricht der einleuchtendsten Erfahrung. Es wäre ja ungereimt anzunehmen, daß Gott alle die wunderbaren Kunstwerke am Himmel, die Schauplätze für die strahlenden Sterne, ohne jeden Nutzen für die Welt geschaffen haben sollte. Selbst der dümmste Mensch hat bei dem, was er tut, einen Gedanken.« Derartige Begründungen durch einen menschenbezüglich gesehenen Endzweck vertragen sich nicht mit dem Entschluß, die Vorgänge als Folge sinnlich greifbarer Ursachen, das heißt die Dinge kausal und mechanisch zu betrachten. Genau diese Beschränkung war aber notwendig, wenn man zu sicheren Schlüssen kommen und Naturwissenschaft betreiben wollte. Man mußte im Materiellen beginnen, weil darin alles einfacher liegt als im Menscheninneren. Zwar entsteht aus Physik und physikabhängigen Teilwissenschaften kein organisches Weltbild, doch ohne Sinneserfahrung und stoffliche Gesetze haben die schönsten Gedankengebäude kein Fundament.

Aus diesem Bestreben mußte die Astrologie, zumal in ihrer abergläubischen Ausartung, mit der sich Kepler zeitlebens, nicht nur bei Wallenstein, herumschlug, beiseite gestellt werden. Vorläufig, für drei Jahrhunderte. Sie starb nicht daran, daß sie widerlegt wurde, sondern das wissenschaftliche Interesse wanderte aus, stellte andere Fragen an die Natur.

Ausklang der alten Weltschau

Der Dornröschenschlaf der Astrologie war allerdings kein traumloser. Für das Unbewußte des Menschen bleibt die Welt beziehungsreich, wo kausalmechanisches Naturwissen keinerlei Beziehungen findet. Es sind dies Beziehungen des *Sinnzusammenhangs* und der *Entsprechungen.* Kepler sah aus seinem astrologischen Denken eine besondere Fügung darin, daß ihn das Leben mit Tycho zusammenbrachte, daß dessen Gehilfe Longomontanus gerade mit der Marsbeobachtung beauftragt war und sie ihm abtrat. Nur an Mars mit seiner großen Exzentrizität war der Beweis zu führen, daß die Planetenbahnen keine Kreise, sondern Ellipsen seien. Aus der Kunstgeschichte wissen wir anderseits, wie gleichzeitig an der Schwelle zum Barock erstmalig die Ellipse als Baugedanke auftauchte. Solche ursächlich nicht zusammenhängenden Parallelerscheinungen werden gewöhnlich, wenn überhaupt beachtet, als Merkwürdigkeiten verbucht. Erst heutige Gedanken über das Gesetz der Serie (Kammerer), die Anziehung des Bezüglichen (W. v. Scholz), die Synchronizität (C. G. Jung = Gleichzeitigkeit sinngemäß zusammengehöriger Tatbestände) machen sie »wissenschaftsfähig«. Auch mußte erst eine Biologie entstehen, die physiko-chemische Prozesse zur *Ganzheit und Gestalt,* aus solchen Prozessen nicht erklärlich, geordnet sieht, bevor sich Blickpunkte zu Keplers unter gleichen Aspekten verschieden reagible Lebewesen finden. Vom autonomen Ganzen des Lebewesens aus verstehen wir schließlich auch die Anschauung des Paracelsus, »in beschlossenen Dingen wird kein Arbeit des Gestirns verbracht«, Gestirn als äußerlich einwirkende Energie, und der Mensch: »der ist in der Haut beschlossen.«

Wir sahen, der astrologische Gedanke erfuhr im Verlauf der

abendländischen Geistesgeschichte bei wenigen einen Aufstieg, bei der Masse ein Absinken. Bei jenen führte die Entwicklung nahe an den Umbruch heran, der in der Abkehr von der magischen Auffassung der Sache besteht, dagegen für ein naiv anschauendes Bewußtsein wurden die Inhalte zunehmend schwerer faßlich, je mehr geschulte Köpfe sie in ihrer realen Bedingtheit durchdachten. Hielt man sich in China und Indien mehr an kosmologische Traditionen, so setzte bei uns jene Scheidung der Geister ein, die aus der vertieften Kluft zwischen Glaube und Wissen stammt, welches intellektuell, objektiviert und kausalistisch verstanden wurde. Schloß nun die Wissenschaft in ihrer Fortentwicklung die Sterndeutung aus, so mußten diejenigen, die eine Gewißheit damit verbanden – sei es auf Grund ideologischer Voraussetzung, sei es als Konsequenz eigener Erfahrung –, die Tatsachen im Licht eines *wissenschaftlichen Glaubens* sehen. Ein solcher Glaube in fatalistischer Form hat für vulgäre Bedürfnisse den Vorzug, daß er gegebenenfalls von der persönlichen Verantwortung entbindet. Diesem mächtigen Bedürfnis, gegensätzlich zur Anstrengung der freien Entscheidungswahl, gesellte sich als Denkgewohnheit die schon vom babylonischen Sternorakel herrührende Veräußerlichung des Schicksalsbegriffs. Die prognostischen Möglichkeiten der Astrologie – Mensch als Zeitkontinuum betrachtet, die Lebensdauer nach Phasen und zeitlich befristeten Tendenzen gegliedert – wurden einseitig in wahrsagerischer Absicht ausgebaut, statt Schicksalsforschung zu treiben. Eine solche Astrologie war natürlich nicht wissenschaftsfähig. Gegner machten genau das, wovor Kepler gewarnt hatte, nämlich das Kind mit dem Bade auszuschütten. Die Kritik rieb sich allein an unsauberen Geschäftspraktiken und Überbleibseln überholter Naturanschauung, behauptete damit die Astrologie überwunden zu haben und stempelte sie zur Fußkranken des Geistesfortschritts.

Mithin wurden vulgärer Gebrauch und Esoterik, öffentlich einander gleichgesetzt, unvereinbar. Die Geschichte der Astrologie ist eine *Geschichte fortwährenden Kampfes weniger Besinnlicher gegen den allgemeinen Mißbrauch,* auf den nichtsdestoweniger die Gegner zielten und wonach sie das Problem überhaupt beurteilten. Es war doch offenbar: Galten nur gute und böse Sterne, die dies oder jenes bewirken und zwar durch ein allmächtiges Fatum vorbestimmte Ereignisse, dann war eine Beweisführung einzig durch die Voraussage handgreiflicher Tatsachen möglich, erkenntnismäßige und charakterologische Begründungen fielen aus. Dieser platte Glaube, daß die Sterne die Zukunft mit ihrem Gut und Schlecht bestimmen oder eigentlich »machen«, konnte leicht ins Lächerliche gezogen werden.

Eine wissenschaftliche Begründbarkeit liegt anders, als der im 17. Jahrhundert beginnende Erkenntnisstil in Rechnung zog. Uneinsichtige im Für und Wider nannten die Berücksichtigung *außerhoroskopischer* Bedingungen, wie sie schon Ptolemaios anführt, ein *Ausweichen vor der Konsequenz;* kann sich doch der kausalmechanisch Denkende gar keine andere Astrologie vorstellen als eine solche, die ihre Aussagen auf Gestirneinflüsse zurückführt.

Zwar duldete noch Leibniz (1646–1716), daß die Kalender der preußischen Akademie das Wetter aus dem Stand der Planeten vorhersagten und die Sternwarte den Fürstlichkeiten ihre Horoskope stellte. Doch war dies lediglich eine Anwendung des Überkommenen, wie überall praktiziert, wo man am alten hing. Eine Auseinandersetzung mit dem sich ausgestaltenden naturwissenschaftlichen Weltbild von astrologischen Erfahrungen her wagte seit Kepler niemand. Philosophisch förderte Leibnizens Universalismus allerdings das Weitertreiben der Problematik durch seine »prästabilierte Harmonie«, ferner, indem er die Frage wieder aufrollte, ob es in der Natur eine Entwicklung nach Zwecken gäbe, wodurch er eine Vermittlung zwischen mechanisch-physikalischer sowie biologischer Betrachtung herzustellen unternahm.

Die Astrologen selbst begriffen die Problematik ihrer eigenen Sache nicht, ihr System schien erstarrt und unheilvoll verwirrt zu sein infolge kritikloser Übernahme des Bauschutts aus verschiedenen »vorwissenschaftlichen« Jahrhunderten. Dabei war Astrologie, verstand man sie als Ordnungswissenschaft, doch einst der Versuch, aus letztgültigen Grundbegriffen – Symbolen – durch deren Kombination die Vielgestaltigkeit der Erscheinungen zu erfassen. An Reduktion des Unbestimmten im Symbol erreichte französische clarté, Streben nach Klarheit und beschreibender Deutlichkeit, was den deutschen metaphysischen Ansätzen meist versagt blieb. Der auch als praktischer Astrologe erfolgreiche J. B. Morin (1661 seine »Astrologica Gallica« erschienen) begriff den Vorzug, den die geometrische Anlage der Astrologie enthält, nämlich die Erreichbarkeit eines systematischen Aufbaues durch Zugrundelegung einsichtiger Axiome. In diesem Sinne sichtete er die Überlieferung, bemühte sich um Ordnung des gegenseitigen Verhältnisses in den Deutungselementen (Planeten, Zeichen, Häuser, Aspekte), um eine überblickliche, geschlossene Methode der Deutung zu schaffen. Es war außer den mathematischen Arbeiten von Placidus de Titi (1603–1668) der letzte Versuch, wenigstens zur formalen Wissenschaftlichkeit zu gelangen, bevor das Zeitalter der Aufklärung die Astrologie im Namen der Vernunft zu den geschichtlichen Kuriositäten und Narrheiten warf.

Aus dem Gegenschlag der Romantik ergab sich wohl eine gewisse Liebhaberei des Altertümlichen, so auch ein öfteres Rückgreifen auf astrologische Gedankengänge, ohne aber neue Gesichtspunkte zu bringen. Merkwürdigerweise hielt in Erlangen der Mathematiker und Astronom J. W. Pfaff noch 1821 Vorlesungen über Astrologie. Die toleranteste damals mögliche Einstellung finden wir in einem Brief Goethes vom Anfang Dezember 1798 an Schiller, der an seinem »Wallenstein« arbeitete, um ihm die astrologische »Fratze« als dichterisch brauchbar darzustellen:

»Der astrologische Aberglaube ruht auf dem dunklen Gefühl eines ungeheuren Weltganzen. Die Erfahrung spricht, daß die nächsten Gestirne einen entschiedenen Einfluß auf Witterung, Vegetation usw. haben; man darf nur stufenweise immer aufwärts steigen und es läßt sich nicht sagen, wo diese Wirkung aufhört. Findet doch der Astronom überall Störungen eines Gestirns durch das andere; ist doch der Philosoph geneigt, ja genötigt, eine Wirkung auf das Entfernteste anzunehmen. So darf der Mensch im Vorgefühl seiner selbst nur immer etwas weiterschreiten und diese Einwirkung aufs Sittliche, auf Glück und Unglück ausdehnen. Diesen und ähnlichen Wahn möchte ich nicht einmal Aberglauben nennen, er liegt unserer Natur so nahe, ist so leidlich und läßlich als irgendein Glaube.«

Schauen wir zurück, so faßt sich Entstehung und Entwicklung des astrologischen Gedankens wie folgt zusammen. Der Sternglaube stammt aus einer Zeit, in welcher der Mensch sich noch nicht als Urheber seiner Entscheidungen zu denken wagte. Lebenswichtiges sprachen ihm die Götter ein, entweder intuitiv so erlebt oder auf dem Orakelwege über priesterliche Mitteilung erfahren. Die Götter lernte er in wechselseitigen Beziehungen, die Welt durch sie zusammengeordnet als Kosmos kennen. Als Ausdruck dieses Kosmos', oder auch Wohnsitz der Götter, erschien ihm und erfuhr er die Gestirnwelt. Die Beziehung zwischen ihr und ihm waren zu verstehen im Gleichnis »wie oben so unten«, als Analogie, oder aufzufassen als eine von dort kommende Wirkung, sein Schicksal festlegend. Je nachdem waren die Sterne Anzeiger oder Bewirker. Das Schicksal konnte selbstgewählt sein, wenn die Seele schon vor der Geburt bestand, konnte die Folge eines früheren Lebens sein, wenn man eine Wiederverkörperung annahm, in anderen Vorstellungen wiederum war es eine fremde, unbekannte Macht oder entstammte dem unergründlichen Ratschluß eines Gottes.

Je nach der Auffassung also konnte, was einem zugeschickt wurde, mit dem eigenen Wesen identifiziert werden. Auch war es möglich, das Vorhandene in Hinsicht auf ein künftiges Leben zu verbessern, anders gesehen mußte man, was einem zufiel, widerwillig hinnehmen oder als sein gottgewolltes Schicksal ertragen. »Sein« Schicksal, dieser Gedanke auf den einzelnen angewandt in der Form, daß es ablesbar sei aus dem Gestirnbild der Geburt, nach manchen schon der Empfängnis, brachte die Horoskopie hervor. Aus gleichbleibenden Grundvoraussetzungen – Gestirne, ihr periodischer Gang, ihre Stellung im Jahres- und Tageskreis, ihr gegenseitiges Winkelverhältnis – wurden verschiedene Systeme der Deutung entwickelt. Der Beobachtung stellte sich immer die Kardinalfrage: gibt es ein absolut zwangsläufiges Schicksal, oder ist der Wille absolut frei? Außer diesem »Entweder-Oder« besteht jedoch als dritte Möglichkeit, daß Zwangslauf und Freiheit ein korrelatives Begriffspaar bilden, womit Zusammengehöriges umschrieben wird. Dann ist in jedem Handeln beides aufeinander bezüglich gegeben. In diesem Sinne miteinander verzahnt, kann man sie in der eigenen Charakterwirklichkeit erkennen und die Verantwortung für sein Handeln übernehmen, obzwar man den entscheidenden *selbstbestimmenden* Faktor *bedingt* weiß im Rahmen determinierter Anlagen, abgewandelt durch umweltliche Verhältnisse. Eine so gegründete Astrologie war freilich nur wenigen annehmbar. Den meisten ging es um die Kunst, aus den Sternen die Zukunft vorher zu wissen.

Astrologie, was sie gegenwärtig ist

Erneut hat die Astrologie ihr Sphinxhaupt erhoben, vom Windschliff vergangener Zeiten arg beschädigt. Das Problem löst sich keineswegs durch bloße Aufzählung, wer dafür und wer dagegen stimmt. Gartenzwerge stehen hüben und drüben, ein zweifelhafter Schmuck im heutigen Geistesleben. Doch ebenso ist ernsthaftes Bemühen um Revision des umfangreichen Fragenkreises am Werk, oft gerade dort, wo es am wenigsten zu erwarten wäre. Kann man die Vergangenheit nicht ohne die gesamte Kultur- und Geistesgeschichte verstehen, so sperrt sich der Zugang zur Gegenwart, wenn man nicht das Suchen nach einem universellen Blickpunkt und einem zusammenfassenden Rahmen einzeln herausgebildeter Anschauungen darin wahrnimmt. Allerdings kommt es bei einem solchen Rahmen darauf an, wer sich hineinstellt, wie und womit er es tut.

Nicht unwichtig ist ferner der Aufhänger, an dem sich ein Problem einfädelt. Eine Gegenbewegung gegen materialistische Natur- und Gesellschaftslehren, eine Antwort vor allem auf den Siegeszug des Darwinismus möchte man darin sehen, daß um die Mitte des vorigen Jahrhunderts geeigneten Ohren sich Klopfgeister meldeten, Tische zu rücken begannen und Medien auftraten, welche Verstorbene leibhaft vor die Augen zitierten. Neben dieser spiritistischen Welle lehrte die angehende Theosophie eine Entwicklung nach kosmischem Plan, welcher die naturwissenschaftliche Auffassung der Biogenetik auf den Kopf stellte. Die Basis der Wissensneugier verbreitete sich mit dem Abbau der Religionen. Dem entsprach einerseits populärwissenschaftliche Behandlung von Forschungsergebnissen, die für den Verstand des einfachen Mannes vergröbert wurden, anderseits wandte sich der Okkultismus an naive, glaubensbereite Gemüter, denen die kirchlichen Dogmen zu eng geworden waren. Wie aber im

Mittelalter das theologische, so beanspruchte nun das wissenschaftliche Denken, eine Macht zu sein mit Schlüsselgewalt über das, was als wahr zu gelten hat oder als ketzerische Abweichung zu verurteilen ist. Neues darf bei einer solchen Macht nicht aufkommen, bevor es in ihr System eingebaut werden kann.

Noch heute haftet der Astrologie eine irreführende ideologische Verpackung überlieferten Gedankengutes an, weil sie im Gefolge des Okkultismus wiederkehrte. Abgesehen von dieser Blickperspektive wurde der Anschein erweckt, man stünde nicht am Beginn neuer Forschungen, sondern vor Altgeheiligtem, endgültig Formuliertem. Die Astrologie erschien als übriggebliebener Torso der alten Kosmologie, worin Mensch und Gestirnwelt genau aufeinander bezogen und abgestimmt waren. Früher viel tiefer verstandene, für die Schulwissenschaft unerklärliche Wirkungen machten nach Ansicht der Anhänger das astrologische Geheimnis aus. Ein Mensch mit divinatorischer Begabung – einer auf Ahnvermögen und göttlicher Einsprechung beruhenden Deutungskunst – konnte in Anwendung überkommener Regeln das Geburtsbild enträtseln, Verborgenes enthüllen, Künftiges verkünden. So war das Problem im vorhinein auf das Paranormale verschoben, und das Kriterium lag in der Person des Astrologen: Der Seher erfaßt visionär und deutet an, der Scharlatan gibt vor, genau Bescheid zu wissen.

Zweifellos wirkt in der Praxis die Person des Deutenden ausschlaggebend. Eine theoretische Lösung der anfallenden Probleme jedoch, zumal eine strenge Auseinandersetzung mit dem naturwissenschaftlichen Weltbild, waren auf dieser Grundlage nicht zu erwarten.

Inzwischen traten im Okkultismus selbst Wandlungen ein. Der Stoff wurde kritisch gesiebt und gegliedert, die rückversichernden Maßnahmen gegen den naheliegenden Betrug verfeinerten sich. Als Wissenschaft zur Überprüfung seiner Phänomene entstand die Parapsychologie. Sie befaßt sich mit Grenzgebieten normaler seelischer Erscheinungen und erweitert damit den Bereich anerkannter Gesetzlichkeit, hat aber mit der Astrologie nur bedingt zu tun. Es obliegt ihr etwa, zu untersuchen, wieweit bei einer Deutung mitspricht, was Hans Driesch das »Abzapfen fremdseelischer Inhalte« nannte, ob also astrologische Aussagen vollständig aus dem Anfrager gezogen werden oder inwiefern telepathische Vorgänge wenigstens teilweise den Gang der Deutung beeinflussen. Solche bei jeder Beraterpraxis – auch in der Psychoanalyse – sich stellende Fragen sind in unserem Falle wichtig, um herauszuschälen, was ohne beihelfende subjektive Nebenerscheinungen objektiv aus der Konstellation erschließbar ist. Man kann sich ja der Astrologie ebensogut von einer außersinnlichen Wahrnehmung und vom psychischen Zustand her nähern – an Goethes »Makarie« sei hier gedacht –, ergiebig allerdings erst, wenn man einen Zusammenhang voraussetzt und die Sache ernst nimmt.

Für die Naturwissenschaft schlich sich das Problem durch eine Hintertür herein. Gegen die Mitte des 19. Jahrhunderts stellten H. Schwabe und G. Wolf die Periodizität der Sonnenflecken fest und rollten damit die Frage auf, wie diese Erscheinungen entstünden. Nach einigem Rätselraten wurden sie als Eruptionen der Sonne erklärt. In den achtziger Jahren entdeckte Zenger einen Zusammenhang ihres verstärkten Auftretens mit gewissen Planetenstellungen, so daß eine Einwirkung der Schwerkraft dieser Planeten als Entstehungsursache denkbar wurde. Wieweit dies von individueller Bedeutung sein kann, wird später besprochen. Eine *Massenreaktion* aber, eine Art indirekter Astrologie, war jedenfalls diskussionsfähig: Wirkung der Planeten über die Sonne. Der Physiker Rudolf Mewes griff diesen Gedanken auf. Im Vergleich mit der am meisten gesicherten Brücknerschen Klimaperiode (34,8 Jahre, aufzufassen als 3 Sonnenfleckenperioden) und Folgerungen daraus, Grundwasserstand und anderen regelmäßigen Schwankungen, erarbeitete er eine eigene Periodizität, deren geschichtlichen Nachweis er zu erbringen hoffte.[16] Erstaunlicherweise gelang ihm damit 1896 die Voraussage eines Weltkrieges zwischen 1910 und 1920.

16 Rudolf Mewes, »Kriegs- und Geistesperioden im Völkerleben«, 2. Auflage 1917, Max Altmann, Leipzig.

111

Geschichte ist nun zwar nach dem Wort des alten Briest »ein weites Feld«, und die Vielfalt geschichtlicher Vorgänge aus einer einzigen Periodizität abzuleiten, wird immer strittig sein. Dies läge übrigens gar nicht im Sinne einer Geschichtsastrologie, die es mit einem Geflecht verschiedener ineinander greifender Perioden zu tun hat. Für die Entwicklung des astrologischen Gedankens ist aber im Unterschied zu anderen Geschichtsperioden (Stromer-Reichenbach, Spengler, Cornelius usw.) beachtenswert, daß der durch Berufskollegen natürlich verlachte Mewes von einem Zusammenwirken kosmischer Einflüsse und terrestrisch bedingter, das heißt erdstofflicher Veränderungen ausging.

Rhythmologisches Denken, Perioden, lagen im Zuge der Zeit; auch Bismarck nahm eine zwanzigjährige Periode der Wiederkehr politischer Krisen an, Marx eine zehnjährige der Kapitalsbildung und Wirtschaftskrisen. Fließ, Swoboda, Schlieper folgten dann mit der Herausbildung ihrer bekannten psychologischen und biologischen Perioden. Andererseits konnte man in diesen Jahrzehnten kein ans »Okkulte« rührendes Thema behandeln, ohne im Bestreben, das Geheimnisvolle abzustreifen, zumindest eine Verbeugung vor der kausal und mechanisch eingestellten Naturwissenschaft zu machen. Insbesondere die Astrologie hatte in diesem Sinne eine Entmythologisierung nötig, wollte man ihr als Wissenschaft wieder den Weg bahnen. Um die Jahrhundertwende versuchte A. Kniepf eine Erklärung aus Schwankungen im elektrischen und magnetischen Haushalt der Erde, worin er die Erscheinungsform von Keplers »vis animae« sah. Auch setzte er sich mit ähnlichen Theorien des Engländers G. E. Sutcliffe auseinander.[17] In der Deutung verwarf er den Ballast der überlieferten Stärken und Schwächen, wies nach, daß die Grade und Zeichen der »Erhöhungen« auf einer Verwechslung mit Tagen des alten iranischen Festkalenders beruhen. Auch A. Bethor versuchte eine Begründung aus dem energeti-

17 Wurden 1911 veröffentlicht in der damals führenden astrologischen Zeitschrift »Zodiakus«, III. Jahrgang, Heft 3.

schen Weltbild, W. Knappich übersetzte die dem Ptolemaios zugeschriebenen »hundert Sprüche« und enthüllte sie als nachträgliche Fälschung. Die Astronomen Wöllner und Gebrüder Kritzinger bemühten sich um Klärung der mathematischen und gestirnperiodischen Grundlagen. Weniger kritisch war oft der Gebrauch der Deutungselemente, man untersuchte aktuelle Vorfälle wie den Untergang der Titanic, die Marokkokrise, die Erdbeben von Messina und San Francisco. Aber irgendwie war das Eis gebrochen, und es zeigte sich, daß eine Reihe wissenschaftlich vorgebildeter Liebhaber der Astrologie vorhanden war. Diese Männer trachteten die seit 300 Jahren entstandene Lücke auszufüllen, die Tradition von Irrtümern zu reinigen, den Anschluß an eine heutige Sicht der Dinge zu finden.

Allerdings war die aufgerissene Kluft zu breit und tief, um sie rasch zu schließen. Zum Verständnis dieses Sachverhalts können wir uns einen kleinen historischen Rückblick nicht ersparen. Bei der Entstehung der wissenschaftlichen Denkweise lag eine gesunde Beschränkung darin, daß man wäg- und meßbare Tatsachen gegen Glaubensannahmen setzte. Dieser Disziplinierung verdanken wir die Fülle angesammelten Stoffs, erarbeitet durch experimentelle Befragung der Natur und genaue Beobachtung, sowie die Kenntnis von Naturgesetzen. Hierdurch wurde die denkerische Zusammenfassung, die Philosophie, ungeachtet aller Verschiedenheit der Persönlichkeiten und Systeme, in eine gewisse Eintönigkeit ihrer Fragestellung gedrängt. Es ging um die Fähigkeit des menschlichen Geistes, etwas außerhalb der in ihm schon vorhandenen Axiome zu erkennen. Daran hing die richtige Methode, die Beantwortung der Frage, welcher Weg, der zu zweifelsfreien Ergebnissen führt, einzuschlagen sei. Insbesondere Kants Darlegungen, daß rein *logische* Begriffszergliederung nicht zur Einsicht in *reale* Zusammenhänge, zum »Ding an sich« führen könne, half das wissenschaftliche Motiv der *Wahrheit* einschränken auf das einer praktikablen *Richtigkeit.* Grenzen der Geltung von Begriffen und Grundsätzen der Vernunft, dies beließ der Naturwissenschaft immerhin den Gebrauch des Verstandes zur schlichten Beschreibung mit einfachsten Mitteln. Schon bei Galilei verschob sich, was früher die Kernfrage war; nicht *warum*, sondern *wie* die Körper fallen, fragte er. Wir kennen heute die Gesetzmäßigkeiten der Schwerkraft, des Magnetismus und der Elektrizität, wissen aber nichts von ihrem Wesen. Bei dem, was die mathematische Gestaltung der Naturgesetze heißt, trat die *Rechenziffer* in den Vordergrund gegen die *Ordnungszahl;* noch Kepler gebrauchte die erste zwar meisterhaft, hielt aber zur zweiten als der vornehmeren. Er verlangte Auskunft über harmonische Zusammenklänge und unterschied daher Geometrie = Maß, Ordnung, Stetigkeit von Arithmetik = Abzählen, Unstetigkeit, Nachrechnen zufälliger Anordnung. Dem kosmologischen Denker genügte es nicht, nur den Ablauf von Vorgängen zu beschreiben. Den späteren Anwendern der Keplergesetze genügte es; harmonikale Betrachtungen lagen außerhalb des herrschenden Erkenntnisstils.

Nun aber wollten einige Außenseiter die *Bedeutung* der unendlich mannigfaltig zur Vorstellung gebrachten Welt für den Menschen, das im Kosmos befaßte Warum, die *Sinnfrage* mit dem alten Regelwerk der Astrologie beantworten: War sie denn nicht längst tot, erledigt? Dem in sein Fach eingespannten Forscher galt dies als eine ungeheure Zumutung, die ernst zu nehmen mühsam erworbene Kenntnisse für einen Aberglauben fortzuwerfen verlangte.

Man kann den Geist einer Epoche nicht allein aus der Wissenschaft beurteilen. Er ruht auf dem Gesamtverhalten zur Welt. Was sollten denn Tierkreisbilder einer Generation sagen, für welche das Tier nicht mehr das Erschreckende, Dunkle und Gefürchtete hatte wie für die Diluvialmenschen, die aus den Höhlen von Lascaux und Altamira stiegen? Der Zivilisierte lachte über den Totemglauben wilder Völker, hatte keinen Zugang mehr zum Symbolismus der Tierplastiken mittelalterlicher Dome. Kleinbürger belustigten sich am billigen Sonntag im Zoo vor dem Affenkäfig, dem Treiben harmloser Geschöpfe zusehend, fern dem Seelendschungel, den eine Generation später Franz Marc entdeckte. Gemessen am vernützlichten Dasein stand der Mythos schlecht im Kurs. Gelobt wurde etwa, es schreibe jemand Geschichte ohne Mythos, womit gemeint war, er lasse sich durch lügnerische Phantasie nicht benebeln. Die bilderreiche Sprache der Alten schien lediglich mangelndes Wissen geheimniskrämerisch auszuschmücken. Mit den astrologischen und alchemistischen Symbolen konnte richtig nur umgehen, wer ein Organ für das »heilig Nüchterne« nach Hölderlins Wort besaß.

Es brach die abendländische Katastrophe herein, der große Krieg mit durchgreifender Erschütterung aller bis dahin geltenden Werte. Die Auswirkungen dieses Krieges werden gewöhnlich als Generalursache für das Wiederaufleben der Astrologie haftbar gemacht. Dies stimmt zwar, wie wir sahen, schon zeitlich nicht. Doch manche, der Oberfläche des weiteren Verlaufes nachgehend, können sich nicht genug tun, massenpsychologische Gründe, Umschichtungen, Herausgerissensein aus gewohnten Lebensverhältnissen, die allgemeine Unsicherheit der Zukunft während der Inflation und dergleichen anzuführen. Jedenfalls trat verstärkt an den einzelnen die Schicksalsfrage heran, die Plötzlichkeit, das Unvorbereitetsein löste oft genug einen Rückfall in die vorwissenschaftliche Denkweise aus. Wie immer in solchen Zeiten, machten sich religiöse Strömungen neben entfesselter Lebenslust geltend, neue Heilslehren und Sekten entstanden, politische Erwartungen nahmen die Form von Glaubensbewegungen an. Die utopische Ausmalung besserer Staatsgebilde schien rechtzufertigen, daß alte Hüllen zerbrachen, bestandfest gewähnte Traditionen stürzten über Nacht ein, selbst die Wissenschaft erklärte sich in einer Krise befindlich.

Sicher begünstigte dies alles das Emportreiben der Vulgärastrologie. Ein *kompensatorisches Bedürfnis* weltanschaulich führerlos Gewordener greift gern nach dem Ersatz. Man folgt falschen Gralshütern eher als kritischen Geistern, die zur Vorsicht mahnen, zumal wenn die Entscheidungen drängen, im Ungewissen mit nächstbesten Mitteln etwas über sein Schicksal zu erfahren. Diese Anfrager wurden bedient mit mundgerechten Formulierungen, geschickt aufgemacht und im suggestiven Stil einer »jahrtausendealten«, der »Königin der Wissenschaften«. Halbwissen blühte auch sonst. Nach massenpsychologischen Gesetzen wächst die Glaubhaftigkeit einer Sache, je mehr an ihr teilhaben und je ungenierter öffentlich davon gesprochen wird. Und es war ja auch nicht alles Talmi, was glänzte. Abgesehen von der Fragwürdigkeit über den Daumen gepeilter Prognosen, welche dem Tagesbedarf genügten, enthält die astrologische Symbolik den Niederschlag einer Menschenkenntnis, die bei kundiger Anwendung selbst in der Entstellung durch fertig vorbestimmtes Gut und Böse richtige Aussagen erzielen kann. Es gab und gibt einfühlsame Berater, die sich eines fehlerhaften Instrumentes segensreich bedienen können, und das durchschnittliche Befriedigtsein mit Ungefährem konnte auch aus den zwölf Sonnenstandstypen einige Ausbeute ziehen.

Für die gleicherweise aus dem Boden schießenden Gegner war nun aber der Sternglaube der schwächste Punkt, an dem ein Unbehagen über die Spaltung zwischen Glaube und Wissen gefahrlos, wie sie meinten, abreagiert werden konnte. Hinzu kam die im politischen Jargon der Zeit angezweifelte Rolle des »Intellektuellen«. Wo eine Kluft zwischen Volk und gebildeter Oberschicht entsteht, wo der Gelehrte nichts über die Bestimmung des Menschen vor dem Welthintergrund zu sagen weiß, ernährt sich ein Volksglaube, Geborgenheit erwartend, aus mythischen Quellen. Er sucht eine Lösung der großen Probleme des Daseins. Der Mensch will in seiner Seelennot angesprochen sein. Gelingt es nicht, ihn demagogisch auf äußere Ursachen abzulenken, so sehnen sich die Untertöne des Magischen in ihm zurück nach einer Gemeinschaft, in welcher der Priester zugleich Seher und Dichter, Arzt und Sterndeuter war, eine geheimnisvolle Verbundenheit aller Dinge lehrend. Dies ist, wie Goethe meint, »so leicht und läßlich als irgendein Glaube«. Wirkungslos bleibt es einer derart *glaubensmäßig* begründeten Astrologie gegenüber, wenn Intellektuelle sie als hoffnungslosen Anachronismus und leere Zahlenspielerei bezeichnen. Keine Aufklärung und kein Gaukeleiparagraph[18] kann verhindern, daß ein Glaube an

18 Am Beginn unseres Jahrhunderts und noch später wurden auf Astrologen landesrechtliche Polizeistrafgesetze angewandt, die eine Bestrafung auch dann vorsehen, wenn der »Gaukler« guten Glaubens war.

Boden gewinnt, wenn die Bedingungen dafür vorliegen. Um aber im Glauben an die Astrologie eine Geborgenheit zu finden, braucht der Naive den Nimbus eines *Fertigen, Abgeschlossenen, Vollendeten.* Dieser Nimbus wiederum wird gestört, wenn Sachkundige und der Geschichte des astrologischen Gedankens Verpflichtete, gleichfalls »Intellektuelle«, eine offene Forschung anstreben, wonach die überlieferten Regeln auf ihre Grundlagen hin zu überprüfen sind. Dies erklärt die feindliche, manchmal erbitterte Haltung eines Teils der Astrologen und Laien gegenüber dem, was als wissenschaftliche Astrologie auftrat.

Wie stand die Wissenschaft zu diesem Vorgang? Es ist begreiflich, daß man sich schwer zur Untersuchung eines Systems entschließt, das dem Denken ungewöhnliche Kombinationen abfordert. Neben geschichtlich herausgebildeten Vorurteilen wirkte hier ein Mißtrauen gegen Behauptungen mit, deren Gründe absurd schienen. Was brachte diese Zeit nicht alles für Weltbilder: Hohlwelttheorie, Welteislehre, Erde als Totalebene und nun – nochmals der astrologische Weltorganismus. Hoch ist es daher einem logisch und klar denkenden Biologen wie Karl Gruber anzurechnen, daß er nach eigenen Stichproben bekannte, die Naturwissenschaft *müsse* sich praktisch mit den Grundlagen der Astrologie vertraut machen, da nur »einfache, der Astrologie entnommene Methoden die Erkenntnis ermöglichen, daß tatsächlich ein in seinem Endergebnis nachweisbarer kosmischer Einfluß bei der Bildung des Individuums besteht«.[19] Gruber beschritt mit einem Mitarbeiter, später allein, erfolgreich den Weg der Aszendentenschätzung, das heißt, er knüpfte bei der Prägung des Körperbaues und der Physiognomie an, hielt jedoch an der Einflußtheorie fest. Sein Bemühen blieb ohne Nachfolge. Ebensowenig fruchteten die zustimmenden Erlärungen von E. Daqué, Graf H. Keyserling, I. Verweyen und anderen.

Eine Münchener Strafkammer führte 1921 aus, als Wahrsagen gelte »jedes Vorgeben, auf übernatürlicher Grundlage Auskunft über Ereignisse geben zu können, die mit den natürlichen, dem Menschen zur Verfügung stehenden Mitteln nicht oder zur Zeit nicht erforscht werden können«.

19 Prof. Dr. Karl Gruber, »Kosmobiologische Zusammenhänge«, Die Erde, Oktober 1925.

Astrologie, wie sie gelehrt wurde, paßte nicht in das herrschende Weltbild hinein.

Jede Revision braucht positive Kritik, und es gab verständnisvolle Kritiker wie Robert Henseling.[20] Er wollte die Astrologie aus ihren ursprünglichen Elementen begreifen, kam aber nicht über die Frage nach einem Einfluß der Sterne hinaus. Er erklärte die früher ihnen zugeschriebenen Eigenschaften aus richtigen Beobachtungen, die nur in der unsachgemäßen Verknüpfung mit dem Gestirn zu einem Fehlschluß führten. Bei allen wesentlichen Meinungen über das Gestirnwirken handelt es sich demnach um solche vorwissenschaftliche Naturkunde, durch willkürliche Analogiesetzungen vertausendfacht. Über klar aufgewiesene Grundurteile kann man diskutieren. Unverständlich aber ist vom Prinzip der Redlichkeit der häufigere Fall, schlankweg über Dinge zu urteilen, die man gar nicht untersucht hat. Affektive Ablehnung wie »überhaupt nicht untersuchungswürdig«, »kann nicht wahr sein« wirkt verdächtig und deckt ein unwissenschaftliches Motiv auf, das Verdrängenwollen einer unbequemen Sache. Dies treffen wir bei anderen Autoren an.

Vorurteile gegenüber vorwissenschaftlichem Denken gehören fast automatisch zum akademischen Stand. Aber eine *Besessenheit vom Vorurteil,* die Streitschriften verfaßt, signalisiert eine Wissenschafts*gläubigkeit,* die sich bedroht fühlt. Solche Schriften stammen zumeist aus der Nachhut des kausal-mechanischen Totalitätsanspruchs in einer Zeit, als die Spitze der Forschung in eine neue Phase des Verhältnisses zur Natur trat. Sie räumen auf, wo außer sozialhygienischen Fragen gar keine heutigen Probleme liegen, es galt ihnen als ausgemacht, daß Astrologie nur eine Rückfälligkeit des Geistes bedeuten kann. Neben der Wiederholung geschichtlich abgebrauchter Einwände genügt dann ein einziges Reizwort wie »das falsche Weltbild«, »Selbstbetrug, um die Unruhe der Schicksalsfurcht zu stillen«, »Theorie von etwas, was es nicht gibt«.

20 Prof. Dr. Robert Henseling, »Umstrittenes Weltbild«, Philipp Reclam, Leipzig 1939.

Indessen ist es bedauerlich, wenn überhebliche Einstellung auf ein fair play verzichtet. Gediegene Literaturkenntnisse sind solchen Büchern, in denen der Zweck die Mittel heiligt, kaum nachzusagen. In astrologischen Schriften wären genug ungeschickte Formulierungen und Trugschlüsse zu finden, die man hohnlachend anführen könnte, um Spreu von Weizen zu sondern. Häufig jedoch wird das zeitgenössische astrologische Schrifttum nur in der Weise gestreift, daß man Zitate ernst zu nehmender Verfasser aus dem Zusammenhange reißt und ihnen Äußerungen obskurer Auch-Astrologen voran- oder hinterherstellt, als sei das eine die Folgerung des anderen. Absichtlich werden so Niveau- und Auffassungsunterschiede verwischt, nie vertretene Behauptungen untergeschoben und den Lesern eingeredet, es gäbe nur eine einzige Astrologie: *Glaube an Gestirnwirkungen und Geschäft mit der Schicksalsfurcht anderer.* Treffer beruhen dann auf Zufall, psychologischem Geschick und Hellfühligkeit des Astrologen sowie Erfüllungszwang beim Klienten. Wer Begründungen sucht, gilt als raffinierterer Betrüger oder von seinem Wahn selbst Betrogener.

Auf eine derartige Polemik einzugehen, erübrigt sich, zumal kaum ein Argument auftaucht, das nicht Henseling schon besser gebracht hätte. Nur einige Proben in puncto Zuverlässigkeit folgen, wobei die Namen der Verfasser nicht genannt seien – die Bücher, neueren Datums, sind ohnehin im Umlauf –, da es hier nicht auf die Bloßstellung von Personen, sondern Beleuchtung der Kampfweise ankommt. In einem Buch steht S. 249: ».. . berichtet der lateinische Schriftsteller Julius Firmicus Maternus um 354 v. Chr. in seinem achtbändigen Lehrbuch über die Astrologie, seinem Mathesios . . .« Man glaubt an einen Druckfehler bezüglich »v. Chr.«, doch nach Anführung, daß die Astrologen der folgenden Jahrhunderte sich dieses Werkzeugs bedienen werden, geht es weiter: »Sein Meisterschüler wird Petosiris, ein ägyptischer Sterndeuter und Priester. Es scheint, daß er am Heiligtum des Thot in Hermopolis wirkte und sich dabei des Patronats des Ptolemäerkönigs Nechepso erfreute. Beide erkennen die wichtige Forderung, die Lehre von den Dekanen weiterzuentwickeln.« In Wahrheit hat der Schüler, dem pseudonymisch die Dekanatslehre zugeschrieben wird, ein halbes Jahrtausend vor dem Meister gelebt. Auf der nächsten Seite desselben Buches aber erfährt man, daß die Bekanntschaft mit dem Aufbau dieses Systems in Rom, zur Zeit der Kaiser Augustus und Tiberius, durch Manilius vermittelt wurde, und »Anderthalb Jahrhunderte danach greift der uns bereits bekannt gewordene Sizilianer Firmicus Maternus die gleichen Gedanken in seinen Büchern Mathesios auf«. Kann man die Relativierung der geschichtlichen Zeit weiter treiben? In einem zweiten Buch beklagt ein anderer Verfasser, daß der bekannte Psychologe Künkel eine astrologische Schrift, »Das große Jahr«, verfaßt habe. Hans Künkel ist nun zwar nicht mit seinem Bruder Fritz Künkel identisch, aber wer kennt denn alle Familienverhältnisse!

In einem dritten, als wissenschaftliche Widerlegung der Astrologie hochgepriesenen Buch berichtet der Widerleger, auf welche Weise er Richtigkeit und Falschheit untersuchte. Überzeugt davon, daß »Nachhinein-Treffer« bei berühmten Personen kein Kunststück seien, gab er einem »angesehenen Astrologen« die Geburtsdaten von Rainer Maria Rilke zur Deutung, ohne zu enthüllen, um wen es sich handle. (Nebenbei gesagt war das Datum strittig, bevor ein später aufgefundener Brief der Mutter uns die Mitternacht vom 3. zum 4. Dezember 1875 angibt, statt wie bis dahin verbreitet vom 4. zum 5.) Die Deutung betonte vor allem den starken kaufmännischen Einschlag. Dies beim Verfasser des Stundenbuches! Da kennt sich der Kritiker, selbst Kaufmann, besser aus. Daß Rilke als junger Mann auf die Handelsschule geschickt wurde, fällt angesichts des Dichtergenies, das dem Astrologen entging – und einer genügt zur Nachprüfung –, nicht ins Gewicht. Es wundert uns keineswegs, wenn ein solches Prüfungsverfahren auch beim Massenmörder Haarmann eine Niete erzielte; beschrieben wurde ein menschenfreundlicher Herr, verschmitzt und vorsichtig, zurückhaltend und leutselig. Abgesehen davon, das Zeugnis *eines* Astrologen dem Urteil über *die* Astrologie zugrunde zu legen, kommt dem Kritiker kein Bedenken, ob etwa Genie und Verbrechen als Begnadung und Fehlentwicklung etwas seien, was *außerhalb* des Gefüges von Anlagen, also der astrologischen Aussagegrenze stünde. (Leider ist dies auch bei den von M. Gauquelin angeführten Versuchen über Verbrecher der Fall; vgl. Fußnote S. 146.) Er urteilt auf dem Boden der Vulgärastrologie, die fertig geprägte Eigenschaften und fertig determinierte Ereignisse herauslesen will, übergeht, was von einsichtigen Astrologen stets hiergegen geschrieben wurde. Sein Urteil steht vorher fest: »Die Astrologie ist nichts anderes als eine nachweislich falsche Theorie zur Erklärung nachweislich nicht vorhandener Tatbestände.«

Nicht immer sind solche Widersacher nur der läßlichen Sünde gegen wissenschaftliche Redlichkeit zu zeihen. Angefügte Literaturverzeichnisse legen oft dar, daß gar wohl Gelegenheit bestand, die Bekanntschaft mit neuen Grundauffassungen zu machen. Doch ein eingeschworener Gegner sieht darin lediglich Verschleierung des Gestirnglaubens, Entschuldigungen und Ausflüchte.

Freilich kann Versuchen zum Entfachen einer Kreuzzugstimmung gegen die Astrologie, wobei gegen Andersgläubige jedes Mittel erlaubt ist, eine *moralische Absicht* zugute gehalten werden. Man will den Gefahren einer Mißleitung einzelner und im ganzen der Volksverdummung begegnen, wählt jedoch aus Unkenntnis der Sachlage eine Methode, als wolle man aus der Kolportageliteratur das Recht und die Möglichkeit der Dichtung abstreiten. Dabei ist die gelehrte Verständnislosigkeit für das astrologische Kulturerbe mit schuld daran, daß nach dem Zweiten Weltkrieg das Wiederauftauchen an der Oberfläche solche Formen wie die Zeitungsastrologie annahm. Währenddessen aber definierte die Psychologie die entscheidende Spannung des modernen Menschen als diejenige zwischen *Rationalität und Bildwelt*. Die innerseelischen Kräfte gestalten sich in Bildern, nicht nur im Traum, die Verstandeskräfte mögen sie verdrängen, ihnen zuwiderhandeln und Neurosen erzeugen, können aber die seelischen Ursachen und auch Heilkräfte nicht verschwinden machen. Besser, man deutet sie, legt die Bilder aus – scheinen sie noch so absurd – und integriert sie dem Bewußtsein. Wer eine

Sache, die in den Seelentiefen verankert ist, nicht geistig zu verstehen sucht und mit seinem rationalen Weltbilde vereinbart, entwickelt keine Gegenkräfte gegen das Emporschäumen des Absurden bei einer seelischen Inflation, in welcher die normalerweise anwendbaren Praktiken versagen. Astrologische Berater machten die Erfahrung, daß gerade solche aus dem Sattel Gehobene am leichtesten dem Wunderglauben, dem Orakelwunsch verfallen, wenn sie in eine Lage versetzt werden, für die ihnen der bloße Verstand keine Erklärung mehr anbietet.

Vorsichtig geworden im Urteil über Astrologie, stellen wir klar, daß sie durch philosophische Erörterungen weder bewiesen noch wegbewiesen werden kann. Nur *Erfahrung in der vom System vorgeschriebenen Experimentalordnung* vermag Auskunft zu geben. Durch sie gelangen wir zu glaubensfreien Tatsachen. Solche Forschungstatsachen können nicht unter religiösen, rassischen, intellektuellen noch rein praktischen Gesichtspunkten richtig beurteilt werden. Unbestochen durch solche soll der Geist vom empirischen Sein der Dinge zu den Gründen ihres Soseins vordringen, an diesen Gründen ermißt sich dann umgekehrt die Stichhaltigkeit weltanschaulicher Blickpunkte. Bei so altverwurzelten Anschauungen wie der Astrologie muß das Denken erst die Voraussetzungen ihres Gewordenseins durchleuchten, dann auf Unkenntnis und Mißverstehen, irrtümlich übernommene Regeln und eingeschlichene Beobachtungsfehler aufmerksam machen, bis wir im Gebrauch der Deutungselemente die Begriffe so abfassen können, daß wir Erfahrungen herausholen, die in der Natur der Sache liegen. Damit kann dann untersucht werden, ob und wie der astrologische Gedanke in unser heutiges Weltbild hineinpaßt.

Aus dem Gesagten geht hervor, daß es im zeitgenössischen Geistesleben nicht »die« Astrologie gibt, nicht geben kann. Angesichts der Vielschichtigkeit und der verschiedenen Entwicklungshöhe besteht natürlich eine mittelmäßige Meinung, die auf alte Weise die Seele an den Himmel projiziert und sie an seinem Zifferblatt ablesen will. Tiefer Schürfende kommen zu einer Wechselbeziehung zwischen äußerem Schicksal und innerem

Wesen, manche sehen Symbole für selbstgestaltende Kräfte in uns, analog dem Geburtsbild geordnet, Kräfte, die auch in das Schicksal mitgestaltend eingreifen. Einem allgemeinen Umstimmungsprozeß angeschlossen treten unterschiedliche Ansichten zutage, die den Laien vielfach durch einander widersprechende Einzelheiten verwirren.

Vulgärastrologie

Zu dieser Kategorie darf gerechnet werden, was unbeschwert unter Astrologie eine Weissagung aus den Sternen versteht, ungeprüft irgendwelche überlieferte Regeln handhabt und damit die durchschnittlichen Lebensfragen beantwortet. Die Ausdrucksweise muß deswegen nicht vulgär sein, sie kann sogar stilistisch geschmeidig sich guter psychologischer Kenntnisse bedienen. Merkmal ist nur die Primitivität der Grundauffassung: Sterne bewirken dies oder jenes, zeigen vorbestimmte Ereignisse an oder geben gute und böse Eigenschaften. Demgemäß tendiert diese meistverbreitete Form von Astrologie zum Fatalismus, auch wenn sie eine Ablenkbarkeit der unbedingt eintreffend geglaubten Wirkungen zuläßt, etwa nach Art des Blitzableiters sowie die Wahl guter statt schlechter Tage durch den »Weisen«, seines Horoskops Kundigen, worin sie den Sinn der Astrologie sieht.

Natürlich ist dies keine moralische Kategorie. Man kann guten Glaubens dieser Auffassung anhängen, gegebenenfalls Treffer erzielen und bestenfalls, wenn man einigermaßen verläßlichen Überlieferungen folgt, eine durchschnittliche Menschenkenntnis erreichen. Angesichts der in manchen Punkten widerspruchsvollen Aussagen aus der astrologischen Vergangenheit, der Dehnbarkeit des Symbols für den auslegenden Verstand, gibt es Belesene, die intuitiv das für den vorliegenden Fall Zutreffende sich aussuchen. Doch der im Ansatz unkritische Gebrauch der Regeln, ihr Gut und Böse, die einseitige Richtung auf Fertigtatsachen, konkrete Ereignisse und Handlungsweisen, das zum

Vergleich genommene Mittelmaß, dergleichen ergibt auf der anderen Seite schwerwiegende Fehlurteile. Sie betreffen besonders Menschen mit außerordentlichen Anlagen und Spannungen sowie in komplizierten Lagen. Ein weiterer verhängnisvoller Fehler ist der Glaube, daß das Horoskop uns die Entscheidungen abnimmt.

Niveau steht außerhalb der Methode. Ist zwar das erkenntniskritische Niveau dieser Grundauffassung keineswegs hoch, so kann es doch dasjenige der Menschlichkeit und Einfühlung sein. Dies sowie rechnerischer Fleiß ändert freilich nichts an den Irrtümern, die daraus folgern, daß man Eigenschaften und Ereignisse fertig vorbestimmt sieht. So können gutgemeinte Ratschläge unangepaßt sein und an den Entwicklungen vorbeigreifen. Bei glaubensmäßiger Fixierung ergibt sich in der Praxis meist eine Methode des Aberglaubens: Trifft eine Prognose nicht zu, so kann man hinterher sagen, die Anzeichen waren richtig, man habe sie nur falsch gedeutet. Im Falle des Vorhandenseins von Selbstkritik und Einsicht in die Vieldeutigkeit der Elemente könnte hieraus immerhin die Rolle der Entsprechungen begriffen werden. Eine absolut abergläubische Haltung wird sich nur die Treffer merken und als Bestätigung nehmen, dagegen Fehlaussagen vergessen.

Mit dem Weglassen kombinatorisch wichtiger Elemente geht es deutungsmäßig immer mehr abwärts, bis zur groben Vereinfachung der »Sonnenstandshoroskope«. Dies sind freilich gar keine Horoskope, sie nehmen ja lediglich den Stand der Sonne in einem Tierkreiszeichen zur Aussage. Die bequemere Aussagetechnik erhöht aber die Geeignetheit für Geschäfte und begünstigt den Betrug. Zwischen den beiden Weltkriegen lagen vervielfältigte Ausfertigungen in den Regalen mit 12 Fächern, aus denen Angestellte der astrologischen Büros den betreffenden Bogen herausgriffen und dem Anfrager zusendeten. In den Tageszeitungen fand man Anzeigen, wie »Wollen Sie Ihre Zukunft wissen?«, »Sind Sie unter einem guten Stern geboren?«, »Was bringt Ihnen das kommende Jahr?«, daneben das Bild eines weisen Mannes mit erhobenem Zeigefinger, eines Inders mit Turban und hypnotisch auf den Beschauer gerichtetem Blick, eines vor dem Globus nachsinnenden oder durch ein Fernrohr den Himmel beschauenden Astrologen im schwarzen Talar. Die »Lebenssonnenhoroskope« wurden meistens gratis verschickt oder ein freibleibender Unkostenbeitrag erbeten, dabei lag aber ein Bestellungsblatt für ein »ausführliches Jahreshoroskop« oder ein »Radixhoroskop, das neunmal so viel und mit neunfacher Sicherheit sagen kann, da alle neun Planeten darin genau berücksichtigt sind«. Das Zugesandte – aus neun Fächern rasch zusammengestellt – sei nur »eine Probe der ältesten Wissenschaft, die 27 000 Jahre zurückreicht und Sie zu Reichtum, Ruhm, Liebe und Ehre geleiten kann«. Interessant für die Breitenwirkung mag sein, daß auf dieser Basis ein Internationales Büro in Den Haag es zu einem vierstöckigen Geschäftshaus brachte. In der heutigen Zeit der Selbstrasierer ersparen die Zeitungen den Anfragern das Porto und bringen eine eigene »Astrologische Ecke«; manche Redakteure sparen auch den dafür kaum benötigten Astrologen ein, wird die Spalte einmal weggelassen, so hagelt es Beschwerdebriefe.

Daß dies Zerrbild überhaupt erwähnt werden muß, verdanken wir einerseits den gedankenlos hierauf gemünzten Angriffen gegen »die« Astrologie, anderseits der vulgären Meinungsbildung, deren Ausdruck es ist. Wer sich ein eigenes Urteil zu bilden strebt, steht schon ausseits. Will er nun die Probe machen und einen erfahrenen Astrologen aufsuchen, so erhebt sich die Schwierigkeit, daß wir keine genauen Kennzeichen besitzen, den Qualifizierten herauszufinden, es sei denn, wir wissen schon etwas von der Sache und prüfen die Grundeinstellung. Auch vertrauenswürdig Aussehende bleiben oft in der Vulgärastrologie stecken, kenntlich etwa an Prognosen, wie: »Sie passen nicht mit Ihrer Frau zusammen, werden sich scheiden lassen und ein zweites Mal glücklicher heiraten«, oder: »Im kommenden Mai werden Sie schwer erkranken.« Solche Urteile, suggestiv mit der Ewigkeit im Rücken hingesagt, greifen in intimste Entscheidungen ein oder setzen im Unbewußten einen Erfüllungszwang. Astrologenverbände sind zur Selbsthilfe übergegangen, suchen durch Prüfung und Diplom eine Auslese zu erreichen; dies beschränkt sich naturgemäß mehr auf technische Kenntnisse, kann aber wenigstens in dieser Hinsicht einige Sicherheit bieten. Die eigentliche Sicherheit bringt das Selbststudium.

Esoterik

Wie im Altertum grenzten sich vom vulgären Oberflächenbetrieb esoterische Anschauungen ab, die eine Vertiefung im religiösen Sinne suchten. Sie beschäftigten sich weniger mit Klärung der mathematischen Voraussetzungen und Probleme der Naturwissenschaft, die sie ja nicht als zuständig für ihr Anliegen betrachteten. Im Zentrum stand ihnen die Sinnfrage, von wo auch das Schicksal die Bedeutung als etwas zum Individuum Gehöriges bekam. Die Planeten wurden Vollstrecker dieses Schicksals, insbesondere Saturn, der vulgär als »Übeltäter« und »großes Unglück« gilt. Wenn auch materielle Verdichtung, Hemmung und oft genug der Unglücksbringer, ist er doch eben dadurch in Hinblick auf die geistige Welt der »große Erzieher«. Die Tradition des Janus, des Doppelgesichtigen, wurde verstanden als Umschlagen von Erfahrungen in Vorausbedenken. Die zur Renaissancezeit vielbesprochene Aufgabe der »Saturnier«, sowohl melancholischer als auch tiefsinnig-grüblerischer Menschen, wurde wieder aufgegriffen. (Vgl. Dürers Blatt »MELENCOLIA I«, wobei vermutlich »I« nicht als Zahlzeichen, sondern als »geh« zu lesen ist.)

Gegenspieler des gleichsam als Orgelpunkt bei der Führung des Schicksals verstandenen Saturn ist in diesem System die Sonne, Symbol der lebendigen Strahlkraft und des schöpferischen Vermögens, aufgefaßt als göttliches Unterpfand und Einstrom überpersönlicher Weisungen. Eine Begünstigung der Ausreife wird in Jupiter gesehen; er ist nicht einfach der vulgäre Erfolgsplanet, das »große Glück«, im Sinne der Erfüllung unserer Wünsche, sondern Symbol für das rechte Maß in der expansiven Entfaltung, Gerechtigkeit, loyale Einordnung in das größere Ganze.

Andererseits Mars, vulgär das »kleine Unglück«, Aggression und Gewalttat, kann in der inneren Bedeutung als dynamischer Antrieb auch positiv eingesetzt werden. Diesen aktiv männlichen Symbolen standen schon immer mit Venus und Mond die weiblichen Symbole gegenüber, in sanfteren Äußerungsformen und passiven Zielen: Hingabe, Einfügung und Ausgleich. Merkur, das Verstandessymbol, gilt geschlechtlich indifferent, als »Hermaphroditus«. Auch die transsaturnischen Planeten zogen in dies System ein, Uranus als Umsturzsymbol, Neptun als der eigentliche Mysterienplanet. Ausgebildet wurde die fruchtbare Theorie der »höheren Oktave«, welche die neu entdeckten Planeten einzuordnen ermöglichte: Uranus als Überstufung von Merkur, Intuition von Verstand sowie Neptun als kosmogonischer Eros die Überstufung von Venus, dem leibverbundenen Eros.

Strenggenommen wäre Esoterik etwas Geheimgehaltenes, nur wenigen und diesen erst nach Prüfung der menschlichen Qualität zugänglich gemacht. Bestes Erbe früherer Geheimlehren ging in die skizzierte Auffassung eines inneren Kräftesystems über. Man befand sich aber im Zeitalter kollektiver und geistiger Krisen, des Suchens nach neuen Ordnungen, wie auch der Massenpropaganda. Es entstanden Ausweg suchende und verheißende Bewegungen, welche die Tore öffneten, die Verbreitung esoterischen Wissens sich zum Ziel setzten. Zweifellos ist durch diesen Einfluß das allgemeine Niveau der astrologischen Betätigung gehoben und verinnerlicht worden. Andererseits strömten weltanschauliche Moden, bekehrungseifrige Halbheiten ein. Im neugierigen Spiel mit dem Geheimnisvollen diente vielen »das Esoterische« zur Ausschmückung letzten Endes doch vulgärer Anschauungen: ein unerfreuliches Gemisch von Sakralem und Profanem. Man darf darum nicht von Worten ausgehen, es kommt auf den Geist an, in dem sie gebraucht werden. Die hier geltenden Kriterien sind Gesinnung und Reife.

Wenn auch Mystik und Geheimlehren aller Religionen gemeinsame Berührungspunkte haben, widergespiegelt in den esoterischen Schattierungen der Astrologie, so bestehen doch in der

Auffassung vom Schicksal erhebliche Unterschiede. Das astrologische Lehrgebäude von Alan Leo etwa ging stark von theosophischen Gedankengängen aus, Günter Wachsmuth denkt in Begriffen der Anthroposophie; für diese Lehren ist die Wiederverkörperung eine unumstößliche Tatsache, und Saturn wird darin zum Hauptvertreter des Karma. Auch die meisten okkultistischen Anschauungen, etwa von Surya, nähern sich dem und halten das astrologische Problem für unlösbar ohne Annahme von Kosmos und Reinkarnation. Anders deutet sich dieselbe Symbolik vom christlichen Standpunkt aus, wie bei Alfons Rosenberg, oder im Licht kabbalistischer Überlieferungen, wie bei Oskar Adler (Arzt, Bruder des Psychologen Alfred Adler).

Als eine besondere Art der esoterischen und zugleich naturwissenschaftlichen Astrologie kann man die Arbeiten von Maack, Hauschka, Kolisko ansehen, die Pflanzenkeimung, Auskristallisation von Mineralsalzen usw. unter bestimmten Gestirnstellungen untersuchen. Werden die Experimente zwar nach der anthroposophischen Lehre gedeutet, so sind es doch nachprüfbare, in den Bedingungen genau beschriebene Vorgänge, die als solche eine Ablehnung durch die offizielle Wissenschaft nicht rechtfertigen.[21] Die Tatsachenforschung muß unabhängig bleiben von der Stellungnahme zu Ideologien. Diese Untersuchungen wollen den Nachweis makrokosmischer Einwirkung auf den Lebensvorgang erbringen, was, wenn es zutrifft, keineswegs zu kollidieren braucht mit der später ausgeführten Hypothese des Primats organischer Bildekräfte. Bedauerlich ist vor allem die Nichtbeachtung der Untersuchungen von Hauschka; er führt die seit den 80er Jahren des vorigen Jahrhunderts totgeschwiegenen Experimente von A. v. Herzeelen weiter, wonach eine pflanzliche Bildung bestimmter Mineralien im Einklang mit den Sonnen- und Mondstellungen erfolgt.

21 Die Versuche mit Metallsalzen wurden aufgegriffen und selbständig weitergeführt von André Faussurier, Laboratoriumsdirektor an der Université Catholique de Lyon. An 50 000 Versuchen innerhalb von 7 Jahren stellte er Störungen in Zusammenhang mit astronomischen Ereignissen (Mond- und Sonnenfinsternisse, Konjunktionen, Sonnenwende) fest sowie verschiedenes Verhalten von Goldchlorid, Silbernitrat, Eisensulfat usw. dabei.

Die hier gemachten Angaben sollen natürlich keine Abstempelungen sein – zumal wir uns fließende Übergänge denken müssen –, sondern nur zeigen, daß Anschauungen verschiedener Herkunft sich zusammenfinden in dieser Kategorie, worin die astrologischen Probleme vorwiegend geisteswissenschaftlich ausgetragen werden und dies meist von ethischen Forderungen ausgeht. Haben wir lediglich dies im Auge, so liefert uns die Erfahrung keine unmittelbaren Belege für eine Ideologie, die außerhalb ihrer steht. Wenn etwa Astrologen irgendwelche Anzeichen für ein früheres oder späteres Leben im Horoskop angeben, so sind dies glaubensmäßig hineingetragene Gesichtspunkte. Das in der Vulgärastrologie herrschende Gut und Böse der Aspekte ist meistens aufgehoben zugunsten eines unterschiedlich gesehenen Niveaus. Wird diese Differenzierung aber, wie oft geschieht, damit erklärt, daß manche Menschen noch nicht die Entwicklungshöhe erlangt hätten, um die »besseren Strahlen eines Gestirns« aufzunehmen und umzusetzen, so bleibt die Wirkungsart beim Gestirneinfluß, und der Mensch verfeinert sich bestenfalls in der Reagibilität. Über Glaubensstandpunkte kann man nicht streiten, doch zu Studienzwecken sollten die Möglichkeiten der Astrologie ohne sie erforscht werden.

Tradition und Fortschritt

Für den praktischen Astrologen verengt sich die Fragestellung: Er soll nicht Welträtsel lösen, sondern einem Menschen Auskunft erteilen. Nicht darf sich deswegen sein Blickkreis verengen. Er soll dem Menschen Auskunft erteilen aus dessen kosmischem Verankertsein, dies verlangt eine Weite des Blicks. Darin ist ein Abstand, eine Spannung begründet, denn die Fragen des Ratsuchenden kommen aus seinem persönlichen Erleben, seinen Absichten, Wünschen und dem Zusammenprall der Wirklichkeit mit ihnen. Sie sind naturgemäß gegenständlich. Doch im Grunde fragt er sich, auch wenn er nach kommenden Erfolgen fragt, wieweit in ihm selbst vielleicht die Ursache bisheriger

Mißerfolge steckt und wie dies zu beheben sei. Er fragt im Grunde nach einem richtigen Verhalten, das ihm in seiner optimalen Selbstverwirklichung förderlich ist. Der Astrologe muß den Abstand seines Ausseits- oder Darüberstehens überbrücken, muß den Kontakt herstellen, um richtig zu antworten, um die Gegenstandsfragen überzuleiten in solche nach dem Sinngemäßen. Hiermit erst wird der Dialog spannend. Begnügt sich der Astrologe mit einem spannungslosen Kontakt, so wird er die Fragen nur an der Oberfläche beantworten und verfällt vulgären Praktiken.

In dieser Situation liegt enthalten, daß der astrologische Praktiker nicht ohne sinkenden Gehalt seiner Aussagen nur Praktiker sein kann, daß er vielmehr über die Grundlagen seiner Kunst und die menschliche Seele sich Gedanken machen und jeden darin erreichten Fortschritt aufgreifen muß. Anderseits wurzelt er, sofern er Astrologe ist, in einer langen Tradition. Ohne sie kann er nicht zu eigenen Erfahrungen kommen. Er muß aber der Tradition, wo er auch anknüpft, kritisch gegenüberstehen und mithin zunächst den geschichtlichen Werdegang des astrologischen Gedankens begriffen haben bis in die heutige Revision hinein, also einschließlich überholter Gesichtspunkte und eingeschlichener Irrtümer. Im Verhältnis zu unerwarteten Ergebnissen der übrigen Forschung darf er wiederum keiner Neuigkeitshascherei erliegen, darf nicht glauben, daß sich eine Fragestellung sub specie aeternitatis vom letzten Schrei auf irgendeinem Gebiete her aufzäumen ließe. Die astrologische Menschen- und Lebenskunde ist universell angelegt, vielschichtig in den berührten Tatsachen und darum im ganzen langsam fortschreitend. In ihre Symbole fließen Einzelwissen und Teilergebnisse ein, die Deutung bereichernd, aber das Problem nicht erschöpfend. Hiermit unterscheidet sie sich vom spezialisierenden Zug in Technik und Wissenschaft, worin es durch Arbeitsteilung auf manchen Linien rascher vorwärts geht. Deuten heißt, verwertbare Erkenntnisse, biologische, physiologische, psychologische, soziologische, als Entsprechungen zusammenzugreifen sowie intuitiv den springenden Punkt im vorliegenden Fall zu ermitteln. Die Zusammenschau ist der künstlerische Anteil, der eine Begabung voraussetzt. Der wissenschaftliche Anteil betrifft das Erlernbare, den mathematischen Unterbau und die methodische Schlüssigkeit des Vorgehens bei der Deutung.

Stellen sich somit dem qualifizierten Astrologen hohe Anforderungen, so enthält die astrologische Bildersprache auch bei weniger ausgebildetem Verstand, doch reger Intuition, die Möglichkeit ergiebiger Zusammenschau. Viele, welche den Begriff nicht durchdenken könnten, sind doch fähig, Wesentliches dem Symbol zu entnehmen. Das Geburtsbild, als Gleichnis erfaßt und in seinen geozentrischen Raumverhältnissen aufgezeichnet, macht ja anschaulich: dem, was sich am Himmel gegenübersteht, entspricht ein Kräftegegensatz im betreffenden Menschen sowie dem, was in gleicher Richtung steht, entspricht eine Kräftekoppelung. So sagt es uns das Grundverhältnis von Opposition und Konjunktion, die übrigen Aspekte wandeln die Extreme ab. Nur darf man, wenn der deutungsmäßige Modus der Planeten bekannt ist, die Dinge nicht so verstehen: Mars am Himmel schickt uns die angriffslustigen Impulse, die arbeitende Energie, Saturn am Himmel bewirkt die dagegengesetzte oder beigefügte, den Antrieb behindernde Hemmung. Der alte Fehler, Analogie und Ursächlichkeit zu verwechseln! Hinter solcher Verkennung der »Sterne in der eigenen Brust«, dem Verlegen von Gut und Böse nach außen sowie des Handelns in einen Zwangslauf, unter ein Diktat, steckt letzten Endes das Bestreben, sich von der Verantwortung loszusprechen.

Keineswegs muß aber fatalistisch aussehendes Bemühen um Einsicht in Determination oder Vorbestimmung im vorhinein vulgär sein. Der Unterschied liegt darin, daß der vulgäre Schicksalsglaube äußere Tatsachen – Keplers »Zufall in specie« – vorbestimmt sieht, hingegen ein gehobener, der Sachlage gerecht werdender Blickpunkt eine Festlegung des Wesensgefüges, dessen Komponenten sich in auswechselbaren Entsprechungen äußern, annimmt. Hier setzt der entwickelnde und selbstbestimmende Faktor an. So besagt Mars an betonter Stelle, daß eine in der Struktur des Menschen angelegte kämpferische Spannung einen gewissen Vorrang hat; veränderlich mit der Entwicklungshöhe ist jedoch das, wofür er kämpft sowie die Form des Einsatzes. Kommt ein Saturnaspekt hinzu, so ist diese Spannung gezügelt, der Mensch tendiert nicht zu blinder Aggression. Wodurch diese aber gehemmt ist, steht nicht im Horoskop, nur wieder eine Tendenz ist angedeutet, die Richtung, aus welcher die zügelnden Argumente herkommen.

Solche durch Erfahrung bestätigten Grundzüge der Tradition beibehalten, demonstriert sich an Saturn als einschränkendem Symbol besonders deutlich die freie Entscheidungswahl. Im freiwilligen Aufsichnehmen des Unvermeidlichen für ein erstrebenswürdiges Ziel kann der Schicksalsgehemmte zu tragischer Größe wachsen. Seine Freiheit hat nichts von opportunistischer Beliebigkeit, selbst der Untergang wäre dann eine aus Selbstbestimmung hervorgegangene, keine wesensfremd von außen einwirkende Notwendigkeit. Dagegen Unterdrücktsein aus Angst vor dem eigenen Mut sowie sachliche Unbesonnenheit, Pech aus Mangel an Voraussicht, Versäumen des entscheidenden Augenblicks, derartige auch »saturnische« Vorkommnisse haben nicht den gleichen Rang. Sie sind nicht Schicksal, sondern unbewältigte Charakterzüge, die durch Einsicht und Anstrengung geändert werden könnten. Der »Rang« wird keinesfalls durch die Saturnstellung, sondern durch die Entwicklungshöhe bestimmt.

Beim genauen Studium der seelischen Vorgänge in Auseinandersetzung mit der Umwelt gelangt man somit zu Unterscheidungen, die keine schematische Handhabung der Deutungselemente zulassen, ferner zu Grenzen der Aussagekraft des Horoskops. Der Ratsuchende verlangt freilich alles daraus beantwortet, er erwartet weniger eine objektive Belehrung als Bestätigung seiner Subjektivität und ihrer aktuellen Anliegen. Auch hier muß man oft Grenzen einsichtig machen. Die Art und Weise, wie der Astrologe die menschlich-allzumenschlichen Angelegenheiten studiert, kommt zum Ausdruck im Aufschließen persönlicher Möglichkeiten des Anfragers. In diesem Punkte soll er Erzieher und Therapeut sein.

Eine Weiterbildung der Aussagen aus dem Horoskop wurde auf mannigfache Weise versucht. Hierbei zeigen sich hauptsächlich zwei Arten des Fortschritts, ein formalistischer und ein inhaltlicher.

Formalistischer Fortschritt kann zunächst ein neuer technischer Griff sein. Das Umgehen mit Millimeterpapier und Drehscheiben, die Verwendung von Diagrammen, von Kurven, um einen zeitlichen Ablauf darzustellen, die Sonderung von Harmonie und Dissonanz durch verschiedene Farben und dergleichen Abkürzungen für das Auge gehören hierher. Ferner sind es selbstverständlich methodische, rechnerische, apparathafte Verbesserungen. Die Arbeitsweise und Darstellung wurde gegen früher nüchterner, das mantische Quadrat des Mittelalters mit seinen Eintragungen wich der kreisförmigen Anordnung, die ein Bild des ortsbezüglichen Umkreises der Erde darbietet.

Es gibt auch formalistische Auswege aus inhaltlichen Problemen. Zu ihnen rechnet das Hinzuziehen neuer Elemente, dies geht bis zur Einsetzung noch unentdeckter Planeten, für die sogar Ephemeriden berechnet wurden (Witte, Sieggrün, sog. Hamburger Schule). Der Grund, anzunehmen, daß an dieser oder jener Stelle ein noch unbekannter Faktor wirksam sei, liegt meist in nicht genügender Ausschöpfung der bisher bekannten Elemente sowie der Annahme, es müsse alles und jedes im Gestirnbild determiniert sein. Zur Entdeckerlust hat vielleicht die Geschichte der Auffindung des Neptun an vorberechneter Stelle beigetragen. Gerade diese Berechnung aus Störungen der Uranusbahn ist aber ein Musterbeispiel exakter Methode, in Anwendung allgemeiner Naturgesetze vom Bekannten auf das Unbekannte zu schließen. Wenn ferner schon Kepler in der Entfernung, worin Piazzi 170 Jahre nach ihm den ersten Planetoiden entdeckte, einen Himmelskörper vermutete, so geschah es aus einer Gesamtschau der Proportionen des Sonnensystems. Dienlicher als die Einführung spekulativer Planeten wäre den Astrologen die Berücksichtigung von Grenzen ihrer Aussage, die Befreiung vom Wahn, im Horoskop müsse das Leben mit allen konkreten Äußerungen angezeigt sein.

Einen inhaltlichen Grund der Schwierigkeiten bildet die vulgäre Verlegung der Ursächlichkeit in die Gestirnwirkung. Dessenungeachtet besetzte man den Tierkreis mit einer Unzahl von Punkten, deren jeder, rezeptartig aufgefaßt, detaillierte Aussagen über die Lebenszufälle liefern soll. Schon die Antike beachtete die Antiszien oder Spiegelpunkte. Die Abstände sämtlicher Planeten zur KREBS-STEINBOCK-Achse warfen darin auf die Gegenseite eine Art Spiegelbild. Ebenfalls traditionell vorgebildet, nämlich im sog. »Glückspunkt« – beruhend auf dem Abstand zwischen Sonne und Mond, der je nach Tag- oder Nachtgeburt in dieser oder jener Richtung vom Aszendenten aus abgetragen wurde –, ist die Ausweitung desselben Verfahrens auf alle interplanetaren Abstände. Hieraus entstanden, jüngeren Datums, die sog. sensitiven Punkte. Als letzte kamen die heute viel gebräuchlichen Schnittpunkte hinzu, das heißt, die jeweilige Mitte des Bogens zwischen zwei Planeten. Nach der vulgären Auffassung könnten all diese Punkte nichts aussagen, weil es keine Planetenorte sind, und wer an dieser Auffassung festhält, führt sie unberechtigt ein. Gibt man ihnen eine Bedeutung, dann als Verhältniswerte zwischen Kräften im Lebenden verstanden. Dies kann aber erst ermessen werden, nachdem man die Kräfte als »Substanz des Wesensgefüges« analog dem Gestirnbild begriffen hat. Aus solcher Gesamtschau ergeben sich gewisse Wahrscheinlichkeitsschlüsse auf die Einzelheiten. Jedoch isoliert gesehen sind die Punkte inhaltsleer und in ihrer Vielzahl eher verwirrend als förderlich.

Wohl am meisten wird der Astrologe des Orakels wegen aufgesucht. Seine Vorausberechnungen sollen dementsprechende Anfragen beantworten. Tatsächlich sind aus dem Horoskop gewisse Tendenzen, Entwicklungslinien, Zeiten der Krise oder des Auftriebs ersichtlich, soweit der Mensch eine determinierte Zeitgestalt hat. Die vulgäre Erwartung will aber haargenau das Ereignis vorhergesagt haben. Hiermit berühren wir den Nerv aller Mißverständnisse; der Astrologe kann den Erwartungen nur bis dahin genügen, wo das Ereignis als Knotenpunkt im Werdegang eine Rolle spielt und so verstanden wird. Es würde zu weit führen, wollten wir die Zeitschlüssel zur Berechnung der sog. Direktionen erläutern, hier ist kein Lehrbuch beabsichtigt. Die Grundlage sah Kepler im Verhältnis beider Bewegungsformen der Erde, der Umdrehung um ihre Achse und des Umlaufs um die Sonne, übereinstimmend mit alten Traditionen der Gleichsetzung eines Tages nach der Geburt mit einem Jahr des Lebens. Das bedeutet also, daß Jahr um Jahr die verändernden Tendenzen fortschreiten, wie sich Tag um Tag nach der Geburt die Proportion der Gestirnläufe verschiebt. Ein anderer Zeitschlüssel ist der des täglichen Sternzeitfortschritts (sog. Naibodschlüssel), er fordert die genauere Berücksichtigung von Horizont und Meridian. Auch andere inzwischen entstandene rechnerische Neuerungen sind zum Teil plausibel. Wenn aber eine gedankenlose Anwendung der vielen Direktionsarten eine förmliche Jagd nach dem Ereignis veranstaltet, so gerät dies in gefährliche Nähe des vulgären Schicksalsautomaten mit fertig abgezählten Stücken. Nie darf das Formale das Inhaltliche überspielen. Der diskutable Inhalt aller zeitlichen Berechnungen liegt darin, daß eine determinierte Ablaufsgestalt begreiflich wird aus dem Zusammenhang mit einem bestimmten Wesensgefüge, die Ereignisform aber durch innere Wandlungen abgeändert werden kann. Eine ernst zu nehmende Prognose daraus ist keine Wahrsagerei, sie spricht von Tendenzen analog einer inneren Notwendigkeit.

Echter formalistischer Fortschritt deckt sich mit inhaltlichen Findungen. Wenn neuerdings in Weiterführung des älteren Gedankens symmetrischer Planetenfiguren eine »Gestalthoroskopie« entsteht (W. Koch), so erscheinen die Aussagen demjenigen, der nur an Gestirnwirkungen denkt, aus der leeren Form genommen. Er wird ihnen jedes Recht abstreiten, ebenso wie ein gegenständlich verhafteter Betrachter es der abstrakten Kunst gegenüber tut, der er »bloßen Formalismus« ankreidet. Geht man jedoch von harmonikalen Gesichtspunkten aus, dann ist der Blick auf die Figur als ganze gerichtet und man denkt in Spannungs- und Gleichgewichtssystemen. Diese Betrachtungsart hängt mit dem Wesen der Aspekte zusammen, aufgefaßt als Beziehungen zwischen Kräften. Was für das begriffliche Denken bloß eine geometrische Figur darstellt, wird aus der Rückverbindung zum bildhaften Schauen eine Lebenswirklichkeit.

Eine andere Betrachtungsweise nimmt das Zusammenspiel der Kräfte als dramatischen Effekt und sucht den beherrschenden Faktor, das Leitmotiv des Geschehens herauszufinden. Dies ist die Theorie des »Spannungsherrschers« (Meier-Parm) und der in den Konstellationen vorkommenden Gruppierungen. Solche aus dem Zeitgeist geborenen Auffassungen geben die isolierte und gegenständliche Einzelaussage der früheren Horoskopdeutung auf zugunsten einer Gesamtschau und durchgängigen Dynamik. Aus dem Zeitgeist geboren, damit meinen wir nicht nur die soeben gestreifte neuere Kunstgestaltung, sondern vor allem die harmonikalen Untersuchungen von Hans Kayser.[22] Sie arbeiteten für die Lebensgestalt andere Kriterien heraus als diejenigen der »haptischen« (auf den Tastsinn bezogenen) Denkweise, sie und Friedmanns Untersuchungen[23] nahmen von wissenschaftlicher Seite her Keplers Problem in Angriff, »warum die Geometrie in der Tonkunst den Menschen ergreift«.

Die meist gepflegte traditionelle Deutung hält sich an Planeten, Zeichen, Häuser und Aspekte. Formalistischen Neuerungen zieht sie damit Grenzen, müßte allerdings kritisch verstanden auch die Grenzen der Aussage aus dem Horoskop schärfer beachten sowie die überlieferten »Stärken und Schwächen« unter die Lupe nehmen. Alter einer Regel bürgt nicht für Richtigkeit. Der inhaltliche Fortschritt fließt aus der Beobachtung lebender Menschen im Vergleich mit der Konstellation. Da aber Konstellation und Mensch nur als Ganzheit beurteilt und erfahren werden können, setzt dies eine völlige Beherrschung der überlieferten Kombinationsregeln und zugleich einen Abstand gegen den Schematismus ihres Gebrauchs voraus. Nichts verfehlt mehr den Sinn des Ganzen, als die beliebte stückweise Zusammensetzung

22 Hans Kayser, »Vom Klang der Welt«, Zürich 1939, »Harmonia Plantarum«, Basel 1943, »Akroasis«, Stuttgart 1947, »Abhandlungen zur Ektypik harmonikaler Wertformen«, Zürich 1938.
23 Hermann Friedmann, »Die Welt der Formen«, 2. Aufl. 1930, C. H. Beck, München, »Wissenschaft und Symbol«, 1949, Biederstein Verlag München.

von Aussagen aus Aphorismen, zumal diese Krücken der Deutung meist auf »gut« oder »schlecht« zugeschnitten sind, im Sinn der Annahme fertiger Eigenschaften und Ereignisse.

Aus den Bedenklichkeiten der ungeprüften Tradition sticht eine bunte Reihe von Persönlichkeiten hervor, welche die Tradition teils zu erneuern, teils aus ihr den Anschluß an das neue Menschenbild zu finden trachteten. Im deutschen Sprachgebiet gab es originelle Einzelgänger wie Schmitz, Glahn, Werle, Fankhauser, um nur einige zu nennen; andere legten mehr Gewicht auf schulmäßige Normen, etwa in Weiterführung der von Morin entworfenen Systematik, wie Sindbad (Kapitän Schwikkert), Weiß, v. Wassilko-Serecki. Natürlich soll hier kein Wertigkeits-Katalog gegeben, sondern nur eine unterschiedliche Ausrichtung angedeutet werden. Als weiteres reiht sich der Versuch einer Zufuhr neuer Gesichtspunkte aus der Psychologie an, bei Kühr etwa sind es Gedankengänge und Terminologie von Klages, bei Reich der Tiefenpsychologie, bei Heimsoth der Typologie Kretschmers. Bei diesen Versuchen zeigte sich jedoch, daß man die astrologische Menschenkunde nicht ohne Einbuße an ein vorhandenes psychologisches System einfach anhängen kann. Anderseits liegt es nicht so, wie manche glauben, daß die traditionelle Astrologie »die« Psychologie schon enthielte oder gar sei. Dem in vergangenen Jahrhunderten dürftigeren Menschenbild steht vielmehr ein Reichtum neu erworbener Einzelerkenntnisse und Achsenschnitte des Menschen gegenüber, wobei in der Vergangenheit die astrologische Blickweise allzusehr vom fertig determinierten Charakter ausging. Dies klingt nach in der Zuweisung guter oder böser Eigenschaften. Starrheit des Blicks auf definitive Ergebnisse entstellt aber genau das, worin die Stärke der Astrologie liegen kann, ihren Wert für selbstverwirklichende Entwicklung. Eine glückliche Verschmelzung neuer psychologischer Erkenntnisse mit der Astrologie versuchte v. Xylander. Gegenüber psychologischen Testmethoden, die mit dem Erscheinungsbild beginnen, zeigt das Horoskop eine angeborene Struktur, bleibende Anlagewurzeln samt zugehöriger Problematik. Ist einem dieser Unterschied bewußt geworden, dann sieht man auch die gegenseitige Ergänzung. Dem Fortschritt in der Astrologie stellt sich damit die Aufgabe, die traditionsgegebenen Elemente psychologisch verständlich zu machen, und das heißt, Querverbindungen zu den Begriffen der verschiedenen psychologischen Schulen herzustellen. In einer erst zu schaffenden gemeinsamen Sprache wird jedes Symbol an verschiedenen Begriffen, aber jeweils in klar bestimmter Weise teilhaben.

Symbolische Astrologie

Fast alle Einwände entspringen dem Widerstand gegen die Behauptung von Gestirneinflüssen. Wenn ständig »das kopernikanische Weltbild« als Argument gebraucht wird, denkt der Gegner allerdings weniger an unser Sonnensystem als an die erweiterte Raumsicht, welche die kopernikanische Wendung einleitete. Es ist die Fixsternwelt, in der unser System nur ein Stäubchen darstellt. Die Umgruppierung durch Kopernikus war erst ein Beginn. Mit Hilfe größerer Fernrohre, der Spektroskope, photographischer Platten und anderer Apparaturen zur Beobachtung weitete sich die Astronomie aus. Unser System, abgesehen von etwa hinzukommenden Planetoiden, wurde für Neuentdeckungen unergiebig. Noch ist die Berechnung wechselseitiger Störungen der Planeten, wozu unsere Erde zählt, für die Geophysik interessant, im übrigen bildet sie eine harte Nuß für Prüflinge. Hat auch Einstein als Vollender und Überwinder der klassischen Mechanik das Prinzip allgemeinen Sichbedingens aller Dinge zu Ende geführt, so bietet er damit der Astrologie keine Handhabe, da diese von wertmäßigen Beziehungen der Proportionen spricht. Quantitativ, mechanisch sind solche nicht abzuleiten. Vom mengenmäßigen Blickpunkt aus wäre Astrologie keine Wissenschaft. Wir dürfen jedoch eine Frage aufwerfen, die Kant hinsichtlich der Metaphysik stellte, ob nämlich und wie Astrologie als Wissenschaft möglich sei. Für eine qualitative Blickweise läßt sich diese Möglichkeit bejahen.

Es geht um eine systematisierte Wertordnung, deren Komponenten sich in Symbolen ausdrücken. Diese Ordnung knüpft an Naturgegebenem an, ihre Symbole sind nicht ohne Zusammenhang mit empirischen Tatsachen anwendbar. Sieht etwa Vehlow eine Himmelsmitte im rechten Winkel zum Aszendenten, versteht er die Häuser anders als in den Hauptachsen durch Horizont und Meridian ausgeschnitten, so steht dies in Konflikt mit den ortsbezüglichen Raumverhältnissen. Eine solche Symbolik bleibt in den gleichmäßigen Proportionen des Tierkreises, sie macht nicht die Perspektive des Ortes mit. Von Astrologie kann im allgemeinen nur so lange die Rede sein, als sie von einer meßbaren kosmischen Tatsachenlage ausgeht; eben dies unterschiedet sie von Formen der Mantik, deren eine Abart, die »Astromantik«, Gestirnsymbole beliebig setzt. (Vgl. S. 62 das Auswerfen von Lossteinen in der Antike, bei Agrippa taucht sie auf als »Geomantik«.) Die astronomische Umwelt wird also als Messungsgrundlage genommen und der astrologischen Erfahrung angemessen auf das Sonnensystem beschränkt. Treiben wir nun symbolische Astrologie, so verzichten wir auf eine Erklärung und erwägen nur die Stellenwerte der im Horoskop auftretenden Komponenten auf die Bedeutung hin, die sich aus der Beziehung der betreffenden Symbole ergibt. Wir machen uns damit unabhängig von der vulgären Einflußtheorie, erwarten jedoch ebensowenig Ersprießliches von einer quantitativ, kausal und mechanisch denkenden Naturwissenschaft. Offen bleibt die Möglichkeit, daß eine qualitative, analogiehafte und symbolische Betrachtung etwas vom »inneren Kern der Natur« aufschließt.

Als Hauptvertreter, gestützt auf mathematische und historische Kenntnisse, seien W. Koch und W. Knappich genannt. Das alte Gleichnis »wie oben so unten« wird dabei in heutiger Sicht gereinigt von Einflußtheorie, hineingetragenem Gut und Böse der Aspekte, der Vermenschlichung von Planeten zu Wohltätern und Übeltätern. Ein solches System der Beziehungswerte darf also nicht verwechselt werden mit antropomorpher Wertgebung. Man könnte diese Behandlung der Dinge als ein l'art pour l'art (die Kunst um der Kunst willen) des astrologischen Denkens bezeichnen, mit dem Schwerpunkt im Charakterologischen. Die prognostische Seite wurde durch die »symbolischen Direktionen« des Engländers Ch. Carter zwar in gewisser Weise ergänzt, doch grundsätzlich nicht auf tragfähige Füße gestellt. In bezug auf die Determination des Ablaufs befinden wir uns noch im Vorfeld einer Wesen und Erscheinung, Sinn und Ereignis überblicklich zusammenschließenden Schicksalsforschung.

Wissenschaftliche Astrologie

An die Astrologie die Wissenschaftsfrage herantragen führt zur Entscheidung, ob mit ihr nur einigen menschlichen Grundtrieben Genüge geleistet wurde – möglicherweise mit Hilfe von Irrtümern, wissenschaftlich überholt, worauf sich die meisten Historiker beschränken –, oder ob unabhängig von Bedürfnis, Phantasie und naiver Deutung objektive Tatsachen zugrunde liegen. Das zweite greift über eine Kritik an Vorstellungen aus der Astrologiegeschichte hinaus und stellt uns auf bleibende Grundgehalte ein. Ob ein Zusammenhang zwischen Kosmos und Mensch denkbar sei, erscheint uns heute als eine naturwissenschaftlich zu klärende Frage.

Als um die letzte Jahrhundertwende das Problem wieder diskutiert wurde, befand man sich einer Naturwissenschaft gegenüber, die alles Geschehen in Mechanik zu verwandeln suchte. Naheliegend, eine Revision des Urteils von konkreten Ursachen her einzuleiten. Das astrologische Meßbild ist nichts Erdachtes, es enthält die Notierungen des Stands von Himmelskörpern. War dies von Bedeutung, so konnte es sich nach den herrschenden Anschauungen nur um Gestirnwirkungen handeln, die durch die Maschen des bisherigen Beobachtungsnetzes geschlüpft oder nicht genügend beachtet worden waren.

Viel umstritten war der Einfluß des Mondes auf das Wetter. Der schon erwähnte A. Kniepf wies auf ältere Beobachtungen von Flaugerque, Bouvard und Lubbock über regelmäßige Schwankungen des Barometers mit dem Mondlauf hin, an sich zwar geringfügig, aber als Nebenerscheinung des zu dieser Zeit festgestellten Einflusses auf die Luftelektrizität von größerer Bedeutung. Solche Mitbestimmung an einem terrestrisch mannigfaltig abgewandelten Vorgang ließ sich natürlich nicht auf so einfache Formulierungen bringen wie Falbs vielbelächelte »kritische Tage«, hergeleitet aus der Schwerewirkung des Mondes. Doch Kniepf setzte sich an diese Spur; seine eigene »Physik der Astrologie« wollte er auf elektrisch-magnetischen Induktionen aufbauen. Bei großen Naturkatastrophen beobachtete er vor allem das Stationärwerden der Planeten (schon von Kepler betont in »Von den gesicherten Grundlagen der Astrologie«, These 34). Kniepf stellte fest: Beim verheerenden Ausbruch des Mont Pelé auf Martinique (8. 5. 1902) eine Sonnenfinsternis mit Quadrat Jupiter, Saturn stationär; beim Ausbruch des Vesuv mit Höhepunkt am 13. 4. 1906 Uranus stationär, Sonne parallel Saturn, danach am 18. 4. Zerstörung von San Franzisko mit hinzutretendem Stationärwerden des Merkur; bei der Zerstörung von Messina (28. 12. 1908) eine Eklipse mit Jupiter stationär, bei der am 7. vorausgegangenen Mondfinsternis Saturn stationär. Sarkastisch führte er eine Äußerung des englischen Blattes »Nature« an, astrologische Vorhersage sei gar nicht so schwer, man beachte in schulmäßigen Kreisen aber nicht den Konnex von starken Beben und starken Gestirnstellungen, weil man keine Erklärung dafür hat.

Eine gründliche, mit statistischem Rüstzeug vorgehende Untersuchung von Planetenstellungen bei Erdbeben führte der jüngst verstorbene Physiker R. Tomaschek durch, der seinerzeit die Schwerewirkung des Mondes auf die festen Erdmassen nachgewiesen hat (94. Versammlung deutscher Naturforscher und Ärzte in Dresden 1936). Er stellte fest, daß große Erdbeben bei einer Wiederkehr bestimmter Konstellationen einzutreten pflegen. Neben Jupiter stachen besonders Mars, Uranus und Pluto hervor, eine gewisse Dominanz ergab sich für Uranus bei dem in der Astrologie gemeinhin als harmonisch geltenden Winkel von

120 Grad.[24] Nach ihm ging Th. Landscheidt auf Erscheinungen außerhalb des Sonnensystems ein. Er zog die Ergebnisse der jungen Radioastronomie heran, besonders die stärksten Strahlungsquellen im galaktischen Zentrum, in der Cassiopeia und im Cygnus; es ergab sich ein überzufällig häufiges Auftreten starker Beben bei Richtungsgleichheit mit geozentrischen Sonnen- und Planetenstellungen, insbesondere von Jupiter. Bei 246 Erdbeben zwischen 1904 und 1932 errechnete er für die Koordination einerseits der Richtungsgleichheit des Jupiter mit einer der erforschten Radioquellen, anderseits der Auslösung und Intensität der Erdbeben eine Unwahrscheinlichkeit von mehr als 10 Milliarden.[25]

Mit solcher Einbeziehung der Fixsternwelt, deren Erforschung in neuester Zeit das Sichtfeld ungeheuer geweitet hat und uns noch manche Überraschungen bringen wird, sind in der Astrologie grundsätzlich neue Probleme aufgeworfen. Die Individual-Horoskopie beschränkt sich auf interstrukturelle Verschiebungen im Sonnensystem, ihr genügt die Entsprechungstheorie und die später gebrachte Einordnungs-Hypothese. Anders sind Erdkatastrophen, klimabedingende Veränderungen und möglicherweise auch menschliche Massenereignisse zu betrachten. Bezogen auf sie können wir Einflüsse von außerhalb des Sonnensystems, sogar schon der Sonneneruptionen annehmen und die Strahlungstheorie gelten lassen. Dies liegt naturwissenschaftlichem Denken im allgemeinen näher. Wir wollen uns jedoch hüten, mit den dankenswerten Beweisen solcher Art auch die Individual-Horoskopie bewiesen zu glauben. Um in einem so komplexen Erscheinungsbereich eine Gesetzmäßigkeit zu sichern, sind vielerlei Gesichtspunkte und Beobachtungen zu beachten.

24 R. Tomaschek, »Kosmische Kraftfelder und astrale Wirkung«, Ebertin-Verlag, Aalen 1959.
25 Th. Landscheidt, »Die astronomischen Radio-Quellen und ihre Auswirkung auf das solare und irdische Geschehen«, Verlag Neue Aspekte, Hamburg 1964. »Fixsterne, Aspekte und galaktische Strukturen«, Ebertin-Verlag, Aalen 1965.

Von zentraler Bedeutung ist in der Individual-Horoskopie das Tierkreis- und Häuserproblem. Astrologiegläubigen, die von überlieferten Vorstellungen nicht loskamen, schien naturwissenschaftliche Methodik zwar unbefriedigend – so stolz sich mancher bei »wissenschaftlichen Beweisen« wiegen mochte –, doch glaubten sie dem Zeitgeist eine Konzession machen zu müssen durch pseudowissenschaftliche Namen. So wurde ein Tierkreis als zwölfgeteiltes Kraftfeld konstruiert, das angeblich von außen her die überlieferten Qualitäten mit allen Unterteilungen einstrahlt. Der horoskopischen Bedeutung der Planeten entsprechend wurden sogar Geist- und Seelenstrahlen angenommen, die in den Zeichen und Häusern sich abwandelten. Eine andere, vielverbreitete Vorstellung sah im Tierkreis das Bild der Jahreszeiten gespiegelt, ohne Bedenken der Äquatorzone und vor allem der Tatsache, daß dieses Bild sich auf der Südhalbkugel umkehrt.

Unter naturwissenschaftlichen Gesichtspunkten behandelte E. M. Winkel (Astronom, später Theologe) das Tierkreisproblem. Er sah den Ausdruckswert des terrestrischen Geschehens gleichmäßig wechseln in Zusammenhang mit Sonnennähe und Sonnenferne der Erde – nach dem Dopplerprinzip nahm er bei der Annäherung eine Verdichtung, bei der Entfernung eine Lockerung der Masse an und zog die verschiedene Umlaufsgeschwindigkeit in Betracht.[26] Auch der Astronom W. Hartmann ging von der Bewegung der Erde aus, sah ihre Rotation in schräger Achsenlage im Verhältnis zum ruhenden Wirkungsfeld der Ekliptik. Die Punkte verschiedener Breitenlage werden dann mit jeweils anderer Geschwindigkeit relativ zur Ekliptik bewegt. In dieser relativen Bewegungsgröße unterschied Hartmann 4 Bewegungsarten: Aufwärtsbewegung, Abwärtsbewegung, Rechtsdrehung, Linksdrehung. Die 4 Quadranten des Tierkreises, bei deren jedem sich eine zunehmende und eine abnehmende Bewegungsart überschneidet, verstand er modifiziert durch daraus gezogene Grundeigenschaften; eine Dreigliederung jedes

26 E. M. Winkel, »Naturwissenschaft und Astrologie«, Dom-Verlag, Augsburg 1927.

Quadranten ergab sich ihm wieder aus der Überkreuzung von starker, mittlerer und schwacher Bewegung.[27]

Gemeinsam ist diesen Auffassungen die Abwendung von »Tierkreiseinflüssen«, die gemäß den Qualitäten der 12 Zeichen von außen her auf das Lebende einwirken. Statt dessen stellen sie Impulse der Erdbewegung zur Diskussion. Bei dieser Impulstheorie handelt es sich um Schockwirkungen auf den Organismus, die als Engramme von bleibender Nachwirkung seien, sich aber nach Vererbung, Umweltverhältnissen und Eigenmoral des Menschen verschieden umsetzen. Eine genaue Vorausdeutung bestimmter Geschehnisse ist dann nicht möglich, nur die Angabe dieser oder jener Disposition. Die Grundsituation sieht W. Hartmann im Augenblick der Geburt, primär von Wirkung auf das periphere Nervensystem, wogegen der Fötus bis dahin geschützt sei; er nimmt eine für das ganze Leben entscheidende Nachwirkung dieses »kosmischen Schocks« an.

Viel Kleinarbeit ist inzwischen geleistet worden, unabsichtlich kommen manche naturwissenschaftliche Ergebnisse ganz anderer Zielsetzung dem astrologischen Gedanken zugute. Einiges davon wird später in Zusammenhang mit der hier vertretenen Einordnungshypothese gebracht. Die Frage muß aber grundsätzlich gestellt werden, ob und wieweit dieser Weg zu einer Klärung führt. Die naturwissenschaftliche Betrachtungsweise schließt vom speziell Gesicherten auf allgemeine Gesetze. Astrologie wiederum ist ein ganzheitliches System, worin unter Zugrundelegung gewisser Prinzipien aus dem Gesamtbild der Konstellation auf die einzelne Tatsache geschlossen wird. Diese im Wesen geisteswissenschaftliche Methode liefert dem Empiriker zur Untersuchung also Tatsachen, die dieser unter andere Begriffe zu ordnen pflegt, als Endergebnisse einer Kombination, deren Prinzipien für ihn nicht untersuchbar sind. Das Zusammentreffen solcher Tatsachen läuft anders als nach physikochemischen Gesetzen, wenn es sich um eine *organische Sinnbe-*

---

27 W. Hartmann, »Die Lösung des uralten Rätsels um Mensch und Stern«, Ulrich & Co., Nürnberg 1950.

zogenheit handelt. Kann auch vielleicht von der exakten Naturwissenschaft etwas über die Elemente ermittelt werden, wo es
um *Einflüsse* geht wie bei Erdbeben und anderen Naturkatastrophen, so ist doch schon die organische Reaktion fragwürdig, und
unzugänglich bleibt diesem Vorgehen die astrologische *Kombi-
nationsweise*. Um aber spezifisch astrologische Erfahrungen zu
machen, kann man nicht diese Kombination in ihrer Eigentümlichkeit suspendieren und beiseite lassen, bis die langwierigen
physikalischen und chemischen Untersuchungen zu irgendwel-
chen Ergebnissen geführt haben. Für ergebnisreiche Untersuchungen muß eine Art »wissenschaftlicher Ortsbestimmung«,
das heißt des Platzes, den die Astrologie forschungsmäßig einnimmt, vorgenommen werden, was für die Parapsychologie
oder etwa Traumdeutung, Graphologie und andere Disziplinen
bereits erfolgt oder eingeleitet worden ist. Als Anhalt hierfür
dient, daß sämtliche astrologische Aussagen sich auf *Handlungen lebender Wesen* erstrecken und die Naturkatastrophen eigentlich dem Zusammenhang einreihen, in welchen die meteorologischen Erscheinungen gehören.

Am Widerstand gegen die Astrologie war das – auch bei exakten Wissenschaftlern – insgeheim schon immer gefundene Streben beteiligt, wenigstens Seele und persönliche Entscheidungswahl aus dem Determinismus herauszuhalten. Ein neuer Zeitgeist brach mit der Voraussetzung, der die Forschung einst unterlegen war, dem Glauben an die Allgültigkeit kausalmechanischer Gesetze. Vor der Erklärung steht aber in der Wissenschaft
immer die Feststellung der Tatsache. Für den Nachweis eines
Zusammenhangs genügt heute eine *Statistik,* wenn mit hinrei-
chenden Sicherungen durchgeführt. Ihr ist ein freierer Spielraum
gegeben, da sie nicht im vorhinein auf das Zustandekommen der
untersuchten Erscheinungen abzuzielen braucht.

Der Arzt wie auch der beratende Psychologe steht dem Leben,
mit dem er ständig zu tun hat und dessen vielseitige Bedingtheit
innerhalb mitgebrachter Konstitution er immer wieder erfährt,
in bezug auf kosmische Zusammenhänge meist unbefangener gegenüber als der Physiker und Astronom. Nach dem Franzosen

Choisnard eröffneten in Deutschland zwei Ärzte, F. Schwab und Frh. v. Klöckler, die Anwendung statistischer Verfahren; auf disem Boden suchte v. Klöckler die Astrologie als Erfahrungswissenschaft neu zu begründen.[28] Die Wahrscheinlichkeitsgesetze erfordern aber größere Zahlen, als von beiden in Rechnung gezogen. Eine stärkere Beachtung dieses Umstands sowie »unfrisierte Versuchsreihen« erwartete man von dem Schweizer Mathematiker K. E. Krafft.[29] Er brachte vieles, führte große Zahlen ein, schnitt thematisch Neues an, darunter findet sich aber auch manches nach verfeinerten Methoden nicht Haltbare. Daß von anfänglich gegnerischer Seite angelegte Statistiken, mit allen Sicherungsmaßnahmen vorgenommen, zu überraschenden Häufungsergebnissen führen können, zeigte später der mit großer Anzahl arbeitende M. Gauquelin.[30] Am meisten wurden Berufsgruppen, sportliche Eignungen, künstlerische Begabungen und dergleichen untersucht. Keineswegs alles genügt der Forderung von gemeinsamen, klar ausgesprochenen Besonderheiten, die nicht milieu- und zeitbedingt angesehen werden können. Das nicht ganz Adäquate hat verschiedene Gründe.

28 F. Schwab, »Sternenmächte und Mensch«, Bermühler Verlag, Berlin-Lichterfelde 1923; H. Frh. v. Klöckler, »Kursus der Astrologie«, Astra Verlag, Berlin 1956, und »Astrologie als Erfahrungswissenschaft«, F. Reincke, Leipzig 1927.
29 K. E. Krafft, »Traité d'Astro-Biologie«, Librairie Legrand, Paris 1939.
30 Michel Gauquelin, »L'influence des Astres«, Edition du Dauphin, Paris 1955. Die gegnerische Haltung äußert sich verschärft in seinem späteren Buch »Die Uhren des Kosmos gehen anders«, Scherz Verlag (Übersetzung der amerikanischen Ausgabe von 1973). Die »anders gehenden Uhren« sind eine umfangreiche Zusammenstellung bioklimatischer Beobachtungen, die nach der hier vertretenen Einordnungs-Hypothese größtenteils als Belege für den Grundgedanken der revidierten Astrologie gelten könnten. Gauquelin nimmt jedoch in Mißachtung oder Unkenntnis der einschlägigen Literatur vulgärste Anschauungen als »die« Astrologie. Er behauptet: »In unserer Zeit, in der zweiten Hälfte des 20. Jahrhunderts, ist die Astrologie mehr denn je zur bloßen Wahrsagerei verkommen, aus der gewissenlose Scharlatane ein blühendes Geschäft machen.« Zum Glück hängt der Wert seiner eigenen Untersuchungen nicht von dieser Polemik ab.

Eine Schwierigkeit überhaupt statistisch an diese Fragen heranzugehen, liegt (außer in der Forderung eines homogenen Materials) in dem komplexen Charakter verschiedener Umlaufszeiten innerhalb des Sonnensystems, der unterschiedlichen Häufigkeit einer Wiederkehr von Planeten für die Verhältnisse des Geburtsorts. Rechnerisch ist noch keine Komplex-Statistik ausgearbeitet, die ein Dutzend von Komponenten so verschiedener Bewegungsart zusammenfaßt. Um einzelne Faktoren zu isolieren, muß das ganzheitliche System der astrologischen Deutung zerschlagen werden. Inhaltlich liegt ferner eine Schwierigkeit für charakterologische Feststellungen darin, daß die Charakterologie und Psychologie keine präzisen, überall im selben Sinne gebrauchten Begriffe hat wie die exakten Wissenschaften. Die Astrologie wiederum gebraucht Symbole, keine Sachbegriffe, wobei sich die dingliche Einzelheit oft aus der Kombination mehrerer Elemente ergibt, und hierin schalten die wechselnden Entsprechungen ein. Dies kommt zur Vielzahl der Deutungselemente hinzu (10 Planeten, 12 Zeichen, 12 Häuser, Differenzierung durch Aspekte), so daß eine Herauslösung völlig übereinstimmender Momente fast unmöglich ist.

Dennoch können statistische Untersuchungen angelegt und, der übrigen astrologischen Erfahrung eingebaut, in manches hineinleuchten und vulgäre Voreingenommenheiten gegebenenfalls unterhöhlen. Wer beispielsweise die Bedeutung von Merkur einerseits für Intelligenz, andererseits für Fingergeschicklichkeit kennt, wird einer Statistik des Gerichts-Berichterstatters Sauer, die Staatsanwälte und Diebe gegenüberstellt, mit Vergnügen entnehmen, daß die Diebe eine weitaus »bessere« Merkurstellung hatten. Bei Autounfällen gehen nach den vulgären Regeln die Erwartungen meist auf eine aspektmäßige »Verletzung« von Mars und Uranus; eine Statistik von Hans Reißmann ergab jedoch überdurchschnittlich solche von Venus, das heißt, als Hauptursache hätten wir mangelnde Sinnesreagibilität und aussetzenden Gleichgewichtssin zu berücksichtigen. Kennt man aber solche astrologischen Zuordnungen nicht, so würde man aus der Statistik nicht darauf kommen. Der Deutungscharakter

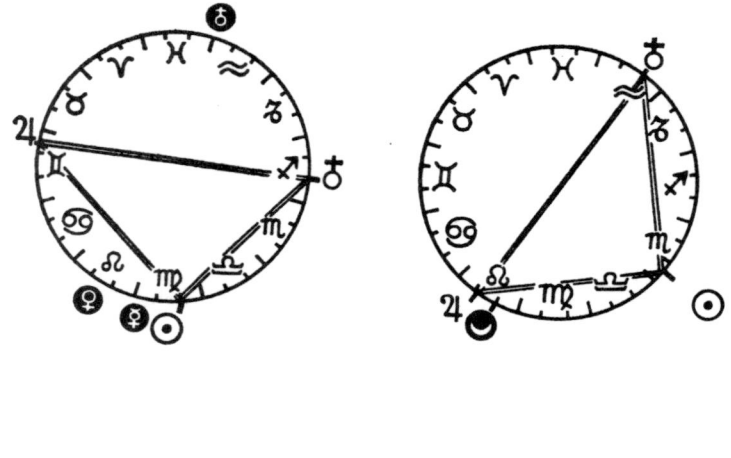

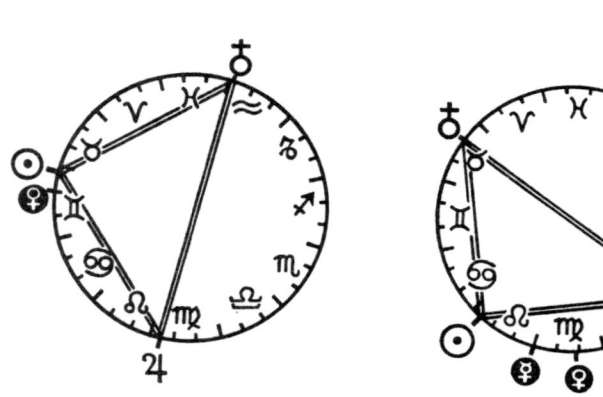

Abb. 3: Wiederkehr derselben Winkelstellung zwischen Sonne – Jupiter – Mars bei vier Kindern einer Familie.

Die vier Geschwister wurden zwischen 1905 und 1911 geboren, und zwar in unregelmäßigen Abständen zwischen 19 und 26 Monaten. Die Sonne ist in jedem Falle rechts und links im Winkel von 90° flankiert durch Jupiter und Mars, diese stehen untereinander in Opposition. Wenn man die verschiedenen Umlaufzeiten und alle während dieser Zeit möglichen Kombinationen in Betracht zieht, so sinkt die Chance für ein zufälliges Zustandekommen von vier Geburten unter dieser Konstellation auf weniger als ein Zweimillionstel (K. E. Krafft, Traité d'Astro-Biologie). Krafft verwendet das sonst für »Erde« gebräuchliche Zeichen für »Mars«.

Hypothese der planetaren Heredität

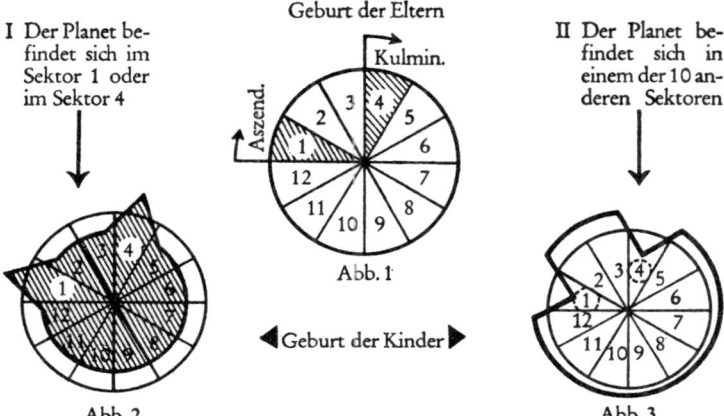

I Der Planet befindet sich im Sektor 1 oder im Sektor 4

Geburt der Eltern

II Der Planet befindet sich in einem der 10 anderen Sektoren

Kulmin.

Abb. 1

◀ Geburt der Kinder ▶

Abb. 2

Abb. 3

I Der Planet befindet sich häufiger im Sektor 1 oder 4 als in den anderen 10 Sektoren

II Der Planet befindet sich weniger häufig im Sektor 1 oder 4 als in den anderen 10 Sektoren

Abb. 4: Vererbte Planetenstellungen. Gauquelin kam durch Untersuchung von mehr als 40 000 Vergleichen zwischen den Planetenstellungen von Eltern und Kindern zum Ergebnis, daß bei normalen Geburtsumständen (ohne Steuerung der Zeit durch künstliche Mittel) eine Vererbung gewisser Gestirnstände besteht. Die Untersuchungen erstrecken sich auf den in 12 Sektoren eingeteilten Tageslauf (Zählung in umgekehrter Folge zur traditionellen Häuserzählung). In der Zeichnung finden wir zusammengefaßt Mond, Mars, Jupiter, Saturn, hinzu tritt Venus mit ähnlicher Häufigkeit wie Mars. Hervorgehoben sind die Abschnitte 1 (kurz nach dem Aufgang) und 4 (kurz nach dem Höchststand), die Gegenprobe wurde gemacht an der Verteilung derselben Gestirne bei der Geburt von Kindern, deren Eltern eines dieser Gestirne in einem anderen der zehn Abschnitte außer 1 und 4 hatten. Die betonten Abschnitte 1 und 4 sind diejenigen, die bei früheren Untersuchungen von Berufsgruppen an erfolgreich sich Durchsetzenden überwahrscheinlich häufig hervortraten (so ähnelt etwa die Verteilung von Mars bei den berühmten Ärzten seiner Verteilung bei Kindern, die von Eltern mit Mars im Sektor 1 und 4 abstammen). Der Geburtsaugenblick der durch bestimmte Merkmale charakterisierten Individuen ist demnach einerseits abhängig von der Vererbung, anderseits steht er in Beziehung zur Stellung von Gestirnen bei ihrem täglichen Umlauf. Die Wahrscheinlichkeit für die erhaltene Abweichung ist 1/20 000, ein deutliches Absinken zeigte sich von Mond bis Saturn, analog dem Anwachsen der Umlaufdauer. Gauquelin zieht aus seinen Ergebnissen den Schluß, daß die Beziehung zwischen Mensch und Gestirn ein integrierender Bestandteil der Erbgesetze ist und die Geburt sich dementsprechend selektiv vollzieht.

Michel Gauquelin, »Die planetare Heredität«, Zusammenfassung in »Zeitschrift für Parapsychologie und Grenzgebiete der Psychologie«, Nr. 2/3, 1961/62.

149

der Elemente muß also bereits erfahren worden sein, um Gewinn daraus zu ziehen. Wer damit etwas beweisen will, darf den Boden des zu beweisenden Systems nicht verlassen, der Befund erklärt sich hinterher. Hierin liegt das Angreifbare. Wie es eine Methode des Aberglaubens gibt, so auch eine Methode der Skepsis um jeden Preis. Ihr bietet sich als willkommene Handhabe die erwähnte Vielfalt der Deutungselemente; streicht man die qualitativen Aussagen und verbucht das Vorkommen der Elemente nur als Zahl unter Zahlen – Rechenziffern, nicht Ordnungszahlen –, so kann man beliebig viele »Gegenstatistiken« anlegen, bei denen die Inhalte in einer rationalen Veranstaltung untertauchen. Die Sünden gegen den Gebrauch einer Hilfswissenschaft werden erst behoben durch die Klarstellung, welche Behauptungen auf ihre Stichhaltigkeit geprüft werden sollen.

Autoren, welche von astrologischen Einteilungsprinzipien ausgehen, wirft man gern vor, sie suchen sich eben dazu passende Menschen heraus. Dem arbeitet die Statistik entgegen, indem sie neben der genügenden Anzahl ein »homogenes Material« fordert, etwa Gesamtbevölkerung einer Stadt, sämtliche Angehörige einer Berufskategorie oder an gleicher Krankheit Erkrankte, Erfassung aller Anwesenden bei einem Unglücksfall. Seltenen Vorkommnissen und Sonderlingen kann eine Massenstatistik wenig gerecht werden. Es gibt jedoch ein Thema, bei dem man mit relativ geringer Personenzahl auskommt, die schon von Kepler beachtete und bejahte Wiederkehr bestimmter Horoskopelemente bei Mitgliedern derselben Familie, die »astrologische Vererbung«. K. E. Krafft griff dies mit Erfolg wieder auf, und hierbei wird Gauquelins Kritik unberechtigt, wenn er dessen »Suggestivbeispiele« rügt. Die Wahrscheinlichkeit oder Unwahrscheinlichkeit ermißt sich allein an der astronomisch bedingten Wiederkehr der Komponenten. Natürlich darf man nicht im Sinn allgemeiner Naturgesetze erwarten, daß bei allen Familien dieselben Elemente gleichförmig wieder auftauchen müßten, es geht vielmehr um die Sonderprägung eines Familientypus, die Wiederkehr des für diesen Typus Charakteristischen, die Erbfolge.[31]

Ein interessantes astrologisches Experiment machte C. G. Jung mit Ehestatistiken, zog aber daraus keinen Beweis für die Astrologie, sondern für das von ihm erläuterte Prinzip der Synchronizität (vgl. S. 102). Er sah mit anderen Worten in seinem Experiment eine unbewußt gezielte Wahlsituation. Bezüglich der Folgerungen ist es ratsam, die ergänzende Arbeit von A. Müller zu lesen.[32] Die für die Astrologie wichtigen Ergebnisse von Jungs Lebensarbeit liegen in anderer Richtung. Aufgerollt war das Problem schon mit der Selbstregulation des Unbewußten. Bereits von der orthodoxen Psychoanalyse aus versuchte Olga v. Ungern-Sternberg, eine Übereinstimmung tiefenpsychologischer und astrologischer Begriffe herzustellen.[33] Sie sah im Horoskop »einen genauen Aufriß der Grundkräfte und Komplexe . . ., wie die Psychoanalyse sie bei den gleichen Menschen aufzufinden vermag . . . die grundsätzliche innere

---

31 Als Ergänzung zum abgebildeten Beispiel von Krafft zeige ich an der eigenen Familie das unwahrscheinliche Vorkommen anderer Strukturglieder. Bei meinem Vater stand Mars am Aszendenten, bei mir Mars am oberen Meridian, bei einem meiner 3 Söhne Mars am Deszendenten, bei einem Enkel Mars am unteren Meridian. In jedem dieser Fälle findet sich ein Uranusaspekt zu Mars: Bei meinem Vater Halbsextil, bei mir ein Trigon, beim betreffenden Sohn eine Konjunktion, beim Enkel eine Opposition. Ein familientypisches Merkmal, Mars an hervorgehobener Stelle mit Uranusverbindung, schlägt hier im Viertaktrhythmus des Tages durch, springt aber beim Enkel aus der direkten Reihe; sein Vater, Sohn aus meiner ersten Ehe, hat Mars nicht an einem Eckpunkt, wenn auch in Trigon zu Uranus. Weiterhin: Beide Söhne aus der ersten Ehe hatten bei der Geburt eine Mond-Mars-Opposition, beim einem stand Mars in SKORPION und Mond in STIER, beim anderen umgekehrt Mars in STIER und Mond in SKORPION. Die Mutter hatte Venus im STIER in Opposition zu Mond im SKORPION, das weibliche Venussymbol wird ausgetauscht gegen das männliche Marssymbol. Die Geburten liegen 1845 Tage auseinander, die zweite Geburt erfolgte bei der 15. Wiederkehr der Opposition von Mars in diesen Zeichen.
32 C. G. Jung, »Synchronizität als ein Prinzip akausaler Zusammenhänge«, in »Naturerklärung und Psyche«, Rascher Verlag Zürich. – Arno Müller, »Eine statistische Untersuchung astrologischer Faktoren bei dauerhaften und geschiedenen Ehen«, in »Zeitschrift für Parapsychologie«, Mai 1958, Francke Verlag Bern.
33 Olga v. Ungern-Sternberg, »Die innerseelische Erfahrungswelt am Bilde der Astrologie«, Meyersche Hofbuchhandlung, Detmold 1928.

Gewichtsverteilung der seelischen Anlagen im einzelnen Menschen . . .« Man muß die Begriffe freilich in dem Inkarnat verstehen, in dem O. v. Ungern-Sternberg als praktische Therapeutin sie verwendet. Ist zwar eine Festlegung von Mars, dem Symbol trieb- und dranghafter Aktivität, als »Libido« nur anwendbar, wenn man darunter eben das vieldeutigere »Marshafte« begreift, so brachten doch ihre Darlegungen der Tierkreiszeichen als Sinnbilder spezifischer Libidospannungen, der Häuser als Bilder für die Herausdifferenzierung der einzelnen Bewußtseinszentren neue Gesichtspunkte. Vor allem schnitt sie die Fragen des Gültigkeitsbereichs und der Grenzen astrologischer Deutung an. Die konsequente Verlegung der astrologischen – und alchemistischen – Symbolik nach innen finden wir dann in den späteren Arbeiten von C. G. Jung. Er verstand das ganze astrologische System als einen »Archetypus«, die Gestirnbeziehung aber als dessen Projektion an den Himmel.

Wie immer man sich zu dieser psychologischen Auffassung Jungs stellen mag, das Schwergewicht der praktischen Astrologie liegt in der Erfahrung, die zu machen freilich die richtige Methode voraussetzt. Es gibt eine Reihe namhafter Psychotherapeuten, die unbekümmert um den Widerstreit der theoretischen Meinungen, ob und wie die Astrologie in unser Weltbild hineinpasse, diese Erfahrung gemacht haben und das astrologische Meßbild in ihrer Praxis anwenden. Wer unvoreingenommen dem Menschen raten und helfen will, fragt nicht nach der Herkunft des Mittels, mit dem er helfen kann, wenn er es als tauglich erkannt hat.[34] Zumal der Tiefenpsychologe lernt in seiner Praxis so viel Irrwege und Scheinerfolge der Ratio kennen, daß er seine Einsicht in die Wesensstruktur an anderen Maßstäben mißt, auch wenn er offiziell sich nicht gern die Finger am Standesvorurteil verbrennt.

34 Vgl. Sigrid Strauß-Kloebe, »Kosmische Bedingtheit der Psyche«, O. W. Barth Verlag, Weilheim/Obb. 1968. Vor allem ist der Psychoanalytiker Fritz Rienmann zu nennen, sein beachtliches Referat »Psychoanalyse und Astrologie« vor dem IV. Internationalen Forum für Psychoanalyse in New York 1972, sein Buch »Lebenshilfe Astrologie«, Verlag Pfeiffer, München 1976.

Somit geraten wir wieder an den Anfang der Wissenschaftsfrage, ob die Astrologie nur den menschlichen Grundtrieben Genüge leistet oder ob ihr objektive Tatsachen zugrunde liegen. Man kann in der Deutung alles als fingiert betrachten, so bleibt doch, daß die Konstellation eine objektive Gegebenheit und die darauf basiert gesehene Struktur nichts Erfundenes ist. Wer dieses Dilemma zu lösen sucht, kommt in philosophische, erkenntnistheoretische Probleme hinein. Es ist die Frage, wie wir zu Erkenntnissen gelangen, welche Geltung und welche Reichweite sie haben. Auch von hier sind Überlegungen angestellt worden, nicht nur im ohnehin unumgänglichen Problem von Freiheit und Zwangslauf. In der Umbruchszeit der zwanziger Jahre versuchte K. Th. Bayer einen systematischen Überblick über den mit der Astrologie angeschnittenen Fragenkreis zu geben.[35] Die eigenartige Stellung der Astrologie im Zeitgeist sah er darin, daß sie Symbol und Begriff vereint und damit eine Brücke zwischen Organischem und Anorganischem schlägt; er hält sie für berufen, am Neuaufbau der erkennenden Menschheit mitzuwirken.

Kosmobiologie

Zu neuen Formen der Naturkenntnis führten biologische Gedankengänge, die vom Modell der Lebensmaschine abwichen. Ihre Fragen beschränkten sich nicht darauf, wie diese Maschine physiko-chemisch arbeitet und in Gang bleibt, bis sie abgenutzt ist. In den Brennpunkt rückten vielmehr das Gestaltproblem und die ganzheitliche Organisation, deren Entstehung und Weiterentwicklung. Da Leben etwas ist, was sich ständig nach außen hin und in Konnex mit einer bestimmten Umwelt begibt, da der Organismus gar nicht verstanden werden kann ohne die Umwelt, auf die er angelegt bzw. die in ihn hineingebaut ist, schied

---

35 Karl Th. Bayer, »Die Grundprobleme der Astrologie«, Felix Meiner, Leipzig 1927.

sich der biologische Umweltsbegriff immer deutlicher ab von dem der objektiven Umgebung, wie sie auch ein anorganischer Körper hat. Wie weit aber reicht diese zum Organismus gehörige Umwelt, wo ist sie zu Ende? Wenn der Gedanke, daß im Mikrokosmos ebenbildlich der Makrokosmos enthalten sei, Recht und Beleg aus gegenwärtiger Forschung ziehen wollte, mußte er hier anknüpfen. Zum Teil orientierte sich die Lebensforschung selbst darauf hin, zum Teil wurde von astrologischer Seite hieraus eine Erklärung erwartet. Vorläufig, beim Querschnitt durch heutige astrologische Anschauungsformen geblieben, sei von diesem die Rede, von jenem später.

Meist allerdings wird der Lärm von Unberufenen gemacht. Es konnte nicht ausbleiben, daß vulgäre Horoskopsteller die Gelegenheit witterten und sich Kosmobiologen nannten. Solche Begriffe sind nicht geschützt. Viele sehen darin nur einen Decknamen, ein modernes Aushängeschild für altgewohnte Praktiken. Das um die Mitte der zwanziger Jahre entstandene Wort »Kosmobiologie« setzt sinngemäß Welt- und Lebensordnung in Beziehung. Wer sich unter neuem Namen einer forschenden Disziplin verpflichtet, sollte Klarheit schaffen über Arbeitsweise und Leistungsgrenzen dieser Forschung. Er wird also unterscheiden zwischen übernommenen astrologischen Methoden und dem hypothetischen Wege, auf dem er sie bewiesen haben will. Das Wort Kosmobiologie ist doppelsinnig, wie überhaupt das Ringen der heutigen Biologie um ihre Eigenständigkeit zwiespältig ist. In Übertragung physikalischer Gesetze auf das Lebende kann man darunter den Einfluß von Klima, Jahreszeiten, Tagesschwankungen, terrestrischen Erschütterungen bis in die Planeten- und Fixsternwelt verfolgen – die Sonnenbezüglichkeit des Lebens gehört ohnehin zum Bestand kausalmechanischer Denkweise –, dann ist man versucht, die alte Einflußtheorie mit aktuellen Nachweisen aus der anorganischen Natur zu stärken. Andererseits kann man aber auch nach eigengesetzlichen, lebenstypischen Komponenten im Bauplan der Lebewesen forschen, auftretend in Korrespondenz mit der periodischen Wiederkehr bestimmter Verhältnisse im Sonnensystem. Erst im letzteren Sinne wird das Lebewesen als Kosmos für sich sowie in Beziehung zum größeren Ganzen begriffen.

Mithin birgt der Ausdruck Kosmobiologie das Problem, ob man das Leben mechanisch und Umwelt nur von außen wirkend auffaßt, oder ob man eine dem Leben eigentümliche Organisation auch in Umweltsbeziehungen sich selbst bestimmend versteht. Die zweite Auffassung stellt sich auf den Boden heutiger Lebensforschung, welche die Autonomie des Organischen vertritt. Sie kann sowohl dieser neue Kontrollmittel anbieten, als auch für die Horoskopie gemeinverbindliche Grundbegriffe herausarbeiten, welche den organischen Untergrund des Seelischen und Geistigen im Menschen betreffen. Aussagen etwa der astrologischen Physiognomie über den hauptsächlich vom Aszendenten ablesbaren Gestaltbautypus, der medizinischen Astrologie über gesundheitliche Dispositionen – alles in die Körperregion Eingreifende bekommt damit seine Grundlage.[36] Um eine den Fachwissenschaften verständliche Sprache zu reden, bedarf es natürlich spezieller Kenntnisse wie auch ihrer Forschungsprobleme, andererseits wiederum einer Unabhängigkeit von den dort bislang geltenden Methoden. Rechnen wir den schon erwähnten nötigen Überblick über die psychologischen Schulen hinzu, so ist begreiflich, daß so hohen Anforderungen erst unvollkommen genügt werden konnte. Die auf verschiedenen Gebieten gebräuchlichen, unter isolierten Gesichtspunkten nach Spezialmethoden entwickelten Fachbegriffe sperren sich naturgemäß einer universellen Zusammenfassung.

Außerastrologisch unter der Voraussetzung gesehen, daß das Leben auf der Erde gleichen Schritt hält mit den räumlichen und zeitlichen Eigentümlichkeiten der Erdbewegung, griff der Mediziner F. Dahns das Problem auf.[37] Nach dem Ausmaß seiner

36 Zur Physiognomik vgl. Otto Kellner, »Charakterkunde und Astrologie«, Astra Verlag, Leipzig 1927. Zur Medizin vgl. Friedbert Asboga, »Astromedizin, Astropharmazie und Astrodiätetik«, Verlags- und Druckereigenossenschaft, Memmingen 1931.
37 Fritz Dahns, »Die kosmische Ursache der Lebensentwicklung«, Dom-Verlag, Augsburg 1932.

Folgerungen aus diesem Grundgedanken würde sich schlechterdings die gesamte Lebensentwicklung daraus ableiten. Ihm unterlief, wie Ostwald mit seiner Energetik, daß er die Dynamik einem schöpferischen Vorgange gleichsetzte, während wir mechanische Impulse höchstens als Begleiterscheinungen oder äußere Anstöße beseelter und gestaltschöpferischer Vorgänge betrachten dürfen. Fassen wir dies aber als Versuch zum Nachweis innerer Übereinstimmungen auf, so führte er das Problem weg von »kosmischer Beeinflussung fertiger Lebensformen« in einen Gleichtakt der Entstehungsursachen mit kosmischen Verhältnissen. Darin kommt er Keplers »anima terrae« oder dem paracelsischen »Archaeus« nahe, ohne es auszusprechen. Er sieht etwa die spiralenförmige Tendenz im Pflanzenwuchs sowie bei gewissen Tierformen vorgebildet in der schraubenförmigen Umlaufsbewegung der Erde um die selbst vorwärtseilende Sonne. Den Tagesrhythmus von Herztätigkeit und Temperatur des Menschen, Wachstum und Assimilation der Pflanzen sieht er in Zusammenhang mit der täglichen Umdrehung zusätzlich der Umlaufsbewegung der Erde, wodurch sich jeder Punkt der Erdoberfläche halbtags schneller oder langsamer im Raume vorwärts bewegt. Im Jahreszuschnitt unterscheidet er: beschleunigte Vorwärtsbewegung der Erde von Sonnenferne (2. Juli) bis Sonnennähe (1. Januar), verlangsamte Bewegung von Sonnennähe bis Sonnenferne. Dieser für die ganze Erde gültige Jahresrhythmus, von dem auch E. M. Winkel ausging und den W. Hartmann unter anderem Gesichtspunkte wieder aufgriff, ist astrologisch wichtig für die Tierkreiserklärung, gewöhnlich abgeleitet aus dem Bild der Jahreszeiten, die aber auf der Nord- und Südhalbkugel der Erde zeitlich in entgegengesetzten Monaten liegen. Interessant ist, wie Dahns den Mondrhythmus einführt. Er beachtet die kleine Beschleunigung der Erdbewegung, wenn der Mond vor der Erde steht (von Vollmond bis Neumond) sowie die Verlangsamung, wenn er hinter der Erde steht (von Neumond bis Vollmond). Dieses Bewegungsbild weicht infolge der elliptischen Form der Erdbahn um ein Geringes vom Bild der Lichtgestalten des Mondes ab. So geht die Achse zwischen Sonne und

Mond bei Vollmond am 2. Juli genau durch die Mitte der Erd-
kugel, im Juni geht sie durch die vordere, im August durch die
hintere Erdhälfte. Daraus ergeben sich kleine zeitliche Verschiebungen, in der traditionellen Astrologie nicht berücksichtigt,
aber, wie am Beispiel des Palolowurms erläutert (vgl. S. 200), im
Leben wirksam. Vom hiermit gewonnenen 28tägigen Rhythmus
sondert er eine quantitative Veränderung aus, wenn mit etwa
halbjähriger Zwischenzeit die Sonne durch die Knoten der
Mondbahn geht, nämlich die 23 Tage, in welchen Mondfinsternisse stattfinden können. Die zwölfmal im Jahr wiederholte Periode von 28 Tagen, die zweimal wiederholte von 23 Tagen
nimmt Dahns als kosmische Grundlage der bekannten Fließ-
schen Perioden.

Diese etwas ausführlicher, wenn auch nicht erschöpfend besprochene Auffassung soll zeigen, daß eine Kosmobiologie keineswegs von direkten Gestirneinflüssen auf das Lebewesen abhängt, daß ferner weitaus mehr Faktoren einzubeziehen sind, als
die bisherige Astrologie in Betracht zog. Anderseits bleibt diese
Theorie im allgemeinen kosmischen Lebensbezug, sieht ihn einseitig vom dynamischen Blickpunkt und erteilt keine Auskunft
über den Unterschied der Arten. Das Gestaltproblem in kosmischer Sicht ist vielgesichtiger.

Groß ist naturgemäß der Abstand zwischen der in der Fragestellung enthaltenen Forderung und einer voll zufriedenstellen-
den Lösung. Es kommt aber auch für die Praxis auf den richtigen
Weg, nicht auf Sofortbefriedigung vulgärer Erwartungen an. Die
um R. Ebertin sich sammelnde Arbeitsgruppe beackert sozusagen das Vorfeld einer später erhofften systematischen Zusammenfassung der Ergebnisse. Neue Faktoren wie Entfernungs-
werte der Planeten sowie heliozentrische Planetenstellungen
werden in die Untersuchung einbezogen. Die letzteren sind, soweit sich bisher sagen läßt, mehr für Wetter, Erdkatastrophen,
politische Spannungen und Massenereignisse neben dem schon
Bekannten bedeutsam. Es muß unterschieden werden, daß damit ältere Probleme vor Entstehung der Individual-Horoskopie
wieder aufgegriffen sind, wobei Einflüsse auf amorphe Naturge-

gebenheiten oder Massenpsyche mit gewissem Rechte gelten, dieselben Faktoren jedoch im persönlichen Wesensgefüge anders zu werten sind. Hierin treffen Einflüsse, wenn sie schon wirksam sind, auf etwas erb- und umweltmäßig Geformtes; in der Deutung symbolisiert der Zusammenstand der Gestirne eine Struktur, die nicht von momentanen Einflüssen hervorgebracht sein kann. In der Erklärung haben wir die autonome Lebensgestaltung zu berücksichtigen, Probleme, deren Lösung auch der astrologischen Erfahrung neue Akzente geben wird.

Astrologie, was sie sein kann

Wir befinden uns hinsichtlich des astrologischen Systems im Neuaufbau. Wenn hier und dort verlautet: »Die Astrologie steht vor den Toren der Universität«, so ist daran nur richtig, daß die Beziehung zwischen Kosmos und Mensch zum ernsten Gegenstand einer Reihe von zeitgenössischen Forschern wurde, nicht aber, daß die Ansichten der alten Astrologie glatt übernommen werden. Die Voraussetzungen, die Methoden, die Ergebnisse sind andere. Doch es betrifft ja das uralte Problem unseres Verhältnisses zum Welthintergrund. Fassen wir in diesem Sinne einmal die Astrologie nicht als veraltete und überholte Anschauungsweise, sondern als Bestandteil heutiger Auseinandersetzungen auf, so dürfen wir annehmen, daß auch der immer wiederkehrende Gegensatz zwischen Abdankungsreifem, das nicht abtreten will sowie anderseits Keimfähigem, das noch nicht Wurzeln geschlagen hat, vorfindbar ist. Einer späteren Geschichtsschreibung wird es nicht schwerfallen, deutlich zu machen, worin der Umbruch lag. Doch dem, der mitten darinsteckt, mag zuweilen zweifelhaft sein, ob die neuen Ergebnisse voll ausreifbare Keime enthalten oder ob er Blendungen, Trugschlüssen erliegt, wenn er aus ihnen eine Versöhnung mit der früheren Konzeption des Gedankens erhofft. In solcher Lage muß man gegen das Geläufige, Gewohnte, gegenüber dem Beharrungszwang überlieferter Denkformen wachsam und zurückhaltend sein.

Vorurteile hegen nicht nur die Gegner. Das Erlebnis des Nichtgenügens der kausal-mechanischen Welterklärung führt oft aus Protest in eine Rückwendung zum magischen Weltbild. Mit dieser glaubens- oder affektbestimmten Einstellung begeht man Beobachtungs- und Denkfehler, welche den Skeptikern billige Einwände liefern. Unser Beifallsklatschen gilt ja leichter vorgefaßten Ideen als Wirklichkeiten. Zwar ein Schutz gegen vorschnelle Urteile, doch ein Hemmschuh der Entwicklung ist die eingesessene Neigung zur Irrationalität, während es in Forschungsfragen nur durch Verbesserung und Zuendeführen rational logischer Einsichten vorwärtsgeht. Forschung erhebt keinen dogmatischen Wahrheitsanspruch. Sie beschreibt beobachtbare Vorgänge, kann sie gegebenenfalls ursachmäßig erklären und untersucht weiter in der Erwartung, daß damit einmal genügend Material gesammelt sei, um es in einem ordnenden System zusammenzufassen. Möglicherweise bestätigt dies System kosmische Zusammenhänge unter neuen Begriffen; in aktuellen Fragestellungen kommt es auf die neue Sicht und die Tatsachen an, die dahin führen.

Unser Streifzug durch die astrologische Gegenwart hat gezeigt, daß es viel redliches Suchen von verschiedenen Ausgangspunkten her gibt, aber kein fertiges, allgemein anerkanntes Lehrgebäude. Dem Außenstehenden fällt ein Urteil schwer. Er kann weder nach Autorität noch nach durchschnittlicher Handhabung gehen. Theorie und Praxis greifen ineinander wie nirgend sonst. »Der« Astrologe, an welchem Unkundige die Sache zu messen pflegen, war schon immer eine schillernde Gestalt. Heute um so mehr braucht es Glück, den Kundigen zu treffen. Wir können von einem Physiker erwarten, daß er sich in den Gesetzen der Elektrizität auskennt, wir können von einem Elektriker erwarten, daß er die Lichtleitung repariert. Von einem Astrologen dagegen, auch wenn er ein Horoskop fehlerfrei berechnen kann, dürfen wir nicht ohne weiteres erwarten, daß er es im richtigen Geiste deutet.

Die Weiterbildung der Astrologie

Ist denn aber Astrologie ganz aus dem Gesichtskreis des wissenschaftlich Diskutablen verschwunden, um anderen Lösungen des Mensch-Kosmos-Problems Platz zu machen? Dies kann nur behaupten, wer niemals die überlieferten astrologischen Elemente am Menschen nachgeprüft hat. Erfahrbar ist bei solchem

Versuch zumindest eines: es besteht ein grundlegender Unterschied zum psychodiagnostischen Vorgehen, das am Erscheinungsbild anknüpft. Die astrologische Blickweise legt ein *angeborenes Gefüge* zugrunde, Anlageradikale, deren Verhältnis zugleich Problematik und Sinn des Einzellebens enthält. Hier ist anzusetzen, dies bedingt eine dementsprechende Methode. Wenn der kardinale Fehler alter Auffassungen darin bestand, daß man fertiggeprägte Eigenschaften statt Anlagen, unentrinnbar vorbestimmte Ereignisse statt offene Probleme aus dem Horoskop herauslesen wollte, so sind dies ja genau die Mängel, die denkende Befürworter stets am Orakelmißbrauch und an den Erwartungen der Menge rügten. Untersuchungswürdig ist, ob es überhaupt ein angeborenes Wesensgefüge, nicht nur isolierte Erbmerkmale gibt, und wenn ja, welche Elemente dies Gefüge denknotwendig enthalten muß, was schließlich die Erfahrung im Vergleich zur Konstellation dazu sagt. Für eine Menschenkunde ist dies ausschlaggebend wichtig. Bei solchen Untersuchungen genügt es nicht, zu finden, »daß etwas daran sei«. Das »was« will genau ermittelt sein. Eine innere Konstellation analog der äußeren, dieser Grundgedanke ist zu prüfen.

Unter solcher Voraussetzung spricht die astrologische Symbolik freilich nur zu dem, der einen Sinn der Bilder *in sich* entdeckt und Komponenten des innerseelischen Dramas sieht, ohne Publikumsbeifall erheischend nach äußeren Treffern zu haschen.

Gewiß, eine eingetroffene Vorhersage wirkt überzeugend, je unwahrscheinlicher das Ereignis ist und je genauer der Zeitpunkt angegeben wurde. Vulgären Erwartungen gemäß und angelehnt an naturwissenschaftliche Vorbilder suchte man die Bewährung meist einseitig in der eintreffenden Prognose, wofür die Direktionsmethoden (vgl. S. 135) ausgebildet wurden. Eine Tendenz läßt sich nun zwar vorausberechnen wie eine Sonnenfinsternis. Was sie aber bringt, ist unbestimmt, deutet sich nur in Hauptzügen an, und zwar mit einem »wenn – dann«; das heißt, wenn diese und jene Umstände zusammenkommen, dann treten diese und jene Entsprechungen in Kraft. Der Mensch in seiner freien Entscheidungswahl ist eben noch etwas anderes als ein Schatten werfender Körper. Vorhersagen, die mit dem Ereignis übereinstimmen, beruhen auf richtig veranschlagten Umständen. Dies kann intuitiv gefunden worden sein, und zur logischen Erschließung dessen, was unter solchen Umständen folgt, geben die Regeln einigen Anhalt. Es sind aber keine Regeln für alle Fälle. In Extremen wie »Genie und Irrsinn«, »Heiliger oder Verbrecher« greifen die umlaufenden Aphorismen daneben. Die Direktion bleibt im Prinzip die gleiche, der selbstbestimmende Faktor aber kann die Ebene verlagern, auf welcher sich ihre Entsprechungen auswirken.

Aus solchen Gründen ist es zu einem Fehlschlag verurteilt, wenn man die Weiterbildung der Astrologie und ihre Anerkennung von einer Perfektionierung der Methode, Fertigaussagen direkt aus dem Horoskop abzulesen, erwartet. Dies käme zwar dem perfektionistischen Zug unserer Zeit entgegen, griffe aber auf den Hauptfehler der alten Astrologie zurück, fertige Erscheinungen zu deuten. Astrologie als Forschung wäre damit am Ende, ihr Einbau in das heutige Weltbild könnte nie gelingen. Aus der Beachtung von Aussagegrenzen und im Einklang mit unserem sonstigen Wissen sei immer betont, daß das astrologische Meßbild nur *Anlagen,* nicht fertiggeprägte Eigenschaften, nur *Tendenzen,* nicht konkret vorbestimmte Ereignisse enthalten kann. Die Weiterbildung der Astrologie liegt also in der Ermittlung der Umstände, durch die sich Anlagewurzeln zu Eigenschaften auswachsen sowie derjenigen Ursachen, die eingeborene Tendenzen zum Ereignis werden lassen. Da diese Umstände und die Entwicklungshöhe des einzelnen verschieden sind, werden gleiche Komponenten verschiedene Ausprägungen ergeben. Das Gemeinsame dieser Verschiedenheiten kann durch Analogieschlüsse, die jeweilige Ebene der Auswirkung berücksichtigend, gefunden werden. Verlangt wird vom Astrologen, das Verhältnis zwischen dem *Prinzip,* dem Gedankenbau, und dem *Konkretum,* der Anwendung im Leben, handhaben zu lernen.

Wenn dabei biologische, soziologische, psychologische und andere Gesichtspunkte auftreten, so können wir die verwendungsfähigen Begriffe nicht unbesehen der entsprechenden Fachwissenschaft entnehmen. Dies liegt an der abweichenden Struktur der Wissensermittlung. Um klar und deutlich zu wissen, grenzt die Wissenschaft einen Untersuchungsgegenstand ein, sie kommt notwendig zur Spezialisierung. Damit entfremden wir uns den Grundlagen des Gesamtwissens und gelangen bei Verkümmerung der Philosophie an den Punkt, an dem wir heute stehn, daß die Totalität des Wißbaren von einem einzelnen kaum mehr überblickt und gedacht werden kann. Die Astrologie hat es jedoch mit universellen Symbolen zu tun, sie muß ohne Verlust an Blickschärfe aus einem Zentrum denken, in dem sich die Divergenzen vereinigen, so daß Weltorganismus und Teil-Organismus einander entsprechende Bilder hergeben. Die Symbole bedürfen daher, um überzeugend gebraucht zu werden, einer Allgültigkeit, von wo sie zu unterschiedlichen Gebieten und Einzelheiten auszweigen.

Überwindbar sind die damit angedeuteten Schwierigkeiten aus der Einsicht, daß diese Symbole das heute im Wissen gestapelte Übergewicht an Sachverhalten ausgleichen sollen durch *Sinngehalte, die ihnen eine Rolle in der lebenden Ganzheit geben.* Dies überschreitet die gewohnten Gebietsgrenzen. Wir finden beispielsweise einen Menschen nicht in seiner Isoliertheit, sondern sehen ihn der Anlage nach auf die Umwelt hin entworfen. Praktisch treffen zusammen eine Präzisierung der Anlage, für die uns die Psychologie mehr unbestimmte Allgemeinbegriffe anbietet wie Kontaktbedürfnis, Geltungsstreben sowie die Hineinbegebung in soziale Umstände, die in der Soziologie außerindividuell, von einem Massendurchschnitt aus, beurteilt werden. Gleichzeitig aber korrespondieren diese Anlagen mit Medizinischem, körperlicher Konstitution für Gesundheit und Krankheit, und sie manifestieren sich in den Phasen von Kind, Jüngling, Mann, Greis, verschieden also je nach biologischem Alter. Das fachlich ermittelte Einzelwissen klärt jeweils die Umstände, unter denen sich die Anlagen da- oder dorthin entwikkeln, die Wirklichkeit faßt sich im Sinnzusammenhang aus dem gesamten Gefüge in eins, dessen Stellenwerte die Konstellation angibt.

Um nun die Wirklichkeit der Deutungselemente und ihrer Stellenwerte an Hand der individuellen Konstellation zu *erfahren,* reicht die Astrologie und ihre philosophische Durchleuchtung nicht aus. Wir müssen vielmehr im näheren Kontakt mit dem Menschen, wie er sich in der Beratung herstellt, diejenigen Einsichten in die Lebenswirklichkeit gewinnen und anwenden, die heute die Psychotherapie über oft unzulängliche theoretische Grundbegriffe weitergebracht haben. Eine Bekanntschaft mit den psychotherapeutischen Praktiken kann natürlich auch die beste astrologische Menschenkunde nicht vermitteln, ebensowenig bringt sie direkte Anleitungen zur »Behandlung«. Psychotherapeutische Kenntnisse bilden im Gegenteil die Voraussetzungen einer selbständigen Weiterbildung ihrer Praxis. Dies gehört also zur Schulung künftiger Astrologen. Nicht nur die beratende Tätigkeit, sondern auch das richtige Verständnis der Elemente gewinnt dadurch; dies verlangt wiederum einen Abstand von der irrigen Meinung, das Horoskop enthielte *Fertigprägungen,* und dies setzt die Anerkennung von *Aussagegrenzen* voraus. Der Psychotherapeut gewinnt anderseits eine Klarheit in seinen Beobachtungen dadurch, daß es *konstitutionelle* Faktoren gibt, die *vor* einem Jugendtrauma schon eine Problematik enthalten, und zwar gilt dies nicht nur im Sinne einzelner Erbmerkmale, sondern einer mitgebrachten *Struktur.* Derartige Beobachtungen haben bereits namhafte Psychotherapeuten dazu geführt, das Kosmogramm in ihre Behandlungspraxis einzubeziehen. Ohne ein Durchdenken des astrologischen Gedankens in Einklang mit dem heutigen Weltbild bleiben sie jedoch den traditionellen Aussagen ausgeliefert. Eine noch so skeptische Auffassung als »Zusatz« erreicht im Ergebnis nicht die wirklichen Zusammenhänge, vor allem nicht im Psychosomatischen. Zusätzliche Faktoren erschließt die Berücksichtigung biologischer, medizinischer und soziologischer Tatsachen. Doch die letzteren etwa erklären nicht, daß und wieweit schon in der mitgebrachten Struktur ein *Entworfensein auf Umwelt* liegt, was in der Begegnung mit der sozialen Wirklichkeit sich in bestimmten Haltungen abspiegelt, wobei aber die Erscheinungen und ihr Anlaß nicht der Grund der Problematik sind.

Wir bekommen einen Zugang zu den Gründen, die mit der Geburt gegeben sind, wenn wir im Kosmogramm die wesentliche Gefügeordnung sehen und im Leben zwischen *Wesen und Existenz* unterscheiden. Was wir psychotherapeutisch erfahren, sind Existenzfälle, für das existentielle Bewußtsein des betreffenden Menschen von ausschlaggebender Wichtigkeit. Zu ihm können wir nur vom Existenzbewußtsein aus die richtigen Worte finden. Was aber seine vorgeprägten Konflikte lösen hilft, ihn *heilt*, sind nicht diese konkreten Inhalte und daraus gebildeten Anschauungen, sondern ist deren *Rückbezug zum wesentlichen Bedeutungszusammenhang*. Diesen in angeborener Form erschließt uns das Verhältnis zwischen Konkretum und Prinzip, indem wir also mit der Existenz insgesamt *Entsprechungen des Wesensgefüges*, geschichtlich und situativ entwickelt, am Werk sehen. Dies schafft uns dann einen Zugang zum vielfach mißverstandenen *Schicksalsbegriff*. In dem, was man persönliches Schicksal nennen kann, sehen wir den *Strukturzwang* ausgewirkt, der in einer »Anziehung oder Abstoßung des Bezüglichen« uns gegebenenfalls von außen her nötigt, zu dem zu werden, was wir gemäß dem kosmischen Entwurf sein müssen.

Solche Richtlinien einer Erneuerung der Astrologie sind älter als gemeinhin geglaubt. Nun ein historisches Beispiel mit der Erweiterung, wie man den charakterologischen Unterbau der Handlungsweise heute deuten könnte.

Der Fall Wallenstein

Berühmte astrologische Vorhersagen in der Geschichte sind selten einwandfrei belegt. Wo Schriftliches vorliegt, bemühen sich die Gegner, sie wegzudiskutieren. Begreiflicherweise machte ihnen der Fall Wallenstein zu schaffen, da kein Geringerer als Johannes Kepler zweimal das Horoskop dieses zwielichtigen Mannes gestellt hat. Auch der sonst so tolerante Henseling wird hier unwirsch. Beim ersten Horoskop von 1608 verbucht er gern die offenkundig falschen Prognosen, welche den damals wenig

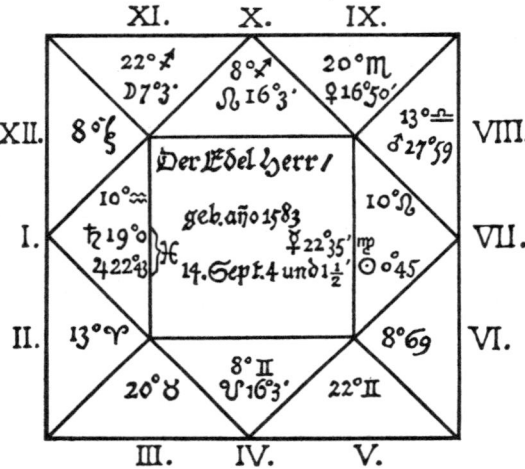

Horoscopium gestellet durch
Ioannem Kepplerum
1 6 o 8.

Abb. 5: Das erste der beiden von Kepler gestellten Horoskope Wallensteins

bekannten Fünfundzwanzigjährigen 70 Jahre alt werden lassen.
Die schonungslose Charakterbeschreibung erklärt Henseling
aus frei behaupteten Indiskretionen des Mittelsmannes, dessen
sich Wallenstein bediente, eines Dr. Stromayr:

»Solchergestalt mag ich von diesem Herrn in Wahrheit schreiben, daß er ein wachendes, aufgemuntertes, emsiges, unruhiges
Gemüt habe, allerhand Neuerungen begierig, dem gemeines
menschliches Wesen und Händel nicht gefallen, sondern der
nach neuen, unversuchten, oder doch sonst seltsamen Mitteln
trachte, doch viel mehr in Gedanken habe, als er äußerlich sehen
und spüren lasset. Denn SATURNUS im Aufgang machet tief-
sinnige, melancholische, allzeit wachende Gedanken, bringt
Neigung zu ALCHYMIAM, MAGIAM, Zauberei, Gemeinschaft zu den Geistern, Verachtung und Nichtachtung menschlicher Gebote und Sitten, auch aller Religionen; macht alles arg-
wöhnisch und verdächtig, was Gott oder die Menschen handeln,

166

als wenn es alles lauter Betrug und viel ein anderes dahinter wäre, denn man fürgibt.

Und weil der Mond verworfen stehet, wird ihm diese seine Natur zu einem merklichen Nachteil und Verachtung bei denen, mit welchen er zu conversieren hat, gedeihen, so daß er für einen einsamen, lichtscheuen Unmenschen wird gehalten werden. Gestaltsam er auch sein wird: unbarmherzig, ohne brüderliche oder eheliche Lieb, niemand achtend, nur sich und seinen Wollüsten ergeben, hart über die Untertanen, an sich ziehend, geizig, betrüglich, ungleich im Verhalten, meist stillschweigend, oft ungestüm, auch streitbar, unverzagt, weil ☉ und Mars beisammen, wiewohl SATURNUS die Einbildungen verderbt, so daß er oft vergeblich Furcht hat.«

Über das künftige Auftreten schreibt Kepler:

»Und weil MERCURIUS so genau IN OPPOSITO JOVIS stehet, will es das Ansehen gewinnen, als werde er einen besondern Aberglauben haben und durch Mittel desselbigen eine große Menge Volks an sich ziehen, oder sich etwa einmal von einer Rott, so malcontent, zu einem Haupt- und Rädelsführer aufwerfen lassen.«

Dies wurde 10 Jahre vor dem 30jährigen Krieg, der Bewahrheitung durch den späteren Heerführer und der Gelegenheit, »eine große Menge Volks an sich zu ziehen«, geschrieben. Deutlich ist, was astrologische Kombination kennzeichnet, ein begründendes Vorgehen. Keplers zweites Horoskop vom Januar 1625 entsprach dem Ansuchen Wallensteins, wieder anonym durch einen Mittelsmann, aus gegebenen Berichtigungen die Geburtszeit zu rektifizieren. Dieses mit bestimmten Regeln operierende Rechenverfahren ermittelte eine gegen die Erstangabe »nahe zu um eine viertel Stund« spätere Geburtszeit. Henseling nennt das Verfahren gekünstelt und erklärt es als Zufall, daß Wallensteins Ermordung am 25. Februar 1634 in die Zeit fiel, mit welcher die Voraussage abschloß.

»Vermute also, es werde der Effect auch Himmels halber (der irdischen Ursachen zu schweigen) sich verweilen bis zu den fünf Oppositionibus Saturni und Jovis Ao 1632, 1633, 1634, welche

167

anfangs ad loca Directionum in 23 ♏ ♉ zielen. Ao 1634 aber ad Quadrata loca Saturni, Jovis, Mercurii Radicis sich einstellen, da im März Mars in utriusque Quadrato, inque Oppositio Solis, Veneris, et Mercurii ein wunderliches Kreuz macht, damit es also wieder auf mein Lra Z Prognosticum gekommen, und die auf selbige Zeit angedrohten, schrecklichen Landverwirrungen mit des Geborenen Glück vereinbaren möchte. – Weil denn so weit hinausreichende Jahr de praesenti keine sonderliche Bewegung des Gemüts verursachen: Ichs auch für diesmal an der Zeit nicht habe, so mühselige und weitläufige Particularitäten zu continuieren, also will ichs hierbei bewenden lassen.«

Das »wunderliche Kreuz«, wenn wir nachrechnen, besteht in folgendem. Wallensteins Geburtsbild enthielt die schicksalhafte Opposition des Merkur in 22 1/2 JUNGFRAU zur Konjunktion von Saturn in 19 und Jupiter in 22 1/2 FISCHE. Im Übergang Februar/März 1634 bildete sich am Himmel die Opposition von Jupiter in 21 ZWILLINGE und Saturn in 21 SCHÜTZE im rechten Winkel zu dieser Achse; nahe dem Geburts-Aszendenten standen gleichzeitig Merkur und Venus in WASSERMANN und in Quadrat zur obigen Opposition der rückläufige Mars in 24 1/2 JUNGFRAU. Es waren somit 5 Planeten des klassischen Systems verspannt in bezug auf Wallensteins Schicksalsachse. Die Sonne erreichte etwas später, am 10. März, den 20. Grad FISCHE. Die angeführte »Litera Z« bezieht sich auf den Text des ersten Horoskops, wonach zu gegebener Zeit eine Verbindung von Saturn und Jupiter »wollen . . ., so er lebt, allerlei grausame erschreckliche Verwirrungen mit seiner Person vereinbaren«.

Für Wallenstein als Kenner der astrologischen Spielregeln war die Aussage deutlich genug, zumal er den Mars bei seiner Geburt im 8. Felde, dem »Todeshaus«, wußte. Er mochte in jenen entscheidenden Februarnächten sorgenvoll den Mars betrachtet haben, der im vollen Glanz am Himmel stand. Henselings Folgerung, daß ein Mann von derart außerordentlichem Klar- und Weitblick schwerlich ohne die Fesselung und Verblendung durch Sternfürchtigkeit in eine so lebensgefährliche Haltung zum Wiener Hof hineingeschwankt wäre, trifft in anderem als dem von ihm gemeinten Sinne zu. Geschichtliche Quellen belegen, daß am Ende Wallensteins als »verratenem Verräter« tatsächlich ein Sterndeuter mitgewirkt hat, nämlich der Florentiner Gian Battista Zeno, der – ungleich dem Schillerschen Seni – vom kaisertreuen General Gallas beträchtliche Summen für seine Spitzeldienste bezog.[38]

Wenn Henseling argumentiert, Mars käme alle 26 Monate in Opposition zur Sonne, so ist dies ein Ablenkungsmanöver, denn er weiß als Astronom genau, daß jene Zusammenstirnung in bezug auf das Geburtshoroskop, das »wunderliche Kreuz«, nur einmal in Wallensteins Leben vorkam, und als Historiker der Astrologie weiß er, was man dem beilegte. Man kann eine Lehre nur an dem prüfen, was sie behauptet. Für den »Zufall«, daß Keplers Vorausberechnungen damit abschließen, konstruiert Henseling folgenden Hergang. Natürlich war Kepler die Lehre von den Großen Konjunktionen bekannt. Da er eine solche in Wallensteins Horoskop antraf, habe er seine Berechnungen nach der Wiederkehr der Konjunktionen und Oppositionen von Saturn und Jupiter ausgerichtet, das heißt Stichproben auf kritische Aspekte alle 10 Jahre vorgenommen. Daß er mit der Opposition in Wallensteins 52. Jahre schloß, müsse man der Schwierigkeit weiterer astronomischer Vorausberechnung bei damaliger Kenntnis der Umläufe zugute halten, und Kepler sagt es ja selbst, daß er's »für diesmal nicht an der Zeit habe«.

Statt Kepler unüberprüfbare Motive und andere als solche der gegenüber einem Mächtigen gebotenen Diplomatie zu unterstellen, statt seinen zum Trost ausgesprochenen Wunsch, die angedrohten schrecklichen Verwirrungen möchten sich mit des Geborenen Glück vereinbaren, umzudeuten in Henselings Behauptung, Kepler habe dies wohl für vereinbar gehalten, betrachten wir dasselbe Geburtsbild näher. Es sei untersucht, was Kepler nach seiner Ansicht, »alle irdischen EVENTUS nehmen ihre

38 Heinrich v. Srbik, »Wallensteins Ende«, Otto Müller Vlg. Salzburg, 2. Auflage 1952.

Form und Gestalt aus irdischen Ursachen«, sagen mußte. Seine Abschlußprognose bekommt einen Sinn, wenn man den Menschen in Zusammenhang mit Gestirndirektionen als ein Zeitkontinuum betrachtet, die Lebensdauer nach zeitlich befristeten Tendenzen, phasenmäßig gegliedert. Bedrohliche Tendenzen sind noch keine ausweglosen, die materiellen Entsprechungen bestimmt der Mensch durch sein Handeln mit. Nicht also »Mars im 8. Felde« macht es, obzwar wir ihn auch in den Geburtsbildern von J. F. Kennedy, Matthias Erzberger, Kurt Eisner, Erwin Rommel, Franz Marc – um nur einige zu nennen und nur dies eine »klassische Anzeichen für gewaltsamen Tod« herauszugreifen – ebenda finden. Kein Astrologe kann mit gutem Gewissen darauf eine sichere Voraussage gründen. Auch bei der Geburt von Lorenzo de Medici, Kaiser Josef II., dem Großen Kurfürsten, Friedrich Wilhelm I. von Preußen, dem römischen Kaiser Augustus oder Lloyd George und anderen stand Mars im 8. Felde. Wesentlich am Zustandekommen der Ereignisse ist nicht, daß auch deren Leben gefährdet war oder sie irgendwie mit dem Tode anderer zu tun hatten. Handlungsweise, Aufgabe, Zeitumstände bestimmen das »wenn – dann«, wonach aus dem Arsenal der Entsprechungen etwas zur Wirklichkeit wird.

Soweit die Handlungsweise in den Anlagen, astrologisch interpretiert, begründet liegt, entspringt das für Wallenstein charakteristische Zögern und Hinausschieben von Entscheidungen seiner Opposition des Merkur in JUNGFRAU auf die Konjunktion von Saturn und Jupiter in FISCHE. Jupiter symbolisiert das Expansive, das Optimalstreben im Menschen, seinen weitestgehenden Wunsch und Glauben, Saturn die Zurückziehung auf gesicherte, erfahrbare Realität. In der Konjunktion ist jenes durch diese gehemmt. Immerhin im Zeichen des phantasiebegabten, aber großen Schwungs, in FISCHE, stehen sie ferner dem Intelligenzsymbol Merkur im Zeichen der kleinen vorsichtigen Schritte, in JUNGFRAU, gegenüber. Das besagt: zu viel Bedenken und Suchen nach Rückversicherungen durchkreuzt, was dort langsam ausreift. Diese Eigenheit hat Wallenstein vor der Ausführung seiner umspannendsten Pläne zu Fall

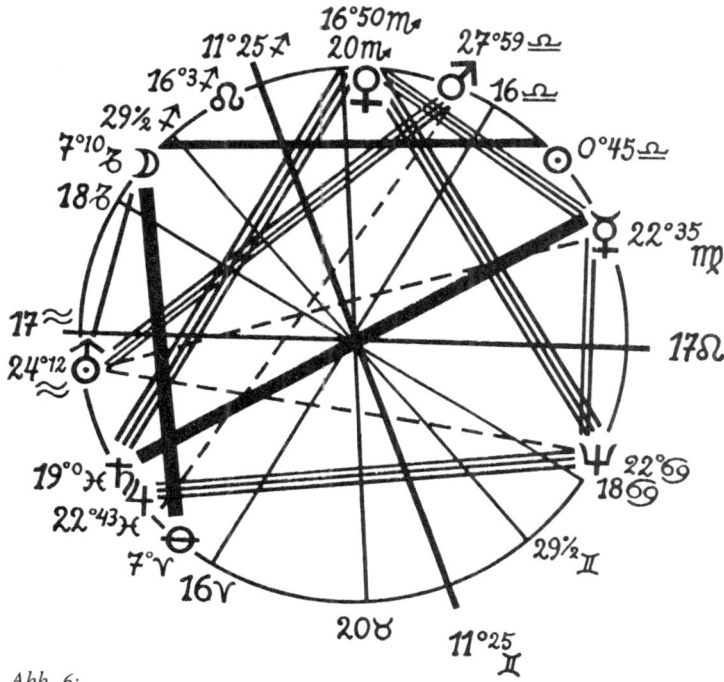

Abb. 6:
Neuaufzeichnung des Horoskops von Wallenstein nach Keplers Rektifikation von 1625, mit eingesetzten Transsaturniern

gebracht, damit bot er eine Handhabe, daß das Netz der Intrigen am Kaiserhof sich zusammenziehen konnte. Zur Methode der astrologischen Deutung gehört, daß dasselbe Symbol eine Wesenskomponente im Geborenen und zugleich das Einfallstor für Fremdwirkungen bezeichnen kann. Merkur steht im 7. Felde, nach der Überlieferung dem der Teilhaber und offenen Gegner, Saturn und Jupiter im 1. Felde, dem der Eigenperson. Das Finstere, Mißtrauische des Saturniers ließ dennoch Lücken für joviale Vertrauensseligkeit, allerdings gerade da, wo es todbringend wurde, nämlich gegenüber Piccolomini und Zeno, die zur Gegenseite hielten.

Nun das ominöse 8. Feld. Im Bau der beiden kreisläufigen Systeme liegt eine Gegensatzführung der einander gegenüber befindlichen Zeichen und Felder. Dem Ichbetonten steht das Dubetonte, dem Subjektiven das Objektive gegenüber. Enthält das 2. Feld die Einstellung auf Erwerb, materiellen Besitz, die stoffliche Assimilierung vom Körperaufbau des Kindes an, einschließlich der Sicherung des Angeeigneten, so enthält das gegenüberliegende 8. Feld den Gemeinbesitz und seine Sicherungen, den auf inneren Schranken und Ablösungen beruhenden Aufbau eines Volkskörpers, dementsprechende Opfer des einzelnen oder unfreiwillige Verluste. Insofern gehören auch Abbau und Tod des Einzelwesens zum Deutungsgehalt, als sie die Voraussetzung kollektiven Lebens bilden sowie jenes Aufklaffen der Lebens-Untergründe, das Halt suchen läßt in metaphysischen Symbolen. Die Erfüllung aber hängt von der Entwicklungshöhe ab, und das ethische Verhalten steht nicht im Horoskop. So wird dieser Bezirk zum Prüffeld und das ihm analoge 8. Zeichen SKORPION zur Krisis der Ichtriebe, aufgerührt ist die Forderung zur Umwandlung in Gemeinschaftstriebe. Das Feld umfaßt also auch das Versagen, die mannigfachen Formen der Bereicherung am Gemeinbesitz, arbeitslose Gewinne auf Kosten anderer, auf niederer Stufe durch deren gewaltsame Beseitigung erreicht, auch Vorteile durch kollektive Zersetzungsvorgänge, das Heer derer, die bei Wirrnissen im trüben fischen. In diesem Feld signalisiert sich demnach der Stand der persönlichen Entwicklung zum Gemeinwohl, das Ethos der Einpassung in die Lage der kollektiven Umwelt oder aber der Mangel an Gemeinsinn und die makabre Ichsucht, die am Verfall sich mästet, aus Beraubung Nutzen zieht.

Zweifellos erkennen wir an diesem Kreuzweg zwischen Gemeinnutz und Eigennutz das Profil des jungen Wallenstein, nach der Schlacht am Weißen Berge der Gierigste unter den Schlachtfeldhyänen, die am Unglück eines Volkes gewannen, Güter der Besiegten einzogen oder mit inflatorischem Gelde aufkauften, sowie seine rücksichtslos praktizierte These, daß der Krieg den Krieg ernähren müsse. Wir erkennen auch im Venuszeichen WAAGE, in dem die Sonne, den Wesenskern repräsentierend, steht, den Erbauer eines königlichen Palastes und den Veranstalter von Festen, welche den Adel Europas anzogen. Dies alles sind stimmende Entsprechungen, doch abhängig vom Niveau. Kepler sagt:

»Darum ist es ein irriger Wahn, daß man meinen will, es sollen solcherlei ACCIDENTIA, welche meistenteils aus der Menschen willkürlichen Werken herfolgen, auf gewisse aufgerechnete himmlische Vertagungen ganz richtig und genau eintreffen.«

Schon in das erste Horoskop baut er die mögliche Wandlung ein:

»Es ist aber das Beste an dieser Geburt, daß Jupiter darauf folget und Hoffnung machet, mit reifem Alter werden sich die meisten Untugenden abwetzen und also diese seine ungewöhnliche Natur zu hohen, wichtigen Sachen zu verrichten tauglich werden.«

Den Regeln nach war dies aus dem Trigon der Venus zu Jupiter, als dem Reifesymbol, und zu Saturn als dem Symbol der Spätzeit zu folgern sowie ihrem Sextil zu Merkur. Venus, das Symbol der Harmonie und der friedlichen Lösungen, bildet den harmonisierenden Punkt der Opposition. Hätte Kepler auch Neptun in die Rechnung einbeziehen können, dann mußte er diesen als harmonisierenden Punkt auf der anderen Seite beachten, womit die verhängnisvolle Achse ein gleichgewichtiges Gesamtbild (sog. Drachenfigur nach Koch) durchteilt. Venus und Mars stehen »in Rezeption«, das heißt einer im Zeichen des anderen, bedeutsam für eine Wechselbezüglichkeit. Im Venuszeichen WAAGE, das im Tierkreis den dubetonten Bogen eröffnet, befindet sich vor allem die Sonne, Repräsentant des Wesenskerns und der Lebensaufgabe; nur der Mond, der in diesem Zusammenhange die Jugend ausdrückt, steht in Quadratur zu ihr im Saturnzeichen STEINBOCK.

Blicken wir auf die so gedeuteten anlagemäßigen Voraussetzungen, dann gewinnen die Vermutungen neuerer Historiker, die nach der kaiserlichen Ungnade von 1630 (Keplers Todesjahr) und der Wiedereinsetzung einen gewandelten Wallenstein sehen, an Wahrscheinlichkeit. Er war im Fühlen und Handeln in seine Zeit verstrickt, ragte aber im Planen und Wollen über sie hinaus. Das durch Feinde gefärbte Geschichtsbild sieht als Beweggrund seiner späteren Politik nur heimliche Rachsucht und Ressentiment. Solch einseitige Hervorhebung der Schuldfrage, des Abirrens von der Treue zu einem der gesamtdeutschen Aufgabe unfähigen Kaiser, ist seit Ranke, Ricarda Huch und Srbik einer anderen Auffassung gewichen. Sie würdigt nicht nur den Heeresorganisator, die schöpferischen Ideen in der Landesverwaltung, der Wirtschaftspolitik und im Unterrichtswesen, sondern auch die religiöse Duldung in einer Zeit des entscheidenden Kampfes der Religionsparteien. Dies machte ihn notwendig zum Widersacher des gewaltsamen Gegenreformators Ferdinand und half einen kühnen Plan zur Herstellung des Friedens entwerfen. Über diesen Plan schreibt der kritische M. Ritter (Deutsche Geschichte, 3, 562):

»Seine Gedanken gingen auf eine plötzlich zu vollziehende Verbindung der kaiserlichen und der sächsisch-brandenburgischen Armee in Schlesien, deren Führer dann den Kaiser und den sächsischen Kurfürsten ihrem Friedensprogramm zu unterwerfen, die übrigen katholischen wie protestantischen Reichsstände zur Nachfolge zu nötigen und schließlich mit den geeinten Kräften des Reichs die fremden Eindringlinge aus Deutschland herauszuschlagen hatten.«

Wenn ein solches Vorhaben durch Zwischenträger in Wien bekannt wurde, bevor es zur Ausführung kam, mußte dies selbstverständlich als Verrat am Kaiser aufgefaßt und nach staatsrechtlichem Brauch der Epoche mit dem Exekutivbefehl beantwortet werden.

Wir untersuchten dies Geburtsbild und seine Deutung, weil schon in Keplers wenig beachteten Gedanken zur Astrologie die Richtlinien einer Revision enthalten sind. Um den Widerstreit von öffentlichem Interesse und Privatabsichten als schicksalhafte Achse Wallensteins erschöpfend darzustellen, müßten freilich Elemente und Methode der Deutung als genauer bekannt vorausgesetzt werden. Aus dem Gesagten erhellt sich aber, daß die Prognose des Endergebnisses gar nicht Ziel und Aufgabe einer richtig verstandenen Astrologie sein kann. Dies hieße ja, den *selbstbestimmenden Faktor* aus dem Spiel zu lassen, dem Menschen die *Entscheidung abnehmen* zu wollen, ihn als *ethisch determiniert* zu betrachten: schwerwiegende Fehler der Vulgärastrologie. Nehmen wir an, die Geburtskonstellation spiegle sich in einem Gefüge von Wesenskräften, Stilformen und Gebieten der Äußerung wider, so kann jedoch eine auf den Unterschied von Anlage und Fertigprägung achtende Astrologie zur Klärung wie zur Lösung der ins Leben mitgebrachten Problematik verhelfen.

Aussichten

Wer sich einigermaßen um die Literatur kümmert und die Gehalte aussiebt, wird gegen wiederbelebte Wahrsagerei einen Vormarsch der charakterologischen Ausbeute in der Astrologie feststellen. Starre Doktrin ist mehr eine Sache von Geschäftemachern und harmlosen Dilettanten. Was astrologische Bewegung genannt werden darf, sucht von vielen Anschnittspunkten aus, in Anwendung unterschiedlich vorgebildeter Urteilskraft, das Altüberlieferte mit dem Zeitgeist und heutigen Kenntnissen zu vereinbaren. Von einer Glaubensbewegung unterscheidet sich dies darin, daß selbst der Mitläufer irgendwie und irgendwann *eigene Beobachtungen* anzustellen hat. Wissenschaftliche Institute mit ihren Hilfsmitteln befassen sich nur in Ausnahmefällen damit – was nichts gegen Wissenschaftsfähigkeit besagt –, der freiwilligen Arbeit einzelner werden von Amtsstellen, die über benötigte Unterlagen verfügen, oft genug Schwierigkeiten in den Weg gelegt. Hat sich denn aber je ein großer Gedanke anders als gegen passiven Widerstand der Institutionen, Entstellung der Motive durch Gegner sowie Mißbrauch im eigenen Lager durchgesetzt?

Was Astrologie sein kann – die Gültigkeit des behaupteten Zusammenhangs vorausgesetzt –, verlegt sich also auf den *Gebrauch* und hängt von der Handhabung durch einsichtsvolle,

175

auch der »irdischen Ursachen« kundige Astrologen ab. Es liegt hier wie beim Arzt und Psychotherapeuten: die Wissenschaftlichkeit der Grundlagen, die Lehrbarkeit der Methode macht ihn noch nicht, sondern sein Können am lebenden Menschen, der Anteil der »Kunst«. Für die Deutungskunst ist eine Begabung erforderlich, welche aus epochebedingten und gemeinsamen, doch in der Entwicklungsstufe wieder verschiedenen Formen *individuelle Strukturen* herausfiltrieren kann, die am Kosmogramm ersichtliche *prinzipielle Kräfteäußerung und -richtung* aber in *niveaumäßige und situative Entsprechungen* zu übersetzen weiß. Die Verwirklichung geschieht immer im sozialen Raum, der Einfluß von Milieu und Erziehung, Klassenlage und Nation sei nicht unterschätzt. Zeigt sich dabei der einzelne seiner Struktur nach auf soziale Umwelt hin entworfen, so spiegeln sich Staat und Gesellschaft, politische Patentlösungen, ethischer Ansporn und Rezepte praktischer Lebensweisheit doch bei jedem anders, gekoppelt mit individuellen Lebensaufgaben. Jeder muß, um wesensecht zu sein, das Menschenbild in anderer Gestalt einkörpern, nur der individuelle Entwurf dazu kann vom Kosmogramm erwartet werden.

Ein angeborenes Wesensgefüge in Betracht zu stellen, wird einige mit dem Menschen sich befassende Disziplinen umprägen. Dies gilt nicht nur für die Psychologie. Die Soziologie beispielsweise hat nicht einfach mit Atomen des Gesellschaftsbaues und seiner Einrichtungen, der Wirtschaft, rechtlicher Verhältnisse usw. zu rechnen, sondern mit verschieden graduierten Anlagen des Entworfenseins auf soziale Mitwelt oder der Abschirmung gegen Umwelteinflüsse. Dies ist wiederum bedeutsam für die Erziehung, um den persönlichen Anlagen angepaßte Ergebnisse zu erzielen. In schwierigen Fällen bekommt die Psychotherapie neue Handhaben, es gibt angeborene Konflikte und das aufzudeckende Dilemma ihrer Lösbarkeit oder Folgen des Versagens. Wo dies ins Somatische übergreift, bekommt die Medizin, wo es hingegen an die Gesellschaftsmoral rührt, die Rechtswissenschaft neue Gesichtspunkte. Die geschichtlichen Aspekte wurden am Beispiel Wallensteins gestreift. Bei alledem haben wir es mit komplexen Seelenverfassungen zu tun; die führende Leitlinie, die Umsetzung vorhandener Spannungen müssen jeweils erst gefunden werden. Jede Individualität hat ihren immanenten Sinn. Alles verstehen heißt aber durchaus nicht, alles verzeihen. Der Berater soll den Hilfesuchenden an die Punkte selbständiger Entscheidung heranführen, ohne diese ihm abnehmen zu wollen.

Die Resonanz auf richtige Deutung, das Evidenzerlebnis, liegt bereits in der allgemeinmenschlichen Grundanlage. Heben wir die zeit- und niveaugebundene Bildungsschicht ab, befassen wir uns mit den aus dem Unbewußten stammenden Regungen, so finden wir im Vorrat regulativer Ideen gewisse Urbilder wirksam, welche die astrologischen Wesenskräfte einkleiden. Schwierig ist es nur, wozu uns Astrologie verhelfen soll, nämlich die individuelle Konstelliertheit, das »Gesetz, wonach du angetreten«, zu erkennen. Im magischen Weltbild war dies Gesetz etwas rational noch nicht Bewältigtes, deshalb »blindes Fatum«, im heutigen Weltbild lernen wir in Verbindung von Empirie und Ratio, diese Gesetzmäßigkeit einschließlich der konkreten Abwandlungen zu verstehen.

Für die Zukunft einer Sache ist ausschlaggebend, auf welchen Grundurteilen sie beruht und welche aktuellen Bedürfnisse sie befriedigt. Der langsame Zuwachs an brauchbarem Einzelwissen, in universeller Blickweise gemäß der menschlichen Vielschichtigkeit verarbeitet, bedingt auf jeden Fall, daß die Präzision der Aussage für den beratend tätigen Astrologen lange Mühe und Erfahrung voraussetzt. Für den Anfänger und Liebhaber empfiehlt es sich, mit frei spielender Intuition und abtastend vergleichender Beobachtung erst einen Gesamtüberblick zu gewinnen, kritisch auf die Irrtumsquellen achtend. In der Symbolik der zur Aussage leitenden Elemente steckt, daß sich das Niveau des Deutenden nicht nur an geistiger Geschliffenheit, sondern vor allem an seelischer Einfühlung in den besonderen Fall, auf der Basis breiter Menschenkenntnis, ermißt. Der Weg des Fortschreitens – gegenläufig zum gewohnten stückweisen, isolierten, spezialisierten Betrachten der Dinge – ist vorgezeichnet in der Organik einer Zusammenschau, die mannigfaltige Äußerungen zur Einheit des Wesens verknüpft.

Astrologie im heutigen Weltbild

Wer, in durchschnittlichen modernen Anschauungen verankert, aus eigener Erfahrung überzeugt wurde, daß der astrologische Gedanke kein Hirngespinst sei, sondern ihm eine Wirklichkeit zugrunde liegen müsse, steht zunächst vor einem Rätsel. Wie ist ein Zusammenhang zwischen Gestirn und Mensch überhaupt denkbar? Dieser Frage kann man schwer ausweichen und sich neutral verhalten. Der traditionelle Glaube an Gestirneinflüsse widerspricht allem, was wir von den Gestirnen und ihrer Wirksamkeit wissen. Außerdem müßten wir Einflüsse annehmen, die mit Entwicklungshöhe und epochaler Lebensweise wechseln. Denkt man an Ebenbildlichkeit und Symbol, so führt dies in Ableitungen aus dem Übersinnlichen hinein, und die Frage geht weiter, worin denn nun das Urbild zu suchen sei. Zwar bieten sich religiöse und okkultistische Erklärungen an. Sie führen aber weg von wissenschaftlicher Erklärbarkeit. Es gibt von dieser Stufe begründenden Bewußtseins kein Zurück zur mythischen Kindheit des Geistes. Erklären heißt in der physikalischen Welt, zu der wir ja die Gestirne draußen rechnen – außer Betracht bleibt die Aufhebung der Kausalität unterhalb der Sichtbarkeitsgrenze –, beschreibend darzustellen, wie eine Erscheinung gesetzmäßig aus empirischen Ursachen hervorgeht.

Darauf allerdings wird ein Biologe von heute, der von Ganzheit und Autonomie des Lebendigen spricht, einwerfen, daß man auf streng physikalische Weise auch keine *Lebensgestalt* erklären könne. Für ihn gilt ein Mechanismus nach jenen Gesetzen »an sich«, ein Organismus »aus und für sich« tätig. Der Organismus ist um seiner selbst willen vorhanden und als Gestalt, trotz aller Anpassung, nicht *von außen herein*, sondern *aus sich*, nach Lebensgesetzen und durch autonome Bildekräfte hervorgebracht; die Form des Teils ergibt sich aus dessen Funktion im Bezug auf das Ganze.

Wenn nun ein Zusammenhang zwischen Gestirnsystem und Organismus, großem und kleinem Ganzen, besteht, wie die vielfach beobachteten kosmischen Bezüglichkeiten nahelegen, so mag dies rätselhaft erscheinen: wir haben darin aber nur eines der *Rätsel des Lebens* mehr.

Hiermit ist uns ein Ansatz geboten. Mit welchen Methoden aber kann an die Lösung inhaltlicher Probleme der Astrologie herangegangen werden? Wir sind in einer Lage wie der Kriminalist, der stets vor vollzogene Tatsachen gestellt wird und den Täter auffinden soll. Er muß einen Vorgang rekonstruieren, bei dem kein Beobachter zugegen war außer dem hypothetischen Täter. »Hypothetisch«, denn könnte es nicht ein Unfall, ein zufälliges Eingreifen der Naturkausalität gewesen sein? Dann wären physikalische Experimente am Platz. Diese Möglichkeit muß er jedenfalls in Betracht ziehen, sie aber ausklammern, sobald er Spuren einer auf den Tatbestand abzielenden Tätigkeit entdeckt.

Begreiflicherweise entsteht beim Leser gegen das Wort »Kriminalist« eine zumindest unterschwellige Abwehr. Wir sind doch gewohnt, kosmische Zusammenhänge im Licht des Erhabenen zu sehen, denken an Schicksal aus göttlichem Ratschluß, Attribute höherer Weisheit. Gar mancher wird ein Sakrileg befürchten, wenn er von einem kriminalistischen Vorgehen hört. Doch es handelt sich um nichts als die Methode, einen unbekannten Zusammenhang, in dem ein Sinn zu stecken scheint, aufzuhellen und den »Urheber« zu finden. Das Hauptgebot heißt, auf Fehlerquellen zu achten. Ein Sinnsuchen auf falscher Fährte kann sogar einen Kriminalisten, wenn er als hundertprozentiger Systematiker den Zufall ausschalten möchte, irreführen[39]

Was macht der Kriminalist zuerst? Er begibt sich zum Tatort. Hier schon geraten wir bei der Astrologie in Widerspruch zur

---

39 Ein instruktives Beispiel bringt Jorge Luis Borges mit seiner Erzählung »Der Tod und der Kompaß«. Die erste Kriminalgeschichte in der Literatur, »Der Mord in der Rue Morgue« von Edgar Allen Poe, behandelt den Eventualfall, daß der Täter gar kein Mensch, sondern ein Tier war.

vulgären Meinung, welche das Firmament absucht. Ob Anhänger oder Gegner, sie bedienen sich dabei vielleicht genauer astronomischer, physikalischer, mathematischer Kenntnisse, übersehen jedoch meistens die Aufschlußkraft des eigentlichen Tatorts, des Erfahrungsbildes vom Menschen. Die Vorgänge am Himmel haben vorerst die Bedeutung eines Vergleichs- und Bezugsbildes, zum Wesen der Sache tragen sie erst bei, sobald wir bestimmte Erfahrungen gewonnen haben und daraus möglicherweise zu Mutmaßungen über einen außerirdischen Ursprung gekommen sind. Dies muß sich aus dem Befund ergeben; man kann zum Beispiel ein plötzliches Ansteigen der Unfallskurve mit erhöhter Sonneneruption in Zusammenhang bringen, ohne daß daraus eine Analogie zwischen Anlagengefüge des Individuums und Geburtskonstellation bewiesen und erklärt ist. Wer jedoch im vorhinein den Urheber beim Gestirn erwartet, fahndet, wenn er sich endlich zum Tatort begibt, dort nach Gehspuren und Fingerabdrücken des Überirdischen, dem Stempel vorgestellter irrationaler Mächte. Damit wird Astrologie zu einer wissenschaftlich hoffnungslosen Glaubenssache.

Bei unserem, sagen wir kriminalistischen Vorgehen handelt es sich keineswegs um eine neue Wissenschaft. Unser normales rationales Denken vertritt aber ein Weltbild, zu dem wir unsere freilich ungewohnte astrologische Erfahrung in Bezug setzen müssen. Wie sich zeigen wird, ist die richtige Ansicht von der Urheberschaft ausschlaggebend für die Auffassung der Elemente, somit grundwichtig für die Deutung. Wir finden damit Antworten auf Zweifelsfragen und gelangen zur Bestimmung von Aussagegrenzen. Allerdings müssen wir uns darüber klar sein, daß wir auf diesem Wege nur *Indizienbeweise* erreichen, nichts weiter. Aus solchen insgesamt ermitteln wir, was in der Wissenschaft eine *Arbeitshypothese* heißt. Sie ist unerläßlich für die Gliederung des Fragenkomplexes auf eine Weise, welche die Forschung auf bestimmte Erwartungen hin in Fluß bringt. Eine Hypothese bestätigt sich dann aus ihrer Anwendung, oder sie hat ihre Aufgabe erfüllt, wenn sie, an der Erfahrung überdacht und abgeändert, durch eine bessere ersetzt werden kann.

Unsere im folgenden entwickelte Arbeitshypothese soll nicht nur darlegen, daß und auf welche Weise das astrologische Phänomen denkbar sei, und soll nicht nur den bisher gebrachten Einwänden erwidern. Sie gibt vielmehr den Grundbegriffen der Deutung einen Platz im heutigen Weltbild sowie Formulierungen, die in der auswertenden Praxis zur Bewährung kommen. Sie ist, wenn man es so ausdrücken will, die Theorie des Befundes am Tatort.

Im vorliegenden Fall aber begeben wir uns zu einem Tatort, der bereits von einer Menschenmenge mit festen Meinungen über das Geschehene besetzt ist. Einige Aufräumungsarbeiten sind nötig, um Beobachtungen und Folgerungen unbeeinflußt von Vorentscheidungen anstellen zu können. Zumeist begegnen wir der Annahme einer von außen eingreifenden Naturkausalität.

Wechsel und Wiederkehr physikalischer Einflüsse im Erdraum

Als Newton die rechnerische Sicherstellung der Gravitation mit dem mechanischen Prinzip verband, fand er den Schlüssel zur Betrachtung der großen und der kleinen Welt nach denselben Gesetzen. Die physikalischen Fragestellungen beschränken sich auf das allen in gleicher Weise Zugängliche. Goethes Experimente und darauf aufgebaute Farbenlehre suchten etwas anderes; mit seiner Polemik hat er Newton auf dessen Gebiet zwar nicht überwunden, hat aber gegen den *physikalischen Effekt* den *Lebensbezug des Phänomens* geltend gemacht. Damit ist nichts mehr oder weniger gesagt, als daß eine objektive Wissenschaft, indem sie den subjektiven Faktor ausschließt, nicht allgültig sein könne. Um aber andererseits subjektiven Fehlerquellen zu entgehen, richten wir beim Zusammenhang des Lebens mit dem kosmischen Umraum das Augenmerk zunächst auf dessen physikalische Seite.

Forschungsergebnisse gelangen oft durch verwirrende Schlagzeilen der Zeitungen, welche eine Bereitschaft, an kosmische Zusammenhänge zu glauben, ansprechen, an die breitere Öffentlichkeit. So erging es in den zwanziger Jahren mit den Weltraumstrahlen und den Sonnenflecken. Die theoretische Vorarbeit zur Entdeckung der *Weltraumstrahlung* ist mit dem Namen des Grazer Forschers Heß, ihr praktischer Nachweis mit dem des Berliners Kolhörster und des Amerikaners Millikan verknüpft. Kolhörster wies auf dem Jungfraujoch einen Mehrbetrag von 10 bis 15 Prozent nach, wenn die Milchstraße im Zenit steht, und Millikan wies nach, daß die Strahlen auf verschiedenen Breiten der Erde gleichmäßig auftreten. Es handelt sich demnach um eine von den Fixsternen herrührende Strahlung großer Durchschlagshärte, die auch unseren Körper in jeder Sekunde durcheilt. Zum vorliegenden Problem liefert sie nur den Beitrag einer tagesperiodischen Einwirkung aus dem ganzen Weltraum, nicht etwa sind die Fixsternbilder des Tierkreises als qualitative Unterschiede erkenntlich.

Wohl verstanden können Beobachtungen solcher Art, seitdem verfeinert und ausgedehnt, gar wohl bei Einflußphänomenen geltend gemacht werden. Dies betrifft etwa die Frage, ob die Stellung eines Planeten in Richtung des galaktischen Zentrums bei Überschwemmungen, Orkanen, Erdbeben mitspricht (vgl. S. 142), sogar, ob der Ausgang einer Operation durch einen derartigen Einfluß mitentschieden wird. Über Konstitution und Charakter, über das System der individuellen Astrologie ist jedoch ohne weiteres nichts gesagt. Dasselbe gilt für die »chromosphärischen Eruptionen der Sonne«, englisch Flares benannt, bzw. die ausgestoßenen Protonenwolken, von starker Ultraviolett- und Röntgenstrahlung begleitet, die auf der Erde eintreffend die elektrischen Eigenschaften unserer Ionosphäre verändern.

Damit nähern wir uns dem vieldiskutierten Problem der *Sonnenflecken.* Fleckenbildungen der Sonne werden seit dem 17. Jahrhundert beobachtet (Scheiner, Galilei). Ihr mehr oder minder häufiges Auftreten folgt im Durchschnitt einer Periode von 11,2 Jahren (mit Schwankungen von 7 bis 17 Jahren), ferner tritt hierbei die 25- bis 27tägige Rotationsdauer der Sonne hervor, da die ungleich verteilten Flecken diese Drehung mitmachen, die nach den Polen sich bis zu 35 Tagen verlangsamt.

Genauere Beobachtungen über Einwirkungen auf den menschlichen Organismus wurden von zwei französischen Ärzten, Faure und Sardou, angestellt. Die beiden Ärzte, vertraut mit dem Gedanken einer meteorologischen Beeinflussung des Krankheitszustandes, beobachteten gleichzeitige akute Anfälle ihrer Patienten, unerklärlich, weil weder Barometer, Hygrometer noch Anemometer auffallende Veränderungen zeigten. Doch häufig trat ein Wetterumschlag 3–4 Tage *nach* diesen Anfällen ein. Es handelte sich nicht um Kranke, die in einer Anstalt untergebracht waren, so daß man eine gegenseitige psychische Beeinflussung ausschließen muß. Der eine Arzt behandelte Privatpatienten in auseinanderliegenden Vierteln von Paris, später in La Malou, der andere in der Nähe von Nizza: Herzleidende, Leber- oder Nierenkranke, Erkrankungen des Gefäßsystems, Gicht, Fälle von Krebs und Tuberkulose. Ein sogenannter Zufall gab den Anstoß zu einem aufschlußreichen Experiment, nämlich die Wahrnahme, daß regelmäßig mit diesen Verschlimmerungen gleichzeitig der automatische Fernsprecher in Nizza vorübergehende Betriebsstörungen aufwies. Eine Verständigung mit Vallot, dem Leiter des Montblanc-Observatoriums, der ebensolche Störungen auch seiner Apparate bestätigte und auf die Möglichkeit eines Zusammenhangs mit den Sonnenflecken hinwies, brachte eine mustergültige Gemeinschaftsarbeit zustande: Getrennte Notierungen auf dem Montblanc, in Nizza und La Malou. An drei verschiedenen Orten und ohne Verständigung miteinander wurden 267 Tage lang die Aufzeichnungen durchgeführt. Die Beobachtung an 237 Kranken führte im Vergleich zum Ergebnis, daß 84 Prozent der Durchgänge großer Flecken durch den uns zugekehrten Sonnenmeridian mit außergewöhnlichen Krankheitserscheinungen zusammentrafen, wogegen die fleckenlosen Perioden nur 33 Prozent solcher Erscheinungen aufwiesen.[40] Eine weitere über 5 Beobachtungsjahre erstreckte Untersuchung festigte das Ergebnis.

40 G. Sardou et M. Faure, »Les taches solaires et la pathologie humaine«, La presse medicale, 1927, No. 18.

Gingen die beiden Franzosen von individuellen Befunden aus, so hat der russische Arzt Tschijewski, unterstützt von Schokastewitsch, den Zusammenhang der großen Pest-, Cholera- und Grippeepidemien mit den Sonnenflecken untersucht. Hiermit wurden ältere Forschungsansätze weiter ausgebaut. Schon um die Mitte des 19. Jahrhunderts hat Lamont, damaliger Leiter der Münchener Sternwarte, eine Beziehung zwischen Änderungen des erdmagnetischen Feldes und dem Auftreten von Seuchen angenommen. Das in den 90er Jahren durch Mewes zusammengestellte historische Material über die Pest läßt eine Periode von 55,6 Jahren, also 5 Sonnenfleckenperioden, erkennen. H. H. Kritzinger verarbeitete dies Material zusammen mit verschiedenen Klimaperioden in neuartiger Weise, indem er die Perioden durch die heliozentrischen Zusammenkünfte und Gegenüberstände von Planeten gliederte und auf genaue Werte brachte. Er fand eine die vielen Rhythmen zusammenfassende Hauptperiode von 278 Jahren (5 × 55,6), bei der besonders das Zusammenwirken der Planetenpaare Jupiter-Uranus und Jupiter-Saturn in Einklang kommt.

Nach der Erklärung der Nordlichter durch die Norweger Störmer, Birkeland und Vegard ergab sich folgendes Bild von der Natur und Wirkung der Sonnenflecken. An der Peripherie der Sonne entstehen Trichter, in denen sich glühende Wirbel abspielen. Protonen und Elektronenwolken steigen auf, und Ströme negativ geladener Elektronen, auch Atomkerne, werden ausgesandt. Trifft diese Korpuskular(Körperchen-)strahlung den Bereich der Erde, so wird sie vom magnetischen Feld der Erde zu den beiden Polen hingelenkt, dort die Erscheinung der Polarlichter hervorrufend, und flutet von da ab nach allen Seiten über die Erde hinweg, um in der Ebene des magnetischen Gleichers in einen gürtelartigen Ring feinster Materie auszumünden. Die Beeinflussung der Ionosphäre durch diesen Vorgang bringt die sog. magnetischen Stürme, Änderungen im Ozongehalt der Hochatmosphäre, Störungen der Radio-Kurzwellen usw. hervor. Bei jedem Auftauchen großer Sonnenflecken registrieren wir erdmagnetische Störungen. Sonnenflecken sind demnach gleichbedeutend mit solaren Eruptionen, die senkrecht zur Sonnenoberfläche erfolgen, ihre Wirkung ist naturgemäß am stärksten, wenn die Erdbahn diese Trichter schneidet, dann liegen wir sozusagen unter direktem Beschuß von solaren Teilchen.

Zu den schon genannten Untersuchungen kommen vor allem die mit großen Zahlen (nahezu 200 000 Fälle) vom Forscherehepaar B. und T. Düll durchgeführten.[41] Sie zeigen eindeutig, daß die Sterbewahrscheinlichkeit bei ohnehin Anfälligen sich an Tagen mit starken Sonneneruptionen erhöht. Mit der Umdrehung der Sonne bringen sie eine Tendenz zur Wiederkehr solcher »Elektroinvasionen« nach 27 Tagen zusammen (bei anderen Forschern auf den Mondlauf bezogen), auch diese Periode tritt in den Düllschen Statistiken hervor. Weitere Untersuchungen brachten Petersen und Budai über epidemische Genickstarre in Chicago und New York, Belák über Diphtherie in Budapest und Wien. Da Statistiken aus anderen Gegenden keine solchen, die Zufallswahrscheinlichkeit übersteigenden Ergebnisse brachten, macht de Rudder geltend, daß vielleicht örtliche Faktoren mitspielen. Wir kämen damit, was er nicht ausspricht, aber dem bioklimatischen Denken naheliegt, zur reaktiven Rolle der Bodeninhalte oder zur ungleichen Struktur des erdmagnetischen Feldes; hier könnte die Erdstrahlenforschung einsetzen. Jedenfalls muß man sich von vielen Seiten heranpirschen, um solche Zusammenhänge zu klären. Bei Diphtherie wieder kommt in Betracht, daß sie zu den sog. »Saisonkrankheiten« gehört; der Gipfel der Häufigkeit liegt nach de Rudder auf der nördlichen Erdhälfte im November-Januar, auf der südlichen im Mai-Juni. Offenbar besteht ein Bezug zu den auf beiden Erdhälften um ein Halbjahr verschobenen Jahreszeiten.

Organische Rhythmen im eigentlichen Sinne haben wir in den auf die Sonnenflecken bezüglichen Erscheinungen nicht, weil die Periode von 11,2 Jahren einen Durchschnitt darstellt und die

41 T. und B. Düll, »Über die Abhängigkeit des Gesundheitszustandes von plötzlichen Eruptionen auf der Sonne und die Existenz einer 27tägigen Periode in den Sterbefällen«, Virchows Archiv, 1934, N. 293, S. 272–319.

Maxima zwischen 7,3 und 17,1, die Minima zwischen 8,2 und 15 Jahren schwanken.

Wenn aber Kritzinger Planetenumläufe und Sonnenfleckenperioden in Zusammenhang bringt, so hat dies seine sachliche Berechtigung. Wir berührten schon die von Zenger behauptete Entstehung der Sonnenflecken durch die an sich schwache Schwerewirkung der Planeten. Dies wurde mehrfach aufgegriffen; bemerkenswert sind die Untersuchungen von Sellmayer und nach ihm Nippold vom magnetischen Observatorium in Potsdam. Es zeigte sich z. B. eine besonders lebhafte Sonnentätigkeit, sobald Jupiter und Venus mit der Erde eine Gerade bilden, was den geozentrischen Aspekten ihrer Konjunktion oder Opposition eine Bedeutung gibt, wenn auch im Sinne eines *indirekten* Einflusses über die Sonne. In jüngerer Zeit, seit 1940 etwa, arbeitete dies John H. Nelson, Ingenieur der »Radio Corportaion of America«, zu einem System der Vorherberechnung von Sonnenausbrüchen und anschließenden Störungen des Radioverkehrs aus; ihm zufolge sind planetarische Konfigurationen, nämlich bestimmte Winkelstellungen der größeren Planeten, dafür maßgebend.[42] Es folgte Richard Head im »Electronics Research Center«, der im Funkverkehr mit der Orbiter-Mondsonde eine auf 3 Stunden genaue Flare-Prognose erreichte. Schließlich zitiert »Technology Week« vom 15. Mai 1967 eine Weltraum-Wetter-Theorie von John H. Freeman. Demnach haben die Veränderungen in der Ionosphäre einen stärkeren Einfluß als bisher geglaubt auf die 10 km hohe Luftschicht der Erde, die Troposphäre, in der sich das Wetter abspielt. Die Kausalkette verbindet dann Planetenstellungen – Sonnenausbruch – Wettergeschehen.

Nicht nur Astrologen, die in Gestirnwirkungen die Auslöser ihrer Befunde suchen, glauben sich mit solchen »Flares« einem Beweis nahe. Auch der um die Bioklimatik verdiente Arzt Man-

42 J. H. Nelson, »Shortwave Radio Propagation Correlation with planetary Positions«, R. C. A. Review, U.S.A., März 1951, 12, S. 26–34. – Derselbe, »Planetary Position Effect on Shortwave Signal Quality«, Electrical Engineering, Mai 1952, S. 421–424.

fred Curry verfolgt dieselbe Gedankenrichtung. Was heißt Bioklimatik? Der über Bakterien und sonstige spezifische Ursachen von Krankheiten erweiterte Blickkreis der Bioklimatik zieht den Einfluß der Umweltswirkungen, vor allem Klima, Wetter, damit auch deren periodische Schwankungen, in Betracht. Erkrankungen erfolgen im Prinzip dann, wenn der Organismus sich den wechselnden Bedingungen nicht mehr anpassen und seinen Eigenrhythmus nicht mehr herzustellen vermag. Es spielen immer mehrere ursächliche Faktoren mit, und die sich ergebenden Kombinationen sind sehr vielfältig. Besonders wichtig für die Steuerung der rhythmischen Abläufe ist nach Curry die Sauerstoffversorgung der Gewebe. In diesem Zusammenhang bringen die erwähnten Änderungen im Ozongehalt der Luft gegebenenfalls störende Überlagerungen des Eigenrhythmus, stärker noch der von Curry als Aran bezeichnete überwertige Ozon. Im Aran sah Curry den hauptsächlichen Krankheitserreger, Erreger von Überaktivität und Streitsucht, sogar den Todbringer. Die von ihm versuchte Darstellung des Weges von der Ursache zur Wirkung lautet:[43]

»Der Werdegang beginnt mit den Planeten Mars, Jupiter, Uranus, Saturn und Venus, von denen man nachgewiesen hat, daß sie die Sonneneruptionen beeinflussen . . . Da nun auch ein Einfluß der Ionosphäre auf die Großwetterlage nachgewiesen ist, steht also das Aran letzten Endes über den Weg der Ionosphäre und Sonnenflecken in ursächlicher Verbindung mit den Planeten . . . Die beiden Zügel des Lebens, der Sympathicus und der Parasympathicus, und mit ihnen die gesamte innere Sekretion, deren richtiges Funktionieren den Charakter und die körperliche und geistige Leistung des Menschen bestimmen, liegen also in Händen des Arans. Somit ist Gesundheit und Krankheit dem Aran untertan. Dieses also sind die Stationen zwischen Ursache und Wirkung, denen schließlich auch der Mensch mit seiner Geburts- und Todesstunde unterliegt . . . Diese Er-

43 Manfred Curry, »Bioklimatik«, ein doppelbändiges Werk, 1946 herausgegeben von »American Bioklimatic Research«.

kenntnisse erklären vielleicht die Gesetzmäßigkeiten der Sternzeichen in ihrem Einfluß auf den Menschen. Die Astrologie ließe sich dann wissenschaftlich bis zu einem gewissen Grad untermauern, wenn man bedenkt, daß letzten Endes auch der Arangehalt jedes einzelnen Monats in einem Zusammenhang mit den Planeten steht. Wenn wir annehmen, daß dieser Aranverlauf alljährlich immer wieder dieselben Eigenschaften aufweist, so würde es uns nicht allzusehr überraschen, wenn alle in ein und demselben Monat gezeugten (und 9 Monate später geborenen) Menschen mit den gleichen Eigenschaften behaftet sind. . .«

Etwas zu einspurig gedacht! Bei solchen Ableitungen aus einer *einzigen* Ursache, hier dem Arangehalt, muß man rechtzeitig einen Punkt zu setzen wissen. In seinem Gedankengang kommt Curry zur ungeheuerlichen Folgerung, daß ein Mehr von einigen millionstel Gramm einer chemischen Substanz pro Kubikmeter Luft einen Krieg auslösen und zahllosen Menschen das Leben kosten könne. Dann sind also doch die Sterne schuld! Das gebrachte Zitat zeigt eine Gemeinsamkeit zwischen fatalistischer Astrologie und mechanischer Naturkausalität, die in den Satz »kleine Ursachen, große Wirkungen« ausmünden. Nun läßt sich freilich diese allgemeine Kausalität auf Erdkatastrophen, Großwetterlage und unter Umständen auch Massenerregungen beziehen – wie gesagt der Aufgabenbereich einer Seite der Kosmobiologie –, nicht aber auf dasjenige, was das Geburtsbild des Einzelmenschen aussagt. Der Charakter als Anlagengefüge, der darin begründete geistige Leistungsstil, die körperliche Konstitution und der Eigenrhythmus organischer Vorgänge liegen eben Gott sei Dank nicht »in Händen des Arans«. Curry selbst war dieser Behauptung gegenüber inkonsequent, als er seine beiden Typen des warmfront- und kaltfrontempfindlichen Menschen mit dazwischenliegendem Mischtypus aufstellte. Von unserer »Tatortuntersuchung« aus fragen wir, wie sich ein Typus als bleibendes Reaktionsgefüge herausbilden kann.

Wir fassen zusammen. Sämtliche Untersuchungen über die Einwirkungen der Sonneneruptionen und was damit zusammenhängt betreffen *Störungen*, Beeinträchtigungen der gesunden Rhythmik, Abbauvorgänge, Verstärkung eines schon vorhandenen morbiden Zustandes. Sie sind beachtlich bei allen kollektiven und serienweisen Vorfällen, Massenunglücken usw. Nicht aber dürfen wir erwarten, auf diesem Wege dem astrologischen Thema, dem *Wesensaufbau* näherzukommen. Gewiß sind die oft genannten »Elektroparasiten« wichtig im bioklimatischen Gesamtbild und für darauf eingehende ärztliche Maßnahmen; nichts aber gibt Anlaß, ihnen eine schöpferische und aufbauende Fähigkeit zuzumuten. Anders und differenzierter ist, was das Geburtsbild aussagt, als die Eigenschaften alljährlich in einem bestimmten Monat wiederkehrender physikalischer und chemischer Beschaffenheit unserer Umwelt.

Inwiefern und unter welchen Umständen wir berechtigt sind, von kosmischen Rhythmen beim Menschen zu sprechen, behandelte B. de Rudder, nicht ohne Abwehr eines befürchteten falschen Wortgebrauchs, welcher der Astrologie einen Vorschub leisten könnte.[44] Er sah in der häufigen ärztlichen Anwendung gewisse Unklarheiten, die von einer wissenschaftlichen Sauberkeit wegführen. Die alte Bedeutung des Kosmosbegriffs als »wohlgeordnete Welt« habe sich immer mehr verschoben einerseits auf die außerirdische Welt, so daß man von »Einflüssen aus dem Kosmos« spreche, andererseits auf einen metaphysischen Beiklang, der »kosmische Zusammenhänge« mit dem Schleier des Geheimnisvollen umgibt und naturwissenschaftlich, im Sinne bestimmter Ursachen, unbrauchbar sei. Deshalb schlägt de Rudder eine Gleichsetzung von »kosmisch« und »extraterrestrisch« (außerirdisch) vor. Dies hieße aber, alles was sich aus den Bewegungen der Erde ergibt, also Tages- und Jahresperioden, sofern nicht außerirdische Einflüsse mitsprechen, vom Begriff des Kosmischen auszuschließen, ebenso allgemeingültige Ordnungen wie das periodische System der Chemie, wofür der Begriff allerdings ungebräuchlich ist. Was harmonikales Denken zusammenzufassen sucht, ist damit aufgeteilt. Unsere Aufgabe

44 B. de Rudder, »Über sogenannte ›kosmische‹ Rhythmen beim Menschen«, Georg Thieme Verlag, Stuttgart, 4. Auflage 1948.

gebietet demgegenüber, am Begriff einer *Ordnung von Welt-ausmaß* und dementsprechender Beziehungen festzuhalten. Dieser Kosmosbegriff bezieht ein, was mit den Bewegungen der Erde zusammenhängt, und beachtet deren Abstimmung auf das größere Ganze, die Periodizitäten im Sonnensystem, ferner das naturgegebene Wohlgeordnete etwa der chemischen Reaktionen, enthält aber selbstverständlich keine beliebigen, nur ausgedachten Ordnungen oder, was de Rudder als »Rhythmus« anführt, etwa die Häufung von Verkehrsunfällen an Sonntagen.

Außerdem betrachten wir Periodizität und Rhythmus nämlich nicht als dasselbe, obzwar sie die gleichmäßige Wiederkehr von Ähnlichem gemeinsam haben. Rhythmus beschränkt sich auf das Organische, in ihm liegt nicht nur *Wiederkehr*, sondern *Fluß, selbsttätiger Fortgang.* Erst so wird unterscheidbar, daß die Periodizität der Sonnenflecken nicht ohne weiteres als Rhythmus auftritt, daß es wiederum noch andere organische Rhythmen als auf kosmische Perioden gegründete gibt.

Wir treiben damit keine Haarspalterei, wie sich im weiteren zeigen wird. Die von W. Hellpach vorbildlich dargestellten jahresperiodischen Schwankungen der Leistungsfähigkeit bei Schulkindern[45] fielen nach de Rudder unter die angewandte Geophysik, denn die Erde ist es, deren Umlauf und schräge Achsenlage die wechselnde Sonnenscheindauer sowie das sonstige Bild der Jahreszeiten hervorbringt. Diesen Untersuchungen zufolge liegt das geistige und körperliche Optimum im Januar, hält im Februar zum Teil an, im März findet ein Ausgleich statt. Juli–August zeigen schlechte Werte, dann macht sich eine Verbesserung bemerkbar. Zwischen März und Juni tritt in Erscheinung, was Hellpach die Frühlingskrise nennt. Die beiden Kurven gehen auseinander, indem die körperliche Leistungsfähigkeit steigt, die geistige sinkt: herabgesetzte Konzentrationsfähigkeit, geminderte Lust am Kopfrechnen und Auswendiglernen. Die Kinder sehen blasser aus, sind müde, doch voller Un-

---

45 Willy Hellpach, »Die geophysischen Erscheinungen«, W. Engelmann, Leipzig 1917, 4. Auflage 1935 umgeändert in »Geopsyche«.

ruhe. Es ist dies der psychomotorische Effekt, den Schiller in einer Selbstaussage über seine Verfassung in dieser Zeit als das »gegenstandslose Sehnen« bezeichnet. Diese Frühlingskrisen sind Rauschgetränken vergleichbar, die geistig entspannen, dekonzentrieren, mit der seelischen Gelockertheit aber eine Bereitschaft für spontane Einfälle schaffen, aus denen Erregungsausbrüche hervorgehen. Auch Lombroso führt an, daß es zwei Punkte im Jahr gäbe, in denen die größte Chance für Einfälle bestehe, im Mai und September, und zwar in Zusammenhang mit einer geistigen Auszehrung und Enthemmtheit. Statistisch unterfestigter Ausdruck der Frühlingskrise ist einerseits der Jahresgipfel von Konzeptionen zwischen April und Juni, sind anderseits das Vorkommen der meisten Sexualdelikte, Ausbrüche des Erregungszustandes bei Geisteskranken sowie die größte Häufung der Selbstmorde, die viele zur Zeit der stärksten klimatischen und wirtschaftlichen Schwierigkeiten, nämlich im Winter, erwarten würden.

Dieses Bild wiederholt sich alljährlich in der gemäßigten Zone unserer Halbkugel ohne Unterschied der Völker, ihrer Kulturverhältnisse und der sozialen Lage der Individuen. Wie steht es auf der südlichen Halbkugel, wie in der Äquatorzone? Leider fehlen hierüber die Statistiken, die wichtig wären, um festzustellen, ob es sich um einen *in die Jahreszeitenfolge eingehängten Rhythmus* handelt wie bei den »Saisonkrankheiten«, ob um einen organischen Rhythmus überhaupt. Wir müssen uns vor Verallgemeinerungen hüten, wie Erregungszustand = Erregungszustand. Nach den Untersuchungen von Ammann über die Häufigkeit der *epileptischen* Anfälle nimmt die Jahreskurve eher den *umgekehrten* Verlauf wie bei den Konzeptionen, Unzuchtvergehen, Selbstmorden. Der Tiefpunkt liegt im Juni–Juli, der Höhepunkt im November und ein weniger ausgeprägter Höhepunkt im Februar. Der labile Gleichgewichtszustand des Epileptikers scheint aber in seinen Störungen sehr genau der Schwankung des Erdmagnetismus und der ähnlich gelagerten Jahreskurve der Luftelektrizität zu folgen.

Gesichert ist lediglich das Vorhandensein von verschiedenerlei

Jahreskurven. Die einzelnen Monate haben gewiß wie Curry meint bioklimatisch unterschiedliche Eigenschaften, doch im fließenden Verlauf und nicht so scharf abgegrenzt wie die 12 Tierkreiszeichen, außerdem auf der Nord- und Südhalbkugel im Oberflächenbild gegensätzlich, während die Bedeutung der Zeichen auf der ganzen Erde dieselbe ist. Genaue und überall geltende Umschaltepunkte sind nur die Tagundnachtgleichen im Frühlings- und Herbstbeginn sowie die Wendepunkte im Sommer und Winter, nahe den Extremen größter Sonnenferne und -nähe der Erde, die zu anwachsender Beschleunigung oder Verlangsamung der Erdbewegung überleiten. Dies muß sich klarmachen, wer die Charakteristika der Tierkreiszeichen in umweltlichen Einflüssen begründet erhofft.

Wie aber, wenn der organische Rhythmus die äußere Periodizität als Rahmen für lebenseigene Gestaltungen aufgreift?

Damit nehmen wir in bezug auf die Ursächlichkeit eine Schwenkung um 180 Grad vor, ein Gedanke, der uns im nächsten Abschnitt beschäftigen wird. Vorerst fassen wir die Periodizität der anderen Erdbewegung, des Tages, näher ins Auge. Wir berührten sie bereits anläßlich der Weltraumstrahlung, und es ist eine Fülle von Bedingungen, zu denen die rotierende Erde die Wesen auf ihrer Oberfläche in eine regelmäßig wechselnde Lage bringt: Wärme- und Lichtstrahlen der Sonne, Luft-, Boden- und Wassertemperaturen, Druckverhältnisse, luftelektrische Potentialgefälle, erdmagnetische Zustände, Bodenstrahlung und vieles mehr, schon soweit es bisher messend erforscht wurde. Die mannigfaltig sich überschneidenden Wechselbeziehungen erschweren natürlich die Herauslösung einzelner Kurven. Bioklimatisch spricht man auch bereits von einem »Akkord« mehrerer Elemente; der Organismus sieht sich jedenfalls einem komplexen Zusammenwirken gegenübergestellt, das er als Ganzer eigenrhythmisch zu bewältigen hat.

Wieder waren es Ärzte – durch ihren Beruf auf das verwiesen, was wir den »Tatort« nannten –, die mit Beobachtungen vorangingen. Die unabhängig voneinander angestellten Untersuchungen von Fischer und Hagentorn über das normative Eintreten der Todesfälle – Material aus Spitälern genommen – zeigen eine überdurchschnittliche Höchstzahl in den Morgenstunden zwischen 4 und 6 Uhr. Allerdings sind die Statistiken auf die mechanische Uhrzeit ausgerichtet, nicht auf die natürliche Einteilung nach Sonnenauf- und untergängen, die im astrologischen Häusersystem gilt, wobei ferner die hohen Breiten von Kowno und Rostock ins Gewicht fallen. Nehmen wir jedoch einen Jahresdurchschnitt, so entspricht der Ansatz der aufsteigenden Kurve demjenigen Sektor, der im antiken Häusersystem auch »Pforte des Hades« (Tor der Unterwelt) genannt wurde, und der Gipfel liegt in Annäherung zum Aszendenten, dem persönlichen »Bios« (Lebenskraft und -art des Horoskopeigners). Die auf spätere Überlieferungen festgelegte Vulgärdeutung würde diese Kurve eher in den gegenüberliegenden Abschnitten, vom »Todeshaus« zum Deszendenten, ansteigen erwarten, was den Nachmittagsstunden entspräche. Auf dieser gegensatzverwandten Achse unterscheidet aber die neuere Deutung zwischen Aufbau- und Abbauvorgängen; als hauptsächliche Todesursache wäre somit der *nicht mehr gelingende Aufbau aus dem Eigenrhythmus organischer Tätigkeit* anzusehen. Dies würde besagen, daß wir es mit einem echten organischen Rhythmus zu tun haben, der sich in Auseinandersetzung mit einer geophysikalischen Periode verwirklicht oder aber versagt.

Tagesperiodische Beobachtungen werden dem Mediziner besonders nahegelegt durch die Messung der Körpertemperatur. Schon in den 70er Jahren des vorigen Jahrhundert stellten Jürgensen und Liebermeister die abendliche Temperatursteigerung fest. Die erhöhte Bluttätigkeit spiegelt vielfach ineinandergreifende Vorgänge in den Organen, die Untersuchungen Forsgrens wiesen demgemäß einen 24stündigen Rhythmus in der Tätigkeit der Leberzellen nach, neuere Beobachtungen von Jores und Menzel lassen den Tagesrhythmus als gesichert gelten. Es besteht eine relative Unabhängigkeit von Schlafen und Wachen, Nahrungsaufnahme und sonstigen Lebensgewohnheiten; diese Bedingungen sprechen zwar mit, können aber nicht als entscheidend für die Entstehung angesehen werden. Auch bei Säuglin-

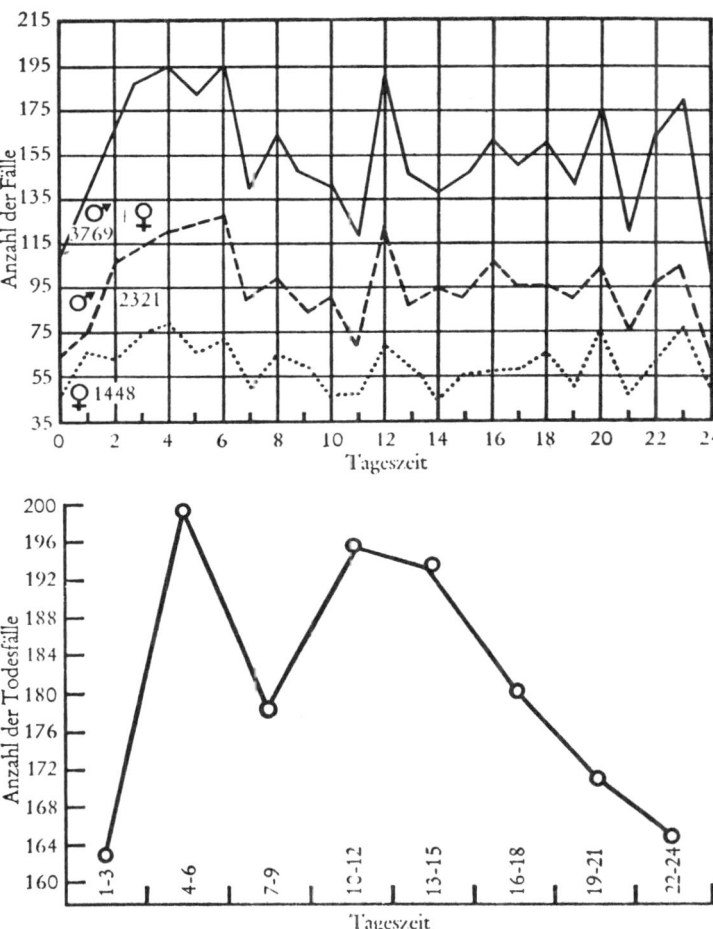

Abb. 7: Tageskurve der Sterblichkeit. Beide Statistiken zeigen eine Höchstzahl der Todesfälle zwischen 4 und 6 Uhr morgens, einen relativen Hochstand am Mittag, eine Mindestzahl um Mitternacht. Die Aufstellung von Prof. Hagentorn (Kowno) enthält ein Minimum von 163 Fällen, ein Maximum von 199 Fällen, der Unterschied beträgt nicht ganz ein Fünftel, 18%. Die Aufstellung von Prof. Fischer bringt eine größere Anzahl von über 7 Jahre verteilten Todesfällen in Rostock, sie bewegt sich zwischen einem Minimum von 111 Fällen und einem Maximum von 198 Fällen, der Unterschied beträgt 45%. Diese Kurve zeigt neben der stärksten Erhebung zwischen 3 und 6 Uhr früh und der zweitstärksten um 12 Uhr zwei deutliche Erhebungen um 20 Uhr und 23 Uhr, die auf der Kurve Hagentorns nicht hervortreten. Die Untersuchungen Fischers verdeutlichen außerdem einen Gleichlauf der Sterblichkeit bei beiden Geschlechtern. (Münchener med. Wochenschrift, 22. Juli und 2. Sept. 1932.)

gen, die zwischen regelmäßig in kurzen Abständen verteilten Mahlzeiten und Pflegemaßnahmen schliefen, erbrachte de Rudder den Nachweis der Temperaturkurve. Offenbar haben wir es mit einer *Selbststeuerung des Organischen* zu tun, in diesem Sinne kommen wir noch darauf zurück.

Wir sind an den Punkt gelangt, an dem wir uns fragen müssen, ob astrologisch Erfahrbares überhaupt aus der allgemeinen Naturkausalität herrühren kann. Physikalisch denken wir an Quantitäten, Qualitatives steht in Abhängigkeit davon. Da ein Ort auf der Erdrinde gegen Gestirnwirkungen von unten abgeschirmt ist – wenn wir nicht Wirkungen annehmen, die durch die feste Erdmasse dringen –, kämen eigentlich nur Planetenstellungen über dem Horizont in Betracht, am stärksten bei Kulmination. Dies sahen wir an den Weltraumstrahlen, wenn die Milchstraße im Zenit steht. Auch bei indirekten Wirkungen über die Sonnenflecken zeigt sich, daß etwa Radiostörungen tagsüber stärker sind als nachts. Das astrologische Erfahrungsbild dagegen ergibt *keinen* Unterschied der Planetenquantität und -qualität, nur eine anlagemäßige *Richtung auf andere Lebensgebiete;* für Stellungen über oder unter dem Horizont können wir die Unterscheidung extravertiert (nach außen gerichtet) und introvertiert (nach innen gerichtet) treffen. Bringen wir dies in Beziehung zum durchschnittlichen täglichen Lebensrhythmus, der stärkeren Beanspruchungen am Tage, stellen wir in Betracht, daß es dagegen Nachtwesen gibt, auch beim Menschen gibt es geborene Nachtarbeiter und Tagscheue, so ist dieser Unterschied als Abwandlung der Normalität einzuwerten. Organische Rhythmen vertragen eine Umkehr gegen äußere Normalbedingungen. Nicht aber sind derartige Befunde aus dem geophysikalischen Zustand ableitbar.

Gestützt auf astrologische Erfahrungen, wenn diese unumstößlich sind, bleibt nur der Schluß: *Wir müssen die Ursachen in der Selbststeuerung des Organischen suchen.* Was die Qualitäten betrifft, hingen wir sonst am jeweiligen Fortschritt einer anders ausgerichteten Disziplin; beispielsweise hat man heute über die Natur der Weltraumstrahlung zum Teil andere Ansichten als bei ihrer Entdeckung. Doch die Qualitäten, um die es astrologisch geht, sind solche einer *in sich geschlossenen Lebensordnung*, die von äußeren Einwirkungen nur am Rande und besonders dann, wenn sie nicht mehr intakt ist, berührt wird.

Kosmische Rhythmen bei Lebewesen

Den Archäologen hat Schliemann gezeigt, daß es lohnt, altertümliche Berichte ernst zu nehmen: er fand Troja, das sie ins Reich der Fabel verwiesen. Auch den Biologen mag manches aufgehen, wenn sie den alten Plinius sorgsam lesen. Beweise, wie sie dem Archäologen der Spaten liefert, verschafft sich der Biologe im Experiment. Schon griechische Schriftsteller schrieben über eine *Mondbezüglichkeit* im Mittelmeer lebender Seeigel; es war eine Entdeckung der Feinschmecker, welche die im Hochsommer bei Vollmond voll entwickelten Ovarien so hoch schätzten, daß die Nachfrage in den Marktpreisen zum Ausdruck kam. Ein Engländer, H. M. Fox, hat dies in den Jahren 1920/21 in Suez am Stachelhäuter Centrechinus setosus untersucht.[46] Es zeigte sich ein Fortpflanzungsrhythmus in Anlehnung an den synodischen Monat. Die mehrmonatige Laichzeit hat ihren Gipfel im Juli und schließt im September, jeweils bei zunehmendem Mond füllen sich die Keimdrüsen, und kurz vor Vollmond fand die Ablaichung statt.

Mehr noch als diese nackten Zahlen macht der bis heute wenig beachtete Untersuchungsbericht anschaulich, wie während einer Mondperiode sich die Keimdrüsen füllen und im Weibchen die Eier zur Reife kommen und wie im dreimaligen Rhythmus die Laichzeit abklingt. Der Höhepunkt liegt im Juni/Juli, hier sinkt auch in der Zeit vom letzten Viertel bis Neumond die Anzahl der geschlechtsreifen Seeigel nicht bis zum Nullpunkt herab, wäh-

---

46 H. Monroe Fox, »Lunar periodicity in the reproduction of Centrechinus setosus«. Forschungsbericht der »Royal Society of London«, Serie B, Band XVCm, Seite 523–550.

rend Ende Juli, im August und September 1921 zu den entsprechenden Zeitabschnitten keine Seeigel mehr im völligen Reifezustand gefunden wurden. Anderseits aber stieg auch die Reifekurve zwischen erstem Viertel und Vollmond mit dem voran-

Auszug der Angaben für 1921

		1	2	3	4	5
3. 7. 21		73	40	15	10	19
6. 7. 21	Neumond					
10. 7. 21		83	58	24	39	13
17. 7. 21		100	65	17	85	13
20. 7. 21	Vollmond					
25. 7. 21		31	10	19	9	21
1. 8. 21		0	0	11	0	16
4. 8. 21	Neumond					
7. 8. 21		22	19	27	0	9
15. 8. 21		78	53	18	56	16
19. 8. 21	Vollmond					
23. 8. 21		68	18	22	30	20
31. 8. 21		0	0	19	0	20
2. 9. 21	Neumond					
8. 9. 21		14	0	21	7	15
16. 9. 21		24	5	21	0	17
17. 9. 21	Vollmond					
21. 9, 21		7	0	15	5	22
28. 9. 21		0	0	13	0	11

Reihe 1: Prozentzahl der Männchen, bei denen die Probe nur befruchtungsfähige Spermatozoen ergab.

Reihe 2: Prozentzahl der Männchen, die auf dem Laboratoriumstisch laichten.

Reihe 3: Anzahl der untersuchten Männchen.

Reihe 4: Prozentzahl der Weibchen, bei denen die Eierstöcke nur reife Eier enthielten.

Reihe 5: Anzahl der untersuchten Weibchen.

schreitenden Jahre immer weniger an. In der Septemberperiode 1920 wurden gar keine geschlechtsreifen Seeigel angetroffen, augenscheinlich, weil hier der Vollmondtag, der 1921 auf den 17. fiel, zu spät im Jahre lag, es war der 28. September. Daher schloß 1920 die Laichzeit bereits im August ab. Aus dem vorgefundenen Sachverhalt und der Untersuchung der Tiere hat es den Anschein, daß ein und dasselbe Tier während der Laichzeit mehrmals ablaicht und seine Reife wiedergewinnt, bzw. die Keimstoffe erneuert. Wahrscheinlich begeben sich die Seeigel nach dem jeweiligen Laichen ins tiefere Wasser, um sich wiederherzustellen und dann mit frisch gefüllten Keimdrüsen hinauf zur Küste zu steigen und beim nächsten Vollmond erneut abzulaichen.

Über die Ursachen dieser Periodizität hat Fox mannigfache Überlegungen und Untersuchungen angestellt. Die Kurve der Meerestemperaturen zeigte einen ganz anderen Verlauf, Temperaturschwankungen konnten also nicht der Auslöser sein. In Betracht gezogen wurde, ob ein periodischer Wechsel in der Nahrung, als der Materialquelle für die Erneuerung der Geschlechtsprodukte, die Ursache sein könne. Das Ergebnis der Untersuchung zeigte keinen Unterschied in der Menge oder Zusammensetzung der Nahrung. Der stark in Frage kommende Wechsel von Spring- und Nippfluten ist ein Doppelzyklus in der Zeit, in der Centrechinus einen einzigen Zyklus durchmacht; die Flutstärke ist in den Sommermonaten in Suez zur Neumond-Springflut größer als zur Vollmond-Springflut. Fox, der an analoge periodische Erscheinungen anderer Küstentiere erinnert, hält eine Reaktion der Seeigel auf die mit den Fluten zusammenhängende Veränderung des hydrostatischen Zustandes für möglich, aber unwahrscheinlich. Ebenso erschien ihm zuerst der Unterschied zwischen hellen und dunklen Nächten für zu geringfügig. Später entdeckte er, daß der Sauerstoffverbrauch im pigmentierten tierischen Gewebe bei Licht größer ist als in der Dunkelheit und glaubte nun hierin einen Zugang zur Erklärung zu sehen.[47] Schließlich aber sagte er: »Wir sind nicht nur unwissend über die Natur des periodischen äußeren Faktors, sondern auch die Ursachen des Laichens der Seeigel, periodisch oder nichtperiodisch, sind uns unbekannt.« Wichtig für den kollektiven Charakter des Vorganges ist seine Beobachtung, daß das Laichen eines Männchens das Laichen aller anderen reifen Männchen und Weibchen in der Nachbarschaft hervorruft.

Ein vielbesprochenes Musterbeispiel der Mondpünktlichkeit ist der Palolowurm, Eunice viridis. Es bewohnt unterseeische Korallenfelsen der Samoa-, Tonga-, Fidschi- und Gilbertinseln in der Südsee. Bekannt ist, wie die Eingeborenen dieser Inseln sich auf das mit astronomischer Regelmäßigkeit eintreffende Ereignis, das ihnen einen geschätzten Leckerbissen liefert, einstellen und ihre Boote rüsten. Ungeheure Scharen wurmartiger Tierleiber tauchen plötzlich an der Meeresoberfläche auf, so daß sie nur herausgeschöpft zu werden brauchen. Dieses Phänomen wurde von Friedländer, v. Bülow und anderen Beobachtern untersucht. In der Nacht bzw. im Morgengrauen des Tages vor dem letzten Mondviertel im Oktober und November (vgl. S. 157), den Reifemonaten des Palolo, lösen sich bei beiden Geschlechtern die etwa 25 cm langen Hinterenden des Leibes und

47 Weiteres über die Rolle des Lichts bei Lebensfunktionen s. in meinem Buche »Das Lebewesen im Rhythmus des Weltraums«, S. 182, Anmerkung. – Neuerdings untersuchte der Regierungsmedizinalrat A. Lang das Problem des Längenwachstums und der Sexualreife, für deren Zunahme bzw. Vorverlegung seit der Jahrhundertwende er die künstlich verlängerte Lichteinwirkung haftbar macht. (Cesra-Säule, Heft 5/6, 1963, Farben-Forum, September 1963). Er ging aus von Tierversuchen, anknüpfend an den Gebrauch von Kunstlicht bei Geflügelzüchtern, um eine frühere Legereife zu erzielen. Seiner Auffassung nach haben sich bei den Pflanzen, Tieren und wahrscheinlich auch beim Menschen unter dem Zwang der Anpassung an gegebene Umweltsbedingungen bestimmte Lebensrhythmen entwickelt, die ein regionales Optimum auch der Fortpflanzung gewährleisten. Sie werden durch die *Dauer der Lichteinwirkung* gesteuert. Eine wesentliche Änderung für den Menschen sieht er im stärkeren Gebrauch von Kunstlicht seit der Jahrhundertwende, dessen Tempo und Ausbreitung – zuerst in den Städten – folgt die Akzeleration. Zum Unterschied von de Rudder, welcher die Akzeleration als Folge der *Massierung sensorischer und psychischer Reize* beim Vorgang der Verstädterung betrachtet, sieht L. diese Erscheinung nicht in Lichtintensität oder Schnelligkeit der Reizfolge, sondern in der verlängerten Helligkeits-*dauer* begründet. Das Licht sei eine Bedingung, unter der andere Reize organisch wirksam gemacht werden können, eine Voraussetzung auch für den »psychischen Stoffwechsel«, ohne den keine Entwicklung möglich sei.

schwärmen an die Meeresoberfläche aus, wo die Entleerung und Aufnahme der Keimstoffe erfolgt.

Entsprechende Erscheinungen beobachtete J. Goldborough Mayer bei einem dem Palolo verwandten Ringelwurm, Eunice furcata, der im Atlantischen Ozean in der Nähe von Florida vorkommt; nur hat dieser seinen Reifemonat im Juli, und die Sexualkrise tritt im ersten oder letzten Mondviertel ein. Der um die japanischen Inseln lebende Keratocephale osawai gehört einer anderen Gattung an. Bei diesen von den Japanern Itome genannten Meereswürmern schnüren sich die Vorderenden ab, während die Reststücke im Gestein bleiben. Ihre Geschlechtsreife beginnt im Juni, sie tritt 1–2 Tage *nach* Neu- oder Vollmond auf, und zwar abends zwischen 6 und 7 Uhr, wenn die Flut zurückebbt.

Auf Samoa gibt es auch mehrere landbewohnende Krebsarten, die kurz vor dem Auftreten des Palolo zum Meere wandern, um ihre Larven zur Weiterentwicklung ins Meerwasser zu bringen. Über die eine Art, Sesarma rotundata Heß, berichtet Krämer, daß diese Wanderung genau eine Woche vor dem Paloloschwärmen, also bei Vollmond, stattfindet. Bekannt sind drei verschiedene auf Mondphasen bezügliche Arten.

Eine ganze Literatur ist über den Palolo entstanden.[48] Worum es grundsätzlich bei dieser Erscheinung geht, dürfte nach dem

48 Auch die experimentelle Erforschung der bei vielen niederen Meerestieren beobachteten Mondperiodizität geht natürlich weiter. C. Hauenschild vom Max-Planck-Institut für Biologie in Tübingen (s. Umschau 1958, Heft 17) gelang es, beim Borstenwurm Platynereis dumerilii den auf Mondphasen eingestellten Rhythmus *umzulegen,* indem er die Versuchstiere einer verschiedentlich wechselnden Belichtung aussetzte. Diese Würmer leben in einer Gespinströhre, worin sie eine etwa 6 Tage dauernde *Metamorphose zur Geschlechtsform* durchmachen; die Schwärmdaten sind also vom Beginn dieser Metamorphose abhängig. Der Einsatz dieser Veränderung ließ sich mit willkürlich abgestimmten Zeiten künstlicher Belichtung, wobei die Stärke des Lichts diejenige des Vollmondes nicht überstieg, auf verschiedene Zyklen verlegen. Ein Rhythmus erhält sich normalerweise mindestens 2 Monate. Weitere Versuche zeigten, daß in den Zwischenzeiten das Wachstum der Keimzellen im Hinterende durch eine im Gehirn gebildete Substanz *gehemmt,* die vorzeitige Reifung also dadurch verhindert wird, so daß es sich um einen Rhythmus, der die Bildung von Hemmstoffen in gewissen innersektorischen Nervenzellen beinhaltet, zu handeln scheint.

Gesagten klargeworden sein: ob nämlich eine solche kosmische Periodizität nur als *Niederschlag und Spiegelbild äußerer Bedingungen* auftritt, oder ob und wie weit sie als *Ausdruck einer organischen Selbststeuerung,* als wirklicher Eigenrhythmus, betrachtet werden darf. Dies ist sowohl für die Auffassung vom Leben überhaupt als auch für das astrologische Problem von Bedeutung. Wir können daher den naturwissenschaftlichen Bemühungen, jede erdenkliche mechanische Erklärung heranzuziehen, nur dankbar sein. Auch soll man nicht ohne weiteres von »kosmischen Einflüssen« reden, wenn die Forschung über unmittelbar bewirkende Ursachen noch nichts weiß. Eine luftelektrische Deutung des Palolorätsels versuchte Kritzinger, dementsprechende Anregungen von Svante Arrhenius verarbeitend. Angeführt wurde schon die Theorie von Dahns, aus der Mondschwere und Mondbewegung im Verhältnis zur Erdbewegung, die Lage in der Jahresbahn beachtend, abzuleiten, warum das Abstoßen der Hinterenden einen Tag *vor* dem letzten Mondviertel erfolgt. Dies gälte aber nicht für den floridanischen Verwandten des Palolo, und der mechanische Anstoß erklärt nicht das Bereitsein dafür, den Reifemonat. Im gleichen Zusammenhang sprach Hellpach von der »Frühlingskrise«, weil die Laichzeit des Palolo in den Frühling der südlichen Halbkugel fällt. Diese Ansicht wieder würde gegenstandslos bei den von Fox untersuchten Seeigeln. Einer Beteiligung der Umwelt am Fortpflanzungsrhythmus kam Fox näher, wenn er sie auf zwei Wegen für möglich hält: durch Einwirkung auf die sich entwickelnden Keimdrüsen vom Beginn des Wachstums an, oder durch Ausübung eines Effekts auf die vollauf mit Geschlechtsprodukten gefüllten Keimdrüsen. Das erste betrifft genaugenommen die Rahmennatur der physikalischen Umwelt und das *organische Eingeordnetsein* in sie, das zweite, womit sich Fox vorwiegend befaßte, die *mechanische Auslösung.*

Wie in der Bioklimatik sind also umweltliche Vorgänge einerseits als periodische Grundlage, anderseits als mechanische Auslöser stets in Betracht zu ziehen, doch erklären sie nicht den konstitutions- bzw. arteigenen Rhythmus. Versuchen wir diesen an einem anderen Fall näher zu verstehen. Bei Meerestieren haben Ebbe und Flut eine weitgehende Bedeutung, manchmal eine existenzwichtige, wie G. Bohn an Aktinien der normannischen und bretonischen Küste beschrieb. Diese am Boden festsitzenden Tiere sind zur Flutzeit ganz im Meerwasser untergetaucht und werden bei Ebbe freigelegt. Sie sichern sich durch Zusammenziehen gegen die Austrocknung in der Dürrezeit und entfalten ihre Tentakelkrone erst wieder, wenn die steigende Flut sie umspült. Die Selbständigkeit dieser rhythmischen Bewegung wies Bohn nach, indem er Aktinien in kleine Wasserbecken setzte. Auch dem direkten Einfluß des Gezeitenwechsels entzogen, zeigten die Tiere Kontraktion und Ausdehnung im gleichen Zyklus, den das Meer draußen anschlug, und erst nach vielen Wochen verlor sich diese Erscheinung. Obzwar nun der unter den gleichmäßigen Lebensbedingungen des Aquariums jetzt unzweckmäßig gewordene rhythmische Vorgang unterblieb, bedeutete dies doch nicht, daß damit auch der innere Rhythmus aufgehoben sei. Die Tentakeln sind gegen Erschütterungen sehr empfindlich, und unter Umständen genügt ein Klopfen an der Glaswand, um eine Reaktion hervorzurufen. Während aber zur Flutzeit ein solches Klopfen eine geschlossene Aktinie zum Öffnen bringen kann, bleibt die gleiche Erschütterung zur Zeit der Ebbe wirkungslos. Umgekehrt kann die geöffnete Aktinie zur Ebbezeit durch die leise Erschütterung zum Schließen veranlaßt werden, zur Zeit der Flut jedoch reagiert sie darauf nicht.

Ob aber die rhythmische Handlung im ursächlichen Zusammenhang mit Ebbe und Flut oder mit dem in den Gezeiten der Meere zum Ausdruck kommenden Mondzyklus steht, gibt eine andere Beobachtung zu bedenken. In Long Island Sound an der Ostküste Nordamerikas wurde an Austern bemerkt, daß sie bei Flut ihre Schalen öffnen, um Nahrung einzulassen, bei Ebbe wieder schließen. Zur genaueren Untersuchung verfrachtete Prof. Brown lebende Austern per Expreß an die tausend Meilen entfernte Northwestern University, dort blieben die Tiere in geschlossenen Behältern. Zuerst öffneten und schlossen sich die Austern im gleichen Zyklus wie an ihrem Ursprungsort. Nach zwei Wochen verschob sich der Rhythmus allmählich auf den Meridianübergang des Mondes in Evanston, als ob es am Meer läge und dort die Gezeiten einträfen.

An den Aktinien zeigt sich, wie v. Uexküll darüber sagt, die Fähigkeit des Lebens, »auf rhythmische Wirkungen der Außenwelt rhythmische Antworten zu finden, die den Rhythmus der Außenwelt sogar überdauern«. Wir werden nach dem vorhin Erläuterten statt »rhythmische Wirkungen der Außenwelt« unterscheidungshalber »periodische Wirkungen« sagen. Weiterhin zeigt sich, daß die Auslösung eines Rhythmus zeitweise zurückgestellt werden kann, ohne daß er deswegen aufgehoben ist. Man darf behaupten, das Leben schaffe sich im Bedarfsfalle arteigene Rhythmen, wie Organe, und erhält sich eine Bereitschaft in dieser Hinsicht, auch wenn sie momentan nicht gebraucht werden. Wir dürfen dabei nicht an hirnliche Unterschiede denken, da den niederen Meerestieren ein derart ausgebildetes Nervennetz fehlt, wie es beispielsweise die Zugvögel haben. Für das Festhalten eines Rhythmus kommt in Betracht, was Semon unter »Mneme« versteht, eine jeder lebenden Substanz zukommende Fähigkeit, welche dem Gedächtnis der höheren Tiere entspricht. Solche Lebensrhythmen sind nicht einfach »nur so« vorhanden. Hat der Vorgang bei der Aktinie und Auster mit der Existenzerhaltung zu tun, so geht es in den weitaus meisten Fällen um die Reproduktion des Einzelwesens, die Fortpflanzung, um zeitlich gemeinsame Sexualkrisen oder damit verbundene kollektive Wanderungen. Physikalische Erklärungen können nur den jeweiligen Auslöser betreffen, vom selbststeuernden Leben aus hat der Rhythmus seinen Platz in einem Sinnzusammenhang.

Nicht immer ist vom Leben aus eine kalendarische Exaktheit nötig wie beim Palolo; gewisse Abweichungen von der Regel läßt für den Menschen auch de Rudder gelten, wenn sie »individualkonstant« sind. Der auslösende physikalische Effekt, der gar nicht so stark zu sein braucht, weil es nur auf den Zeitpunkt ankommt, spielt für die auf einen Rhythmus eingestimmte Art die Rolle eines *Signals*. Das Bewegende ist nicht der Effekt, sondern seine Bedeutung in der dafür empfänglichen *Reizfähigkeit*.

Gleiche Wirkungen, die für andere Arten bedeutungslos sind, veranlassen die Aale unserer Flüsse, zum Ozean zu wandern, um dem Fortpflanzungszweck zu dienen. Das Ineinandergreifen von Zeitsignalen mit einem geographischen Orientierungssinn, der Tausende von Seemeilen überwindet, treibt die Pelzrobben der amerikanischen Pazifikküste zu den Pribiloffinseln im Beringmeer, und zwar mit getrennten Ankunftszeiten: im Anfang Mai versammeln sich die Bullen, einen Monat später treffen die Kühe ein. Bei den Zugvögeln hat man die Tätigkeit bestimmter Drüsen untersucht und sieht in Hormonen den Anstoß zu entsprechenden Verrichtungen. Die Frage nach dem inneren Rhythmus und seinen Signalen wird aber nicht beantwortet, wenn man sie auf die periodische Funktion innersekretorischer Drüsen verlegt; das arteigentümliche Verhalten, wenn die Vögel etwa Anstalten zum Nisten treffen, sagt nicht, welchen Platz im Jahr, welchen zeitlichen Stellenwert, die Nist- und Bruttätigkeit hat. Die periodische Ausschüttung von Triebstoffen zeigt sich übrigens medikamentös beeinflußbar. Aus ihr wird man das Ankurbeln der Vorgänge, aus periodischen Umwelteinflüssen vielleicht den klimatologisch-jahreszeitlichen Rahmen, aus den neuerlichen Versuchen im Planetarium gar die Orientierung des Vogelflugs an Sternbildern verstehen lernen, nicht aber auf solche Weise den sinnvoll zusammenfassenden Rhythmus der Laichwanderungen, Flug- und Brutzeiten und dergleichen erklären.

Oft argumentiert man in bezug auf den ausgeprägten Zeitsinn gewisser Tiere, daß es sich um ein rein innerorganisches Phänomen handle, da dieser Zeitsinn nachweislich durch Einfuhr bestimmter Chemikalien störbar ist; die Tiere kommen unter der Wirkung dieser Stoffe zu früh oder zu spät zum eingewöhnten Futterplatz, ihre Lebensuhr geht schneller oder langsamer. Auch beim Menschen gibt es einen in unbewußten Schichten verankerten Zeitsinn (die »Kopfuhr«). Afrikaforscher berichteten darüber Erstaunliches von ihren schwarzen Trägern. An der Pariser Sorbonne wurden diesbezügliche Versuche angestellt, bei denen ein Großteil der Studenten den Ablauf einer Stunde oder mehrerer Stunden unwahrscheinlich genau, in einigen Fällen auf die

Minute zutreffend angeben konnte. Bei Einnahme bestimmter Narkotika usw. ergaben sich Verfrühungen oder Verspätungen bis zum Doppelten der abgeschätzten Zeit. All solche Versuche belegen nur, daß der Organismus in Umstände versetzt werden kann, durch die er den Kontakt zur kosmischen Grundlage seines Zeitsinns *verliert.* Der Kern der Sache bleibt immer, daß dieser Zeitsinn überhaupt *vorhanden ist,* und Zeit wäre eine Abstraktum, wenn wir die natürlichen Grundlagen ihrer Gliederung durch die Bewegungen der Erde und, als nächst Hinzukommendem, des Erdtrabanten vergessen würden.

Gewöhnlich merken wir nicht, worin wir eingebettet sind, und halten es auch bei anderen Wesen für selbstverständlich. Bringt die Natur aber Abnormitäten hervor, so läßt sich daran einiges von ihrem normalen Wirken verdeutlichen. Im organischen Rhythmus lernten wir Maßnahmen der Sicherung kennen, hauptsächlich bezogen auf den Fortbestand der Art. Hierzu rechnet bei Säugetieren auch das embryonale Wachstum, das sich in bestimmter zeitlicher Folge abwickelt, die als Norm festliegende Trächtigkeitsdauer und die Lage der Empfängnis bzw. Geburt im Jahr. Letzteres gilt vor allem für die Breiten mit jahreszeitlichen Extremen; soll der Rhythmus seinen Zweck erfüllen, so müssen die Jungen in der ihnen günstigsten Zeit des Jahres zur Welt kommen. Die Paarung geht nicht nach unseren Normen, viele Arten wie Fuchs, Wildschwein, Mufflon usw. haben ihre »Frühlingskrise« im strengsten Winter. Die Trächtigkeitsdauer steht allgemein in gewisser Beziehung zur Körpergröße des Tieres. Nötigenfalls aber »erfindet« die Natur wirksame Maßnahmen, um die Spanne zwischen Empfängnis und Geburt künstlich zu verlängern oder aber die Befruchtung hinauszuzögern. Das erstere ist der Fall bei unserem Reh. Seine Brunstzeit liegt im Juli/August. Man kann äußere Ursachen darin sehen, daß der Bock gegen seine Geschlechtsgenossen kampflustig wird und die Ricke angeht, wenn die reichlichste Nahrung vorhanden ist. Es liegt eine Zweckmäßigkeit darin, die Art im Zustande höchster Krafterfülltheit fortzupflanzen. Die Befruchtung und der Einsatz der Keimentwicklung erfolgen sofort, nicht erst bei der Scheinbrunst im Herbst, wie man früher annahm. Bald aber wird die Entwicklung der Leibesfrucht unterbrochen und ruht nun von Oktober bis nach Beginn des neuen Jahres, um nach diesem eingeschalteten Stillstand wieder einzusetzen und im Mai vollendet zu sein. Dann wird das Junge gesetzt. Den anderen Fall finden wir bei unseren Fledermäusen. Hier liegt die Paarungszeit vor Einbruch des Winters, die Befruchtung erfolgt aber nicht sogleich. Vielmehr wird das männliche Sperma in hierfür ausgebildeten Samentaschen des weiblichen Tieres aufbewahrt, durch besondere Betreuungsfunktionen ernährt und bleibt lebensfähig bis zum Vorfrühling, dann kommt es zur Befruchtung, und das junge Tier entwickelt sich in wenigen Wochen.

Wir sehen, wie das Leben souverän mit den Bedingungen umspringt, unter denen eine Art ihre Daseinsform verwirklicht. Allerdings ist dabei ein Unterschied der Naturreiche zu beachten. Kosmisch bezogen sind ebenfalls die Pflanzen; ihr Heliotropismus (Sonnenbezüglichkeit) entsteht aber aus einer Abhängigkeit, da sie die Lichtenergie zur Assimilation brauchen. Auch die Häufigkeit der Sonnenflecken, bzw. die damit zusammenhängenden Niederschlagsmengen kommen in den Jahresringen langlebiger Bäume zum Vorschein, so daß man am Querschnitt einer kalifornischen Sequoia den Wetterkalender vergangener Jahrhunderte ablesen kann. Die Pflanze hat ihrem Wesen nach mehr *passiv* am Kosmos teil. Wie schon Carus sah, ist ihr Bildetrieb durchgängig nach außen gerichtet, während das Tier bauplanmäßig, besonders in seinen Ernährungsorganen, gleichsam eine nach einwärts gestülpte Pflanze darstellt. Im Zuge der Überstufung der Naturreiche bekommt das, was man die *organische Astronomie* nennen kann, nämlich die Einstellung des Lebensrhythmus auf kosmische Faktoren, beim Tier einen *aktiv* gesteuerten Charakter. Ein festes Maß kann mit beweglicher Anpassung verbunden sein. So zeigte sich bei hier beheimateten Säugetierarten, die man auf der Südhalbkugel einführte, daß ihre Brunstzeit entsprechend den umgekehrten Jahreszeiten verlegt, die Trächtigkeitsdauer jedoch beibehalten wurde. Universell gesehen verwirklicht das Tierreich einen Fortschritt der *eigenge-setzlichen Einstellung in den Erdraum und seine periodischen Veränderungen.* Vollziehen wir geistig einen weiteren Schritt zu unserem Reich, so entsteht die uns näher liegende Frage, welche Stellung der Mensch, mag er auch physiologisch zu den Säugetieren gerechnet werden, rhythmologisch einnimmt.

Die Eigenständigkeit des Menschen

Mancher wird schon ungeduldig fragen: Was haben denn Meereswürmer und Fledermäuse mit uns zu tun? Was soll dies beim Thema der Astrologie? Sehr viel, wenn wir die menschliche Organisationshöhe aufgebaut auf unteren Lebensstufen, nicht losgelöst von der Natur, aus natürlicher Entwicklung und nicht durch ein übernatürliches Diktat entstanden verstehen. Das astrologische Problem mit Hilfe von Gestirnwirkungen lösen zu wollen, führt immer in Sackgassen, aus denen nur okkultistische Annahmen heraushelfen. Es löst sich aber, in Einklang mit dem heutigen Weltbild, aus der kosmisch eingelagerten Rhythmik als Eigentümlichkeit des selbststeuernden Organismus.

Ungewohnt ist es zwar, den sich einem größeren Ganzen einordnenden Rhythmus genauso real zu nehmen wie die wägbare Stofflichkeit und ihre naturgesetzliche Funktion. In letzter Hinsicht gibt uns allerdings die moderne Strömungswissenschaft neue Gesichtspunkte.[49] Wir müssen alteingesessenen Denkgewohnheiten aufkündigen und auch die zeitlichen Abläufe durchgestaltet sehen. Eines schließt das andere nicht aus und gehört mit ihm zusammen. In einer Sinnbezogenheit lebendiger Verrichtungen, wie sie unsere Beispiele zeigten, besteht der Rangunterschied, daß *der Rhythmus dem organischen Verwirklichungsimpuls näher steht* als die Anpassung an eine äußere Periodizität. Er bedient sich vorfindlicher Bedingungen, bzw. wo das Lebe-

49 Vgl. Theodor Schwenk, »Das sensible Chaos«, Vgl. Freies Geistesleben, Stuttgart 1962, ebenda »Bewegungsformen des Wassers«, 1967.

wesen sich anpaßt, werden gegebenenfalls solche rhythmischen Abänderungen vorgenommen, die eine bessere Sinnerfüllung versprechen.

Mit dem Wort »Sinn« muß man freilich sparsam umgehen. Wir beschränken es auf einen aus den Tatsachen ersichtlichen Lebensbezug. Der Sinn des Palolo-Rhythmus betrifft nicht den Mond, sondern die Fortpflanzung. In einem Punkte nun unterscheidet sich der Mensch von den meisten Tieren: Bei uns liegen die Zeiten der Empfängnis und Geburt ziemlich gleichmäßig über das ganze Jahr verteilt. Wir haben keine kollektiv gemeinsamen Sexualkrisen, abgesehen von gewissen Gleichzeitigkeiten bei Primitiven, das kleine mit der »Frühlingskrise« zusammenhängende Maximum kann nicht als besonderes Kennzeichen der Menschenstufe gelten. Wer akosmisch denkt und den Rang des Menschen allein in der zerebralen Entwicklung sucht, mag darin ein Heraustreten aus dem Zwangslauf und einen Ausdruck menschlicher Freiheit sehen. Unsere bewußt gesteuerte Lebensweise strebt ja auf Unabhängigmachen von der Natur hin, während jedoch die unbewußt gesteuerte Keimentwicklung in der Schwangerschaft einer festen Naturregel folgt.

Hierin steckt das astrologische Problem, wenn wir es einmal andersherum sehen, nicht an Vorsehung in den Sternen denken. Am »Tatort« finden wir nichts als kosmische Einstellungen der Lebensrhythmik, und zwar der *individuellen*. Aus der Geburtskonstellation ersehen wir die *angeborene Struktur des Einzelwesens*, etwas zum Eigentlichen der Menschenstufe Gehöriges, die individualkonstante Form. Zum Unterschied vom »Fertigsein« der anderen Naturwesen ist aber die Gestalt des Menschen etwas »Werdendes«. Die Tradition der Ebenbildlichkeit und des kosmischen Menschen erfaßte richtig, daß die fortschreitende Individualisierung auf ungleicher Betonung von Anlagen beruht, die uns allen gemeinsam sind. Individuelle Gefügeordnungen sind spezifizierter Ausdruck des Gesamtmenschlichen. Wir können in geschichtlicher Zeit verfolgen, wie das Individuelle sich stärker durchprägt, so daß der einzelne in seiner Besonderheit aus dem Typus heraustritt, Charakter und Schicksal bekommt, das

Kosmogramm also sozusagen erst allmählich wirksam wird. Der Frühmensch ist demgegenüber anonymes Gruppenglied.

Was nicht in einer solchen Struktur aus allgemeinmenschlichen Komponenten enthalten sein kann, ist die *Entwicklungshöhe* und der sie hebende oder senkende *selbstbestimmende Faktor.* Dementsprechend betrachten wir die beiden kreisläufigen Systeme, in denen die Verwirklichungsprinzipien befaßt sind (Tierkreis und Häuser), nicht als ewige Wiederkehr des Gleichen, sondern wir sehen sie sozusagen im Aufblick auf eine zylindrische Spirale; es gibt darin Wiederkehr auf höherer Ebene oder gesunkenes Abbild eines früher schon erreichten Zustandes. Dies gehört zu Keplers »irdischen Ursachen«. Oder auch so: Ein und dieselbe Struktur kann sich auf verschiedener Höhe verwirklichen, damit treten unterschiedliche Entsprechungen der Grundeigenschaften und Zielsetzungen ein. Nennen wir den solche Entwicklungen bewirkenden selbstbestimmenden Faktor die vielberufene »Freiheit«, so ist sie aus kosmischer Sicht keineswegs die zerebrale und wesensmäßig gewähnte »Ungebundenheit« des akosmisch Denkenden. Freiheit erreicht vielmehr ihren Entwicklungswert aus der Gegenübersetzung zum Gebundensein an das individuell Eigenständige, wofür in der *Entscheidungswahl* die *Verantwortung* übernommen wird.

Die gebrachte Sicht des Menschen ist diejenige der organisch kosmologischen Blickweise. Sie hebt die individuelle Eigentümlichkeit vom Säugetier- und Gruppencharakter ab. Naturgemäß muß dies in einer spezifischen Rhythmik zum Ausdruck kommen. Suchen wir Belege dafür unabhängig vom Kosmogramm, so haben wir an den nicht bewußten Funktionen und vor allem der Fortpflanzung anzuknüpfen. Erschwerend tritt allerdings hinzu, daß naturwissenschaftliche Untersuchungen meist unter kausalmechanischen Gesichtspunkten angelegt sind, worin der Unterschied zwischen Organischem und Anorganischem verwischt wird. Es läßt sich nachweisen, daß sämtliche Elemente des Kosmogramms physikalische Wirklichkeiten sind. Ob und wieweit sie auch Wirklichkeiten für ein organisches Anlagengefüge sind, für die Konstitution eines Lebewesens, muß mit Untersuchungen anderer Art ausgewiesen werden. Hierbei steht im Falle des Menschen im Brennpunkt, daß es überhaupt individualkonstante Rhythmen in Einstellung auf kosmische Perioden gibt.

Um es klar zu sagen: Eine nach Kraftmengen gemessene Einwirkung, sei sie auch periodisch wechselnd, ist etwas anderes als die Bedeutung dieses Zyklus für die organische Selbstverwirklichung, wobei geringfügige Veränderungen das Signal für einen akuten Zeitpunkt abgeben können. Diese Signalbedeutung ist Eigentum des Organischen. Der Mond draußen verhält sich indifferent gegen Fortpflanzungen. Physikalisch ist er lediglich ein schwerer Körper, der das Sonnenlicht reflektiert, dem die Eigendrehung fehlt, von uns für physikalische Spiegelwirkungen als Rückstrahler benutzbar. Wenn er wirkt, dann auf den Schreibtisch vor mir genauso wie auf mich. Doch für die zeitliche Verwirklichung gewisser reagibler Lebewesen, gemäß der rhythmischen Einstellung ihrer Art in Jahr und Tag, kann sein astronomischer Zustand ihnen Signale liefern, es sei »an der Zeit«. Als Zeitmesser spielt der Mond auch im Bewußtsein des Frühmenschen und seiner mythologischen Denkart eine Rolle.

Nicht alles von außen Einwirkende korrespondiert nun mit einem organischen Rhythmus. In bezug auf Umwelteinwirkungen haben wir vielmehr unterschiedliche Stufen in Betracht zu ziehen.

Oberflächenwirkungen betreffen das Sinnenfällige, die Einwirkung der Landschaft und ihrer momentanen Erscheinungsform, Farbe und sichtbare Atmosphäre, ihrer Flora und Fauna sowie der Wetterschwankungen auf die Gestimmtheit von Seele und Geist.

Etwas tiefer reichen die Einwirkungen des barometrischen Drucks auf den physischen Zustand, der atmosphärischen Beschaffenheit, die Beziehungen etwa zwischen Gewebespannung und Luftelektrizität sowie die Emanation der Bodeninhalte. Hierzu rechnen die Breitenlage und ihre klimatische Norm, abgewandelt durch die Bodengestalt, also lastende Schwere des Tieflandklimas, besonders an der Meeresküste, gegenüber dem

Entlastetsein in großen Höhen, Trockenheit der Wüste oder Treibhausfeuchte des Dschungels, ferner die Erregung durch Föhn, Schirokko, Gewitterschwüle und anderseits die Erfrischung nach Gewitterentladungen und Schneefällen. Schließlich rechnen zu dieser mittleren Stufe noch sekundäre periodische Erscheinungen des Tageslaufs und der Jahreszeiten sowie die vielfachen Auswirkungen des Sonnenfleckenphänomens.

Die eigentlichen *Tiefenwirkungen* bestehen in exakter materieller Widerspiegelung von Gestirnbewegungen, direkt oder indirekt vermittelt, wozu auch Umdrehung und Umlauf der Erde selbst gehört. Letztere bringen den Ort auf der Erdoberfläche periodisch in bestimmte Lage zu den übrigen Körpern des Sonnensystems, die ihre Eigenperiode haben.

Im Lebensrhythmus, im persönlichen Erleben und Befinden, greift all dies ineinander, fließend und zum Teil veränderlich. Als Regel kann dabei gelten, daß die Einstellungen um so leichter umstellbar sind, je mehr wir uns von Tiefen- zu Oberflächenwirkungen nähern. Eine momentane Umstellung nehmen wir beispielsweise am Morgen vor, wenn wir aus dem Hause treten und über Nacht ein Wetterumschlag erfolgt ist. Anders liegt es mit der Tagesschwankung von Puls und Temperatur, die unabhängig von Bewölkung und Sonnenschein oder Jahreszeit verläuft. Die durchschnittliche Zahl unserer Pulsschläge beträgt tagsüber 74 in der Minute, bis zum Ende der Nacht verringert sie sich auf 59, was einen Unterschied von 15 Schlägen ausmacht. Die Temperaturkurve steigt morgens an, erreicht ihren Höhepunkt nachmittags gegen 6 Uhr, fällt nachts ab. Im Laufe einer Erdumdrehung machen wir eine Schwankung von 1–1 1/2 Grad durch. Wir sehen damit Einstellungsformen, deren Rhythmus gleichmäßig abgestimmt auf eine kosmische Norm verläuft. Was geschieht aber, wenn wir uns in ein Flugzeug setzen und die mittlere Sonnenzeit um 5 Stunden überholend nach New York fliegen? Die Temperatur- und Pulskurve stellt sich nach Horizont und Meridian des Ortes um. Das ist astrologisch das Entscheidende.

Man hat auch die durchschnittlich 18 Atemzüge in der Minute, 25 920 am Tage, in Beziehung gestellt zum ebensoviel Jahre umfassenden Präzessionszyklus, sieht ihr Verhältnis zu den mit 72 gerechneten Pulsschlägen in der Proportion 1 : 4. Th. Schwenk stellt hierzu in Vergleich dieselbe Proportion in der Fortpflanzungsgeschwindigkeit von Klangrhythmen, die im Wasser viermal so groß sei als in der Luft. Gehen wir solchen interessanten Vergleichen nach, so beginnt die kosmologische Zahlenspekulation als Bestandteil des harmonikalen Denkens.

Uns genügt hier, den Mikrokosmos des Menschen makrokosmisch eingebaut zu wissen. Wir müssen dabei unseren Organismus und seinen rhythmischen Ausdruck als *schwingendes System* betrachten, das in den Oberflächenerscheinungen beweglich nach dieser und jener Richtung ausschlägt, in seinem Grundrhythmus aber auf kosmische Normen eingestellt beständig bleibt, und zwar mit individuellen Abweichungen, individualkonstant. Auf diese Grundrhythmen, das natürliche Maß ermittelnd, beziehen sich die astrologischen Rechnungen.

Wie schon an den tagesperiodischen Untersuchungen über die Sterbestunde gezeigt (S. 195), wird in Statistiken meist ein *künstliches* Maß, dort die Uhrzeit, angenommen. Deshalb sind solche Untersuchungen für das astrologische Thema nur bedingt brauchbar, während in der Geophysik die physikalischen Wirklichkeiten sich vielfach als astrologische Elemente erweisen; z. B. wurden Maxima und Minima des erdmagnetischen Zustandes festgestellt, wenn der Mond den Horizont oder Meridian eines Ortes kreuzt. Gleiche Vorbehalte wie bei den Sterbestatistiken gelten für die Untersuchungen von William F. Petersen über *Krankheitsdispositionen in Zusammenhang mit dem Geburtsmonat.* Er nimmt die Einteilung des bürgerlichen Jahres, die astrologische Einteilung aber geht von den Tag-Nacht-Gleichen und Wendepunkten aus, so daß die Drittelung der damit ausgeschnittenen Quadranten (Beginne der Tierkreiszeichen) in den 20.–24. des jeweiligen Monats fällt. Diese schematische Einteilung ist bedauerlich, weil die große Anzahl untersuchter Fälle entsprechende Aufschlüsse erwarten ließe. Weitere Reihen zeigen für Manisch-Depressive eine Höchstdisposition

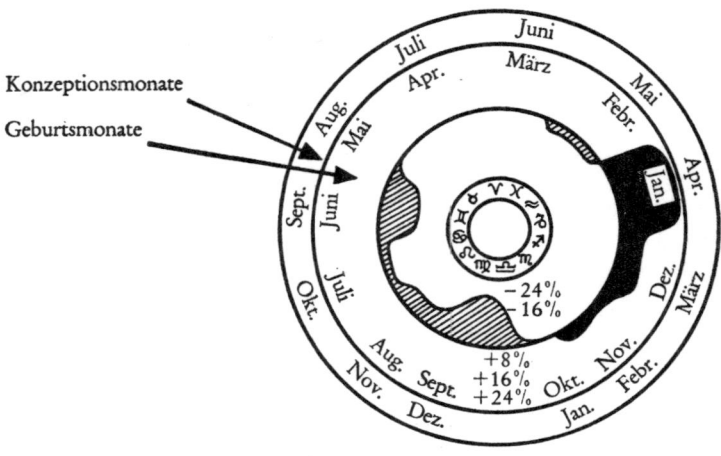

Konzeptionsmonate

Geburtsmonate

−24%
−16%
+8%
+16%
+24%

3467 Schizophrene in USA

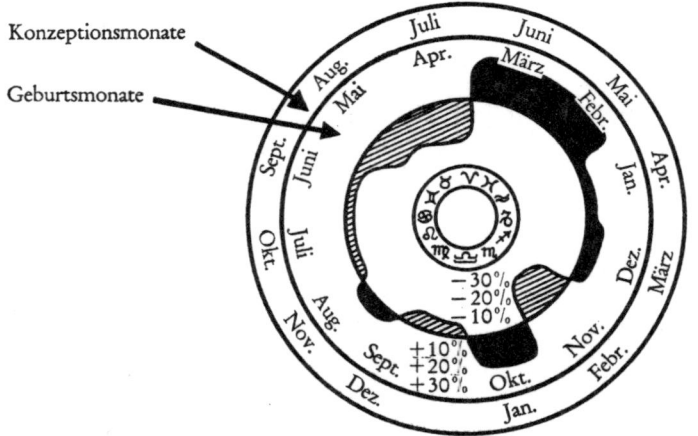

Konzeptionsmonate

Geburtsmonate

−30%
−20%
−10%
+10%
+20%
+30%

2030 Lungentuberkulosen in USA, mit tödlichem Verlauf

Abb. 8: Massenstatistiken über Anlagedispositionen im Zusammenhang mit dem Geburtsmonat. Nach William F. Petersen, University of Illinois. »The patient and the weather«, Edward Brothers, Ann Arbor, Michigan. Das Überschreiten der Mittelwerte ist in Prozentzahlen mit + , das Unterschreiten in solchen mit − angegeben.

bei Geburten von März bis Mai, hingegen Mindestdispositionen bei Geburten im Juni, Oktober, Dezember. Die Kurve der Mißbildungen steigt bei Novembergeburten an, hält sich im Dezember–Januar auf mehr als 20 Prozent über dem Durchschnitt, sinkt Februar etwas ab, steigt wieder März, fällt dann jäh ab auf Mindestzahlen bei April- bis Junigeburten (Mai = 40 Prozent!), um nur noch im September etwas über den Mittelwert zu steigen. Die letztgenannte Statistik würde astrologisch ausgedrückt besagen, daß die Mehrzahl der Mißgeburten mit einem Sonnenstand in den Zeichen STEINBOCK und FISCHE, die Mindestzahl aber mit dem Sonnenstand im Zeichen STIER zur Welt kommt, einigermaßen übereinstimmend mit uralten astrologischen Regeln.

Im übrigen sind Statistiken dieser Art, auch wenn die Tierkreiseinteilung zugrunde liegt, erst bei schon gewonnenen Vorstellungen von den Deutungselementen voll auswertbar, weiterhin, sofern jeweils das Zusammenspiel aller Elemente berücksichtigt ist. Man kann die Inhalte nicht auf solche Weise *finden*, und den Sonnenstand allein zu nehmen, stellt eine grobe Vereinfachung dar. Arbeitet man aber in sachlicher Weise mit den Elementen, dann können derartige Statistiken einen Kontrollwert bekommen.

Sehr bestimmte Vorstellungen hat man seit alters her vom Mond in seinem Zusammenhang mit Wachstum, Mutterschaft, Geburt. Außer der weiblichen Selbsterfahrung spielt hier der Volksglaube hinein sowie anderseits gärtnerische Beobachtung. Eindrucksvoll für das Auge zeigt uns der Mond sein Anwachsen und Schrumpfen im erborgten Licht, den Wechsel der Lichtgestalten. Längst nahm man die Bedeutung seiner Anziehungskraft für die Meeresfluten wahr, abgewandelt im Zusammenwirken mit derjenigen der Sonne.

Das Verhältnis der Mondgravitation zur Gravitation der Planeten stuft sich, die Einwirkung des Neptun = 1 gesetzt, auf folgende Weise ab.

Neptun	=	1
Uranus	=	2
Saturn	=	70
Jupiter	=	900
Mars	=	35
Venus	=	500
Merkur	=	10
Mond	=	80 000

Natürlich macht quantitatives Denken geltend, die Gravitation der Gestirne – auch des Mondes – sei viel zu geringfügig, um einen Einfluß auszuüben. Wir sprechen ja aber nicht von physikalischen Effekten, sondern von der »Signalbedeutung« eines Phänomens im Lebewesen. Dessen Reizempfänglichkeit ist eine offene Frage und kann nicht nach Gutdünken abgeschätzt werden. Selbst über die Bedeutung stofflicher Mengen innerhalb des Organismus täuscht man sich leicht. Das den Blutdruck steigernde Hormon unserer Nebennieren, das Adrenalin, hat deutliche Wirkungen noch bei einer Verdünnung von $1 : 400\,000\,000$. Um 28 g dieses Stoffes bis zur Unwirksamkeit zu verdünnen, brauchten wir eine Wassermenge, die gut 10 000 Tankwagen füllen würde. Vom Schilddrüsenhormon Thyroxin reicht 1/2000 mg aus, um die Verbrennungsprozesse eines ausgewachsenen menschlichen Körpers um 1% zu steigern, geistige Gesundheit oder Verblödung soll von den 15 mg dieses Stoffes, die in unserem Organismus tätig sind, abhängen. Die Haushaltsrechnung der Hormone ist eine eigene Sache, und wenn wir den Behauptungen Currys über das Aran folgen (vgl. S. 189), braucht es auch bei Außenwirkungen keine Keule des Herakles, um einen Menschen zu erschlagen.

Beim astrologischen Problem geht es jedoch um *aufbauende* Bedeutungen. Das laufende Getriebe unseres Sonnensystems, die Periodizität der Planetenumläufe, der irdische Lebensschauplatz selbst darin ein umlaufender, um die eigene Achse sich drehender Körper, umkreist wieder von seinem Trabanten: wahrgenommen oder nicht ist dies jedenfalls ein stetiges und zusammenhängendes Zeitgefüge, das aller Lebensrhythmik gesetzmäßig zugrunde liegt. Das »Irgendwie« der Abhängigkeit auf eine klare und bestimmte *Form der Einordnung* zu bringen, scheint im Fortgang der rhythmischen Lebenstätigkeit zu liegen, so daß beim Menschen schließlich die gesamte Konstellation des Sonnensystems eine Bedeutung bekommt.

Solche Gedanken lagen den Forschern, welche die Mondperiodizität untersuchten, meistens fern. Empirische Forschung beginnt mit Nachweisen im einzelnen. Bereits zu Ende des vorigen Jahrhunderts befaßte sich der Astrophysiker Svante Arrhenius damit; er legte den tropischen Monat zugrunde (27,32 Tage, wenn der Mond wieder in ein gleiches Lageverhältnis zum Frühlingspunkt kommt) und ermittelte bei 24 000 Geburten in Schweden deutliche Häufungen um den 8.–11. sowie den 24.–27. Tag. Nach dreißigjähriger Ruhepause wurde dies Thema wieder aufgegriffen, und Bühler fand annähernd übereinstimmende Ergebnisse bei 33 000 Geburten in Freiburg i. Br., Jenny bei 250 000 Geburten in der Schweiz. Auch für Menstruationsbeginne ergaben die Untersuchungen von Arrhenius an 12 000 Terminen eine Kurve, die mit der Geburtenkurve ziemlich übereinstimmt, nämlich Maxima um den 8.–14. und den 23.–27. Tag.

Nun war nicht nur die Feststellung der Mondbewegung von den Babyloniern bis in die jüngste Zeit eine schwierige Rechenaufgabe, sondern sie liefert uns ein doppeltes Maß. Außer der reinen Umlaufzeit im tropischen Monat (und dem nur um Sekunden verschiedenen siderischen Monat) gibt es noch den sog. synodischen Monat. Dies ist der uns sinnenfällige Monat der Lichtgestalten, von Neumond bis wieder Neumond, er umfaßt im Mittel 29, 53 Tage, ist also über 2 Tage länger. Genaugenommen haben wir darin keine bloße Mondperiode, sondern eine solche des *Dreikörperverhältnisses von Erde-Sonne-Mond.* Der naiven Himmelsbeobachtung drängt sich aber gerade dies als der »eigentliche Monat« auf, und er ist ja auch die natürliche Periode, in welcher das vom Mond reflektierte Sonnenlicht zu- und abnimmt. Diese Periode wurde mehrfachen Untersuchungen über Menstruationstermine zugrunde gelegt, sie erzielten aber wi-

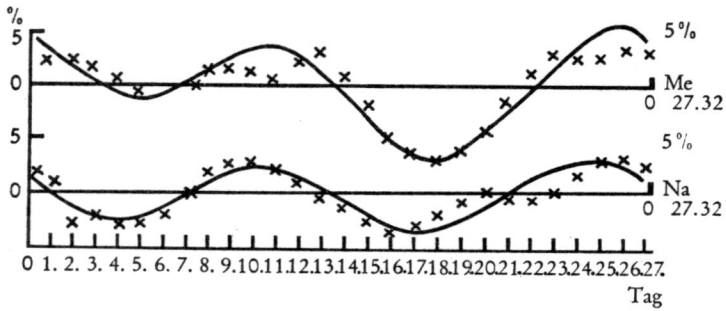

Abb. 9: Menstruation (obere Kurve »Me«) und Natalität (untere Kurve »Na«) in der tropischen, 27-, 32tägigen Mondperiode (nach S. Arrhenius). Die Kreuze geben die für jeden Tag der Periode ermittelten Werte der Häufigkeit eines Menstruations- bzw. Geburtseintrittes. Die Kurve ist mittels Fourierscher Reihen als jene Sinuslinie berechnet, welche sich den erhaltenen Werten optimal anschmiegt, den Verlauf der Werte also als Sinusfunktion ausdrückt. Die kleinen Säulen rechts geben durch ihre Höhe den sich errechnenden mittleren statistischen Fehler wieder. De Rudder, »Sogenannte kosmische Rhythmen beim Menschen«. Georg Thieme Verlag Stuttgart.

derspruchsvolle Ergebnisse. Zeigen die Kurven von Guthmann, an 10 393 Fällen ermittelt, einen steilen Aufstieg bei Neumond und Vollmond, so fand Bramsen umgekehrt Minima am 12.–16. sowie 27.–29. von Neumond an, ebenfalls an ungefähr 10 000 Fällen, Gunn fand bei gleicher Anzahl überhaupt keine Periodizität.

Bei allen diesen Kurven ist zu berücksichtigen, daß sie keine individuelle Einstellung der Frauen zugrunde legen, sondern die Frage nach einer Gleichzeitigkeit bei allen Frauen.

Wenn über dies Thema so hartnäckig gearbeitet wird, dann weniger um alten Überlieferungen gerecht zu werden, als der Tatsache, daß die Menstruation einen organischen Rhythmus darstellt, der nicht nur nach dem Volksglauben annähernd mit dem Mondlauf übereinstimmt. Die Zeitspanne zwischen zwei Terminen ist individuell verschieden, man kann darin eine individualkonstante Abweichung sehen. Sie liegt bei den meisten Frauen im Mittel zwischen 26 bis 28 Tagen. Dies spricht für den tropischen Monat als Norm und könnte der Bewegungstheorie von Dahns einigen Auftrieb geben. Arrhenius und Ekholm fanden den tropischen Monat auch in der Luftelektrizität; sonstige organische Perioden sind für den tropischen wie den synodischen Monat mehrfach nachgewiesen. Es spricht die Auffassung der normalen Schwangerschaftsdauer als Folge von 9 Mondmonaten mit, die Frau ist ihrem ganzen Lebensrhythmus nach, in gesteigerter oder verminderter Spannung und Aufnahmebereitschaft, stärker »mondbezüglich« als der Mann. Abwegig aber erscheint es und führt jedenfalls nicht zum spezifisch Menschlichen des Vorganges, wenn man die Menstruationstermine *kollektiv als eine an den Mondlauf gebundene Periodizität* erweisen will, ohne die *individuelle Abweichung* als Einstellungsform auf dieselbe kosmische Periode zu berücksichtigen. Wir sind eben keine Seeigel, wenn auch in den Grundfunktionen des Lebens das Verhalten unterer Stufen nachklingen mag. Nach astrologischer Auffassung ist normaler oder gestörter Verlauf der Menstruation am Mondstand der Geburt ersichtlich.

Gegen eine mechanische Auslösung vom astronomischen Mond her sprechen die Berichte, wonach bei den Eskimos in der Polarnacht die Menstruation aussetzt. Noch eindringlicher war die an Frauen in Konzentrationslagern beobachtete Aussetzung der Menstruation nach einigen Monaten der Gefangenschaft und des Wiedereinsetzens nach der Befreiung. Darin weist sich die Menstruation als echter organischer Rhythmus aus, der unter gewissen Bedingungen nicht zur Erscheinung kommt, deswegen aber nicht aufgehoben ist.

Bei Empfängnis und Geburt sind die Abweichungen vom Mond-Regelmaß noch beachtenswerter. Eine interessante Untersuchung befaßte sich mit dem an der Nordseeküste verbreiteten Volksglauben, bei ansteigender Flut nähmen der Weheneinsatz und die Geburten zu. Eine erste Untersuchung von Kirchhoff und Harfst an 1888 Geburten erwies eine solche Gleichzeitigkeit als wahrscheinlich, daraufhin wurde die Einführung besonderer Hebammenbücher veranlaßt. Ihre Auswertung durch H. Nieland erbrachte an 2776 Geburten eine Bestätigung, aber gleichzeitig das Ergebnis, daß auch bei Ebbezeiten sich die Geburtseintritte häufen; die größte Differenz zwischen 3 Stunden

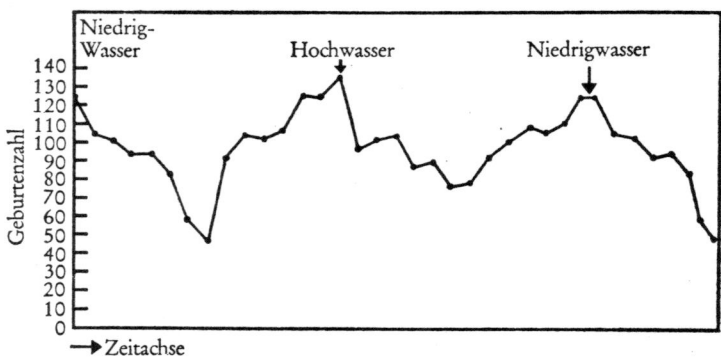

Abb. 10: Häufigkeitsverteilung bezüglich Ebbe und Flut von 2776 genau registrierten Spontangeburten an der Nordseeküste (nach Nieland). De Rudder: »Sogenannte kosmische Rhythmen beim Menschen.« Georg Thieme Verlag Stuttgart.

nach Niedrigwasser und Hochwasser ist 6,7mal größer als die statistische Streuung, was einen Zufall verneint. Das Hervortreten der Ebbezeit macht ferner einen psychischen Einfluß unwahrscheinlich, weil er entgegen der Volksmeinung liegt. Wieder behalf man sich zuerst mit mechanischen Erklärungen, was ja bei Kulmination (Höchststand des Mondes) einigermaßen naheliegt, obzwar nicht einzusehen ist, warum dieser Einfluß bei 7000 Spontangeburten in Kiel, also an der nahen Ostsee, sich nicht zeigte.

Schließlich resignierte de Rudder auf eine terrestrische Umweltswirkung am Orte hin, womit allerdings dem Naturwissenschaftler ein fast mystischer Gedankengang zugemutet wird. Astrologisch könnte man von der Bedeutung des Mondes als Anlagenkomponente ausgehen, was aber individuell zu untersuchen wäre. Die Flut folgt der Meridianstellung des Mondes zeitlich etwas nach, ihr Ansteigen bedeutet Stellung im 9. und 10. Felde, nach der Überlieferung eine gegebene Konstellation für Seefahrer und Fischer, dasselbe gilt gegenüber im Übergang vom 3. zum 4. Felde, wenn die Gegenwelle eintrifft. Bei Ebbe hingegen haben wir ein jahreszeitlich schwankendes Umspielen des Aszendenten und Deszendenten, dies drückt eine Beziehung derselben Komponente auf Eigenperson und Partner aus. Immer erfordert das astrologische Thema jedoch individuelle Untersuchungen, die große Zahl ergibt nur summarische Aussagen.

Nähern wir uns nun unserer Hypothese der individuellen Einstellung von Empfängnis und Geburt, so mag mancher an der unwahrscheinlichen Genauigkeit einer solchen zweifeln. Sie müßte nach Lage der Dinge mehr einer Rhythmik der Gattungsinstinkte als dem Bewußtsein zugesprochen werden. Gehört es doch geradezu zum Rhythmus, daß er nicht anders »gewußt« wird, als im »Jetzt« der fraglosen Verrichtung. Wer sich mit Instinkthandlungen befaßt, staunt oft über die unwahrscheinliche, aber lebensdienliche Genauigkeit. Ein solches Muster von Präzision in der rhythmischen Einstellung, wenn wir nochmals auf die Tierstufe zurückgreifen, zeigt eine Art von Stinten im Stillen Ozean, deren Laichzeit im Mai liegt. Sie halten sich dann in der Nähe der kalifornischen Küste auf, bis am dritten Tage nach Vollmond die Flut ihren Höchststand erreicht, treiben mit der letzten hohen Welle den Strand hinauf, wo die Weibchen sofort ihre Eier in den nassen Sand legen und die Männchen sie befruchten. Mit der nächsten, schon zur einsetzenden Ebbe gehörenden Welle schwimmen sie zurück ins offene Meer. Die abgelegten Eier werden nicht mehr vom Wasser erreicht und fortgeschwemmt, erst nach 14 Tagen erfaßt das Meer die jetzt ausschlüpfende Brut und spült sie hinaus. Was sich hierbei sekundengenau im Geschlechtszyklus einer Art abspielt, müssen wir uns beim Menschen verschiedenzeitlich ausgewirkt, doch bezogen auf einen individuellen Rhythmus denken. Eine instinktsichere Frau »weiß« den Augenblick der Empfängnis, ohne Anzeichen dafür angeben zu können.

Der erste Schrei

Astrologen mit Erfahrungen vom angeborenen Charakter, doch geringer Kenntnis der allgemeinen Lebensgesetze stellten sich vor, daß bei der Geburt sozusagen einem unbeschriebenen Blatt der kosmische Stempel aufgedrückt würde. Es wäre etwa so, wie wenn man eine unbelichtete photographische Platte exponiert. Die Theorie des unbeschriebenen Blattes stammt allerdings nicht von den Astrologen. Sie war Notbehelf einer Psychologie, welche den Charakter ausschließlich von Umwelteinflüssen herleiten wollte. Zuerst konstruierte die Aufklärungszeit eine solche Tabula rasa und meinte sie mit Erziehungsgrundsätzen genügend beschriften zu können, der genaueren Beobachtung zeigten sich dann immer deutlichere Abspiegelungen der wirtschaftlichen Verhältnisse, der Klasse, des Standes, ergänzt durch Heimat und Volkszugehörigkeit. Auch Sprache und Bildungsstand flossen von außen zu, Charakter schien sich von außen nach innen zu bilden. Wenn gegen diese Auffassung die Astrologen ein Recht des Himmels zu wahren suchten, brachten sie mit jener Vorstellung doch gleichfalls eine Milieutheorie; es handelte sich nicht nur um allmähliche Eintragungen aus der Nähe, sondern um eine einmalige, plötzliche, schockartige Fernwirkung. Die im Himmel vorgeplante Idee der Individualität ergriff demnach über die Sterne Besitz vom Neugeborenen. In dieser starren Idee konnte man fertige Eigenschaften sowie restlos determinierte Schicksale unterbringen.

Natürlich warf dies immer die Frage auf, ob die Individualität denn nicht schon bei der Empfängnis entstünde, bzw. gemäß Anschauungen der Wiederverkörperungslehren in den Erdenraum einträte. Wir sahen bereits die Babylonier mit dieser Frage beschäftigt, es wurden Empfängnishoroskope gestellt, die Ungewißheit des Zeitpunktes suchte man im Altertum und Mittelalter zu bewältigen durch Ausbildung von Regeln zur Rückberechnung, wobei hauptsächlich der Mondstand der Empfängnis eine den Aszendenten des Kindes vorprägende Rolle bekommt.

Beweisen läßt sich da nichts – auch die heutige Medizin kann den Zeitpunkt der Empfängnis nicht mit Sicherheit angeben –, nur spekulativ ein Sinnzusammenhang verfolgen. Er betrifft dann das Verhältnis zweier Konstellationen, der Empfängnis und der Geburt.

Als mit der Erbforschung die Verrechnung eines Erbsatzes der elterlichen Reihen gemäß den Mendelgesetzen hinzutrat, wurde der Theorie vom Umwelteinfluß mehr und mehr das Wasser abgegraben. Dies ging bis zur Gegenbehauptung ausschließlicher Gültigkeit der Erbmasse. An Pflanzen- und Tierversuchen bildete sich indessen die richtige Absteckung der Einflußbereiche heraus in der Unterscheidung von Genotypus (Erbbild) und Phänotypus (Erscheinungsbild). Der Genotypus enthält die beständig bleibenden und vererbbaren Grundeigenschaften, der Phänotypus ihre Begünstigung oder Benachteiligung durch Umwelteinflüsse; die mehr luxurierende oder verkümmerte Erscheinung, die sich damit herausbildet, ist aber als solche nicht vererbbar. Besonders anschaulich wird dies etwa bei Weizensorten, die je nach Boden und Wetter besser oder schlechter aufgehen, im Samenkorn aber stets dieselben Grundeigenschaften der betreffenden Sorte fortpflanzen.

In Übertragung auf den Menschen war sonach der Charakter von zwei Seiten, vom Erbe und von der Umwelt her, eingekreist. Untersucht man die so benannten Determinationen, so sind es einzelne von den vielen Merkmalen, die auch bei anderen Menschen vorkommen; die Summe der ausgelesenen, in der bewußten und unbewußten Lebenstätigkeit wirksamen Merkmale wäre also der individuelle Charakter. Das organische Ganze ist jedoch *mehr* als die Summe seiner Teile. Dies »Mehr« besteht in den Voraussetzungen seiner ganzheitlichen Funktion, wobei das Teil nicht als isoliertes Faktum, sondern im Stellenwert für das Ganze wirkt. Mit den seelischen Spiegelungen des Funktionierens oder Versagens befaßt sich die Psychologie. In solchem Zusammenhang bekommt nun das astrologische Meßbild eine andere Bedeutung, wenn wir darin ein *Ordnungsbild*, das heißt ein regelnd verbindendes Gefüge zwischen Erb- und Umweltkomponenten eingeschaltet sehen. Es drückt dann ein individuelles Gleichgewichtssystem aus (einschließlich seiner Störbarkeit), das Vorprägung und Weltoffenheit zusammenfaßt. Wir nennen dies den *Kosmotypus*. Träger der individuellen Eigenständigkeit mitten zwischen Genotypus und Phänotypus, stellt der Kosmotypus den *Umformer* angeborener in umweltlich ausgelöste und zum Vorschein gebrachte Anlagen dar.

Folgen wir dieser Hypothese, so bedeutet dies für die Deutung, daß im Horoskop *nicht* das spezifische Familienerbe und *nicht* die beeinflussende Umwelt *faktisch* enthalten sein können – hier liegen Aussagegrenzen –, sondern nur symbolisch in Rückbeziehungen und Erwartungen. Für die Welt der Tatsachen sind dies Formen der Überleitung des einen in das andere; zur tatsachengetreuen Aussage müssen wir dies und jenes genauer kennen, als im Ordnungsschema angedeutet ist. Astrologisch haben wir somit ein bloßes *Formengefüge,* dessen Lebensnähe wir durch *Entsprechungen* herstellen. Immerhin aber ist es ein ganzheitlicher Rahmen, der familienbedingten Einzelheiten sowie Zielsetzungen des Entworfenseins auf Umwelt ihren Platz im Ganzen gibt. In dieser individualkonstanten Form hat alles einzelne seinen Stellenwert für den Aufbau, die Erhaltung und die fortentwickelnde Verwirklichung der Individualität, deren konkretes Leben sich in Entsprechungen der Ordnungskonstanten auf- und abwärts bewegt.

Ein so gesehenes Bild der Individualität ist alles andere als eine starre Idee. Wir verstehen das Individuelle vielmehr geworden und weiterentwickelt. In bezug auf das geschichtliche Werden des Menschen aus der primitiven Säugetier- und Gruppenverfassung brauchen wir deswegen kein Entwicklungsprinzip finaler Art anzunehmen, das über natürlichen Vorgängen stünde. Sprechen wir von einem entwickelnden Ansporn, so meinen wir – wieder eine Aussagegrenze – den selbstbestimmend schöpferischen Anteil in der jeweiligen Entscheidungswahl, der als Antrieb zur Behebung eines gestörten Gleichgewichts neue Ziele aufwirft. Das Verändernde, noch nicht Dagewesene, wurde demnach jeweils innerlich gefunden, jedoch von außen, durch entstandene Unstimmigkeiten, provoziert. Insbesondere eine angeborene Störbarkeit, mitgebrachte Konfliktspannungen, treiben in entsprechende Situationen des Umbruchs hinein. Dies gibt vor allem den »dissonanten Aspekten« andere Wertakzente, als traditionell gesehen: ihnen gemäß gerät der Mensch in das Dilemma, einen Ausgleich seines Wesensganzen auf höherer Stufe herzustellen, wenn er nicht untergehen will.

Unsere Hypothese greift in ein Bündel von Vorurteilen, durch die sich Astrologen wie ihre Gegner zu unfruchtbaren Diskussionen über Sinn und Widersinn verbeißen. Weder wird der Charakter von den Sternen, noch überhaupt im Geburtsaugenblick erschaffen; das Erbe prägt vor, die Umwelt feilt aus, und nur die formalen Bindeglieder stehen im Horoskop. Die konstante Bindeform ist aber das Wesentliche der individuellen Eigenständigkeit. Diese im Leben fortdauernd beibehaltene Struktur wird zum Schicksal, indem sie jeden nötigt, sich an Hand eines bestimmten Verhältnisses ererbter Grundeigenschaften mit der Umwelt auseinanderzusetzen. Im entstehenden Prozeß des Ringens um sich selbst ändern sich die Einkleidungen, hebt oder senkt sich das Niveau, die Probleme aber bleiben grundsätzlich dieselben. Es ist kein Schicksal der *unausweichlich determinierten Ereignisse,* sondern der *Ereignistendenzen.* Enthalten sind darin Aufgaben, deren Bewältigung offensteht.

Häufig wird die Frage aufgerollt, wie es denn mit Zwillingen stünde, ob sie, wenn die Astrologie wahr sei, nicht in Charakter und Schicksal übereinstimmen müßten? Hier ist zunächst die Unterscheidung zwischen ein- und zweieiigen Zwillingen zu treffen. Bei jenen liegt absolute Erbgleichheit vor, bei diesen eine Erbverschiedenheit, so daß also die größtenteils übereinstimmenden Komponenten des Horoskops mit verschiedenen, in die Erbvergangenheit zurückreichenden Merkmalen besetzt sind. Demgemäß pflegen bei zweieiigen Zwillingen größere Unterschiede aufzutreten, besonders ein Geschlechtsunterschied ergibt in der Kombination zu berücksichtigende Abwandlungen. Ähnlichkeiten des Aussehens und manchmal auch frappante Gleichzeitigkeiten im Lebensgang findet man bekanntlich überwiegend bei eineiigen Zwillingen. Zuweilen aber steht die Zwillingsforschung bei ebendiesen mit charakterlichen Abweichungen und solchen der körperlichen Disposition vor Rätseln; man hat, um sie zu bewältigen, sogar eine »intrauterine Umwelt« konstruiert. Dieser Fall ist astrologisch überprüfbar. Ein Unterschied der Konstellation kann allerdings nur in der Feinstruktur liegen, ausgedrückt in einer Verschiebung von Horizont und

Meridian und damit der Häuserstellungen. Zwillinge werden hintereinander geboren, nach dem ersten Akt des Ausstoßens müssen sich die mütterlichen Organe erst zusammenziehen, bevor sie den zweiten vollbringen können, was mindestens 10–15 Minuten beansprucht. Dies kann entscheidend sein für einen Unterschied des Aszendenten bzw. die Stellung eines Planeten über oder unter dem Horizont, rechts oder links vom Meridian.

Eine dritte hierhergehörige Möglichkeit sind die sogenannten »Horoskopzwillinge«, das heißt gleichzeitig und am selben Ort geborene, doch von verschiedenen Eltern stammende Individuen. Hier haben wir also denselben Kosmotypus, der jedoch verschiedene Erbanlagen und meist auch Umweltsbeschaffenheit zusammenfaßt. Gewisse Übereinstimmungen in den Grundeigenschaften, der Struktur, äußern sich dann in unterschiedlichen Entsprechungen, bedingt durch Rasse, spezifisches Elternerbe sowie Erziehung und sonstige Milieubegünstigungen oder -erschwernisse, nicht zuletzt Entwicklungshöhe und selbstbestimmenden Faktor.

Wodurch kann aber eine Geburtskonstellation eine solch einschneidende Bedeutung bekommen? Nochmals die Einflußtheorie gestreift, wäre es freilich unsinnig gedacht, daß die Gestirne auf das eben vom Mutterleib entlassene Wesen in erhöhtem Maße einwirken. Auch die Impulstheorie bzw. der »kosmische Schock« (vgl. S. 144) behaupten im Grunde dasselbe. Wenn aber die Gestirne wirken, dann vollzieht sich die ganze Schwangerschaft von der Empfängnis an unter ihren Bahnen. Das Entscheidende sind nicht diese Wirkungen, wir sprachen bereits bei der Trächtigkeitsdauer der Säugetiere von Einstellungen in den Erdraum und seine periodischen Veränderungen. Wieder wenden wir den Blick vom Firmament ab und suchen die Ursache im Leben selber. Die Keimentwicklung ist ein rhythmisch gestufter Vorgang. Mit der Einstellung schon der Empfängnis in den kosmischen Rahmen des Erdendaseins verwandelt sich, was als ein *äußerer Willkürakt* erscheint, in den *abschließenden Zeitpunkt einer Verlaufsgestalt.*

Der menschlichen Situation gerecht werdend, müssen wir hier eine Annahme machen, daß nämlich, was wir artgemeinsame Signale nannten, auf das Einzelwesen ausgerichtet sei. Weiter nehmen wir an, Sonne, Mond und Planeten symbolisieren für die menschlichen Gattungsinstinkte bestimmte Grundeigenschaften – welche, werden wir später darzulegen haben –, sie seien sozusagen *Kennmarken für deren Vererbung*. Gemeint sind jene Voraussetzungen ganzheitlicher Funktion, von denen vorhin die Rede war (S. 223). Dann sind für die Überpflanzung erbmäßig vorgeprägter Anlagen und ihrer »Ganzheitsproblematik«, worin die individuelle Schattierung besteht, nur bestimmte Zeitpunkte der Empfängnis möglich und damit, entsprechend der festliegenden Dauer embryonaler Entwicklung, auch der Geburt. Statt gleichzeitiger Fortpflanzung der ganzen Art, wie bei den beschriebenen niederen Meerestieren, begreifen wir den Menschen rhythmologisch als *individuelle Zeitgestalt* und nehmen dementsprechend eine verschiedenzeitliche, individuell gesteuerte Fortpflanzung an. »Gestalt«, denn Rhythmus bedeutet nicht schlechthin eine Zeitstrecke, sondern einen zeitlich gegliederten Lebensvorgang mit Wiederholung von Phasen des Ablaufs. So sehen wir den »Mondrhythmus« der Frau als ansteigenden und abklingenden Vorgang, Reifung des Eies und seine Abstoßung. Es ist kein unbegreifliches Versagen und gehört zu dem, was uns vom Tiere abhebt, wenn eine Begattung auch im Bereitschafts-Höhepunkt dieses Rhythmus und bei erbgesunden Eltern nicht unbedingt zur Empfängnis führt. Auf Grund astrologischer Erfahrungen müssen wir sagen: Die Voraussetzungen hätten nicht zur Konstellation gepaßt. In bezug auf das Zustandekommen der Empfängnis ergänzen wir die bisherigen physiologischen Anschauungen durch eine auslesende *Regie der Gattungsinstinkte*. In Obsorge dieser Instinkte durchläuft der befruchtete Keim dann seine Entwicklungsphasen – wieder eine Anzahl von »Mondrhythmen« –, hinsteuernd auf die Fähigmachung zum selbständigen Eigenleben.

Was in der Astrologie so oft zu verfänglichen Fehlannahmen führt, war die anscheinende Willkürlichkeit des Geburtsaugenblicks.[50] Wir sehen ihn jetzt herausgegriffen aus einem stetigen und fließenden Vorgang. Er stellt den *Abschluß* der Schwangerschaft dar, in welcher der Keim als Gast im Mutterleibe behütet, geleitet und umsorgt von Gattungsinstinkten zur individuellen Eigenexistenz heranwächst. So gesehen ist die Geburtskonstellation ein angesteuertes Endziel, das Horoskop sozusagen der »Entlassungsschein«. Der darin fixierte Kosmotypus enthält *aufbauende Erbvergangenheit,* was dem Karma der Wiederverkörperungslehren nicht grundsätzlich widerspricht. Gleichzeitig liegt im Entworfensein auf Umwelt, den anlagemäßig bevorzugten Möglichkeiten der Bewährung darin, das *Wagnis neuen Lebens.* Die Bindeglieder von jener zu diesen zeigen sich besonders in der Verschränkung von Tierkreis- und Häuserordnung.

Worin besteht die individuelle Bedeutung des Geburtsaugenblicks, was springt dabei aus der fließenden kosmischen Verbundenheit heraus? Die beim Embryo zusammengefalteten Lungen füllen sich zum erstenmal mit Luft, die Luft wird mit einem hörbaren Schrei wieder entlassen. Dieser erste Atemzug ist der *Akt des Besitzergreifens von sich* – manche Kinder brauchen erst ein paar Schläge, die dies reaktiv hervorrufen –, ist der *Beginn* des »Aufsichnehmens seiner Konstellation«. Mit einer spontanen *Tätigkeit* also tritt die Individualität aus dem vorbereitenden, vorgeburtlichen Dasein heraus, positiv selbstbehauptend, mögen auch einige Existentialisten im Schrei die Angst des Ausgesetztseins vernehmen. Die Umstellung vom blutvermittelten Gasaustausch im Mutterleib zur selbsttätigen Atmung entscheidet über die Lebensfähigkeit des Kindes. Mit der Nabelschnur wird dann die unmittelbare Leibverbindung durchschnitten, die Bindung zur Mutter läuft indirekt weiter über die in der

50 Hierher gehört der heute oft gebrauchte Einwand, die künstliche Einleitung von Geburten durch Wehenmittel mache die Gültigkeit dieses Augenblicks illusorisch. Grundsätzlich sei zugestanden, daß es technisch möglich sei, sich aus dem Naturrhythmus herauszubegeben. Im allgemeinen hängt das Herannahen der Geburt aber doch vom Zustand der Mutter ab – auch Frühgeburt, Kaiserschnitt und andere Komplikationen sind der Tendenz nach horoskopisch bei ihr bedingt –; es könnte sich bei der ärztlichen Steuerung nur um eine Vorverlegung der Stunde handeln. Über effektiv erzielte Abweichungen fehlen noch die genau datierten kritischen Untersuchungen.

Brust dargereichte Nahrung, auch seelisch bleibt das Angewiesensein auf die Mutter lange bestehen; die Sinne werden erst allmählich wach, die Außenwelt ist zunächst die meiste Zeit über durch Schlaf abgeblendet bis auf die suchenden Regungen des Sauginstinktes, dem einzigen Instinkt, den wir gleich gebrauchsfertig mitbringen. Doch in der Atmung hat die selbständige Auseinandersetzung mit der Welt angefangen, dies war der Wendepunkt, von da an bis zum Tode leben wir in rhythmischer Verbindung mit dem Luftozean der Erde.

Altgewohnte Vorstellungen kehren sich um. Aus dem Gestirneinfluß wird eine organische Einstellungsform, aus der einmaligen Einwirkung ein rhythmischer Umschlagpunkt, das Horoskop ist kein Antrittsgesuch, sondern ein Entlassungsschein, nicht eine fremde Macht drückt uns Charakter und Schicksal auf, sie sind vielmehr Bedingungen zur Verwirklichung unserer selbst und das Sprungbrett weiterer Entwicklung. Dies ist gewiß etwas anderes, als was landläufig als Astrologie gilt. Es wird hoffentlich niemand vermuten, ein alter Glaube solle damit »hinten herum« bewiesen werden. Aus der neuen Auffassung ergibt sich auch eine veränderte Deutung, die auf gereinigten früheren Erfahrungen weiterbaut. Nicht Saturn am Himmel »macht« oder Jupiter am Himmel »verleiht«, wie es in den alten Regelbüchern heißt, sondern Verwirklichungskräfte in uns, die wir Saturn oder Jupiter nennen, geben uns in diesem oder jenem Verhältnis zueinander ein bestimmtes Problem auf. Ob wir es lösen, steht bei uns. Wollen wir es deutungsmäßig genau fassen, so genügt nicht die im Horoskop ersichtliche Formalbeziehung, sondern inhaltlich muß das spezifische Familienerbe und die konkrete Lage der Umwelt-Einwirkungen vorgegeben sein. Aus der Mißachtung dieser Aussagegrenzen folgerten die schon von Ptolemaios angeführten Irrtümer astrologischer Prognosen (vgl. S. 68). Ob wir das Problem grundsätzlich verstehen oder uns nur mit Einkleidungen herumschlagen, worin wir ihm erliegen oder wie wir es bewältigen, steht wieder nicht im Horoskop. Hierüber entscheidet die Entwicklungshöhe, deren Negativum sich für Melanchthon und Naibod am Sündenfall spiegelte (vgl. S. 80) sowie der selbstbestimmende Faktor, den Thomas von Aquin der freien Entscheidung des Weisen zuschrieb (vgl. S. 76). Sie entwickeln die Gegenkraft zur strukturellen Vorbestimmung und verändern die Entsprechungen, schließen das »innewohnende Gestirn« des Paracelsus auf (vgl. S. 87).

Ganzheitskräfte

Unsere Hypothese kosmischer Einordnung der Lebensrhythmik nimmt gegenüber der alten Astrologie einen Standortwechsel der Betrachtung vor. Damit befriedigt sie das Bedürfnis nach wissenschaftlicher Einheit; in ihr vertragen sich astrologische Erfahrungen mit heutigen physikalischen, biologischen und psychologischen Anschauungen. Diese Hypothese hinge aber in der Luft, gäbe es nicht schon Grundbegriffe, die sich mit der Erfahrung jedes besonderen Falls decken und zugleich eine Übereinstimmung mit allgemeinen Lebensgesetzen herstellen.

In seinem berühmt gewordenen Seeigelversuch schnürte Hans Driesch ein befruchtetes Ei soweit mitten ab, daß nur noch eine schmale Verbindung der beiden Hälften blieb. Nach der älteren Entwicklungsmechanik sind die Teile der werdenden Gestalt stofflich-räumlich gelagert. Demnach war das Zustandekommen zweier halber Seeigel zu erwarten. Statt dessen entstanden zwei ganze. Derselbe Versuch gelang ebenso auch bei Molchen. Hierauf stützt sich Drieschs Vorstellung von *Ganzheitskräften*, welche den frühen Entwicklungsvorgang im Sinne der Art zum vollständigen Organ- und Gliederbau steuern. Wenn auch spätere Experimente zeigten, daß *nach* erfolgter Determination mit Durchschnürungen halbe und Viertelorganismen hervorgebracht werden können, liegen doch die Verhältnisse im *ersten Keimstadium* so, daß Driesch von *Ganzheitskräften* sprach.

Als der Botaniker R. H. Francé sein Wissen von den Erscheinungen, Formen und Vorgängen des Lebens zusammenfaßte, gliederte er sein Werk »Bios«[51] nach *Grundbegriffen dessen, was zur Hervorbringung und zum Bestand eines Lebewesens unumgänglich nötig ist.* Er wählte die Begriffe »Funktion«, »Integration«, »Entität«, »Ökonomie« (kleinstes Kraftmaß), »Selektion«, »Optimum«, »Harmonie«. Für den denkenden Naturforscher sind dies Ideen, unter denen die Unzahl von Einzelheiten, in denen das Leben sich darbietet, sinnvoll zusammengedacht werden können. Francé verstand diese Prinzipien als allgemeine Lebensgesetze.

Ein dritter Aspekt zu unserer Hypothese. Der Philosoph Nicolai Hartmann stellte in seinem »Aufbau der realen Welt«[52] die Übereinanderschichtung von vier Ebenen des Seins dar, der materiellen, organischen, seelischen, geistigen Ebene. Jede von ihnen hat ihre schichteneigenen Kategorien, unter denen die entsprechenden Vorgänge gedacht werden können. Von der organischen Ebene aber sagt Nicolai Hartmann, daß ihre Kategorien uns *nicht unmittelbar zugänglich* seien, sondern daß wir immer das Leben von unten her, in Form materieller Vorgänge (Mechanismus), oder von oben her, mit seelischen und geistigen Kategorien (Vitalismus) zu erfassen suchten. Dieser Gegensatz schichtenfremder Anschauungen greift am Eigentlichen des Organischen vorbei.

Diese drei Aspekte zusammengefaßt würden besagen: experimentell erfahrbar ist etwas tätig, was wir uns so oder so denken, dessen wir aber nicht unmittelbar, aus seinem Eigenen heraus, gewiß sein können. Wir fragen jedoch: vermögen wir denn, da wir selbst lebendig sind, ganz und gar vorbeizudenken an dem, was das organische Sein gründet? Stecken seine Kategorien nicht auch in uns?

Mit bisher gewohnten Methoden der Biologie ist dies allerdings nicht beantwortbar; das Experiment bleibt den *physikochemischen Anschauungen* verpflichtet, theoretische Zusammenfassungen sind Gedanken *über* das Leben. *Unmittelbar den*

---

51 2 Bände, Franz Hanfstaengl, München 1921; gekürzte Zusammenfassung in einem Band in der Sammlung Kröner.
52 Walter de Gruyter & Co. 1940; Neudruck Westkulturverlag, Meisenheim am Glan 1949.

lebendigen Vorgang in seinen eigenen Kategorien zu erfassen, scheint dann unmöglich zu sein. Physikalische und chemische Naturgesetze sowie logische Ordnungen erschließen uns nicht dies Eigentümliche.

Hier nun gibt uns die Tiefenpsychologie einen vierten Aspekt zur Sache. Als Gebiet hat sie zweifellos mit der seelischen Ebene zu tun; was sie lehrt, ist in deren Kategorien befaßt. Woraus sie aber *schöpft,* sind leibnahe Seelenvorgänge, und ihr »Material«, wenn auch seelisch gespiegelt, stammt der Erregung nach aus der organischen Schicht, wird in Form von Spiegelschlüssen (Analogien der Selbstwahrnehmung) im *Symbol* verstanden. Nur im Symbolwert ist die Gegenständlichkeit etwa eines Traumbildes von Bedeutung; unbewußte, somatisch verankerte Lebensvorgänge werden unmittelbar ins Anschauliche projiziert. Darin müssen Zugänge zu den organischen Kategorien liegen. Stellenwerte eines Ganzen bezeichnen die Symbole insofern, als das Auftauchen der Bilder und ihre mit inneren Wandlungen zusammenhängende Veränderung der Ausdruck einer *Gesamtpsyche* sind, die sich über die organische Leibganzheit schichtet.

Von daher können wir der Mythenentstehung sowie dem Eingreifen archetypischer Mächte in unsere Seelenvorgänge anders gerecht werden als mit rein intellektueller Zergliederung. Wir kommen zur Auffassung, daß schöpferische Kräfte des Lebens sich der Bilder bedienen, um im Seelenorganismus etwas Bestimmtes durchzusetzen. Mit ihren Ergebnissen brachte die Tiefenpsychologie eine Umwälzung gegenüber der zuvor herrschenden Logistik, sie führte den erkenntnistheoretischen Ansatz Nietzsches weiter, daß nämlich, was uns bewußt als wahr dünkt, unterströmt ist von unbewußten Lebensvorgängen, mit denen es unter Umständen in Konflikt gerät. Daran bricht die erwähnte *Spannung zwischen Rationalität und Bildwelt* auf, bei welcher das Leben meistens recht behält.

Als Verbildlichung kosmogonischer Inhalte bekommt die mythologische Vorgeschichte der Astrologie eine Bedeutung, die sich nicht im Geschichtlichen erschöpft. Die alten Kosmogonien waren der großartige Versuch, das organische Werden als ein Ganzes zu erfassen, die mitwirkenden Kräfte und ihre Rolle zu charakterisieren. Denn mythenbildenden Menschen fehlte noch die genaue Unterscheidung zwischen innerer und äußerer Wirklichkeit. Zeitbedingt ist dann zwar die Vorstellung von Göttern, die gewisse Sterne besetzen und von daher wirken, ungeschichtlich aber ist die Definition ihrer Wesenheit. In der Selbstbeobachtung sind es *Mächte des Unbewußten,* die wie C. G. Jung richtig sah, an den Himmel projiziert wurden. Zu erwägen ist jedoch, ob eine solche Projektion in toto nicht einen richtigen *Bedeutungszusammenhang* angab, den man später nur falsch als Gestirneinfluß auslegte.

Damit befinden wir uns im Reich des Erfahrbaren. Die Natur selbst liefert uns mit der Konstellation der Geburt eine Experimentalordnung, bei der wir sichergehen, daß es keine vom Menschen ausgedachte ist. Menschliches Irren kann sich nur auf Vorstellungen von der »kosmischen Imprägnation« sowie auf die Deutung der Elemente, nicht auf die *Anordnung im individuellen Fall* erstrecken. Jene im heutigen Weltbild unhaltbare Vorstellung von Gestirneinflüssen ersetzen wir durch organische Rhythmik, Einordnung in den geozentrisch erlebten Kosmos, die Planeten (einschl. Sonne und Mond) verstanden wir als Kennmarken zur Überpflanzung bestimmter Grundeigenschaften, vermutlich der Voraussetzungen zur ganzheitlichen Funktion. Verlegen wir so die tätigen Usachen in das Leben, dann heißt dies, daß die genannten Grundeigenschaften im Unterbewußten jedes Menschen verankert und als Ausdruck organischer Kräfte dort wirksam sein müssen. Tiefenpsychologisch erfahren wir dies an den astrologisch beziehbaren Archetypen. Sind die Inhalte solcher innerseelischer Urbilder aber in der *Geburtskonstellation* mit genau derselben Bedeutung nachweisbar, dann handelt es sich nicht nur um festgehaltene Erwerbungen einer früheren menschlichen Bewußtseinsstufe. Dann sind sie vielmehr unbewußt immer gegenwärtig gewesen als – der psychischen Spiegelungen entkleidet – die gesuchten *Kategorien des Organischen.* Der Nachweis wäre dann in Querverbindungen zur Gestaltbildung und Organik der verschiedenen Lebewesen zu erbringen.[53] Allerdings erfassen wir diese Kategorien nur in symbolischer Form, und mit Symbolen ist anders umzugehen als mit empirisch ermittelten Sachbegriffen. Symbole unterscheiden sich von Sachbegriffen und nähern sich den von der Vernunft gesetzten Prinzipien; der *Geltungsbereich* eines Symbols ist genau abgegrenzt, aber gegenständlich vertauschbar, seine *Entsprechungen* sind unendlich.

Nun entfällt der manchmal gegen die Astrologie erhobene Einwand, sie beruhe auf Namensfetischismus und leite ihre Deutungen von den antiken Göttern her, nach denen die Planeten benannt sind. Naturgemäß hat sich in die Astrologie*geschichte* auch ein solcher eingeschlichen, indem ein unheiliges Deutungshandwerk sich der altgeheiligten Namen bediente. Es liegt damit jedoch so, wie C. G. Jung von den hierarchischen Zahlen sagte, daß das Bewußtsein solche Ordnungszahlen nachahmen kann, derartige Imitationen aber keinesfalls beweisen, daß auch die Originale bewußte Erfindungen seien. Die antiken Götter sind besonders eindringliche Darstellungen jener Mächte des Unbewußten, wir gehen nur fehl, wenn wir nebensächliche Attribute und späte Zuschreibungen auf die danach benannten astrologischen Elemente übertragen. Diese müssen wir unbeeinflußt von solchen Fußangeln der Tradition am Leben erfahren.

Beim Sichten astrologischer Erfahrungen erweisen sich nun die von Francé aufgestellten sieben Begriffe als Schlüsselworte zur Übersetzung der sieben klassischen Planetensymbole in eine Begriffssprache. Es sind demnach nicht bloße Erzeugnisse menschlichen Denkens, letzte Abstraktionen einer »allgemeinen Biologie«, die bekanntermaßen zu widerspruchsvollen Anschauungen führen können. Anderseits dürfen wir uns nicht vorstellen, daß »Ideelles« auf »Materielles« einwirkt und »Leben« erzeugt. Wir haben vielmehr Kennworte für organische Bildekräfte, deren Wirken sich zur lebenden Ganzheit zusammenschließt.

---

53 Für den Menschen versuchte ich dies in »Tierkreis und menschlicher Organismus«, Ebertin Verlag Aalen 1958, Neudruck 1978.

Nicht ohne Grund sprechen wir von Kategorien des Organischen. Die astrologisch möglichen Aussagen sind von einer *Mehrschichtigkeit*, sie betreffen sowohl Gestaltbau und Krankheitsdispositionen als auch seelische Eigentümlichkeiten und deren Problematik sowie die geistige Struktur. Wir haben es mit steuernden Instanzen zu tun, aus denen sich die Gesamtphysiognomie des Menschen als Leib-, Seelen- und Geist-Organismus einheitlich gestaltet. In diesem Sinne nennen wir, was unter den besagten sieben Begriffen individualkonstant erfahrbar ist, *Wesenskräfte*. Sie gehen *vertikal* durch den bei Nicolai Hartmann horizontal übereinander gelagerten Schichtenbau, auf jeder Ebene mit spezifischen Entsprechungen. In ihrem stets *ganzheitlichen Zusammenwirken* sind sie uns zum Teil disponibel, besonders am Anfang von Entwicklungen, in fundamentalen Entscheidungen, an daraus folgenden Wendepunkten. Wir dürfen sie als die Ganzheitskräfte ansehen, die Hans Driesch experimentell feststellte.

Ganzheitskräfte müssen sinngemäß Eigenschaften aufweisen, die nicht in den Energien der Teile zu finden sind. Die konstituierenden Kräfte einer Ganzheit können also nicht als bloße Summenwirkungen verstanden werden. Ihr Eigenes ist morphologischer Art. Darum sind sie in Form kausaler Prozesse nicht vollständig darstellbar, benötigen aber Kausalprozesse zur Verwirklichung. Sie sind indirekt erschließbar aus anordnenden, »steuernden« Wirkungen auf kausale Vorgänge. Das Bindeglied zum kausalen Geschehen im einzelnen besteht darin, daß die Ganzheitskräfte »unter Umständen« in Erscheinung treten und gemäß den »Zusatzbedingungen« variieren. Dies ist vom einzelnen Element aus nicht ersichtlich, sondern hängt von dessen Stellenwert im Ganzen ab. Aus dem raumzeitlichen Geschehen innerhalb eines Lebensganzen sind solche Kräfte als *denknotwendig* herauszufiltrieren.

Geben wir uns einen kurzen Überblick.

Sonne: Ein lebensschöpferisches Grundgesetz ist bei Francé das Prinzip der *Entität*, des wesenhaften Seins. Es stimmt überein mit dem, was analog der Raumrichtung der *Sonne* als *Ge-*

samt-Lebensantrieb hervortritt. Für das Pflanzenleben bedeutet die Sonne am Himmel ein äußeres Zentrum der Ausrichtung, als Warmblüterorganismus und Mensch haben wir gleichsam eine innere Sonne, den aktiv und einheitlich organisierenden, die Bestandteile in ihrem Stellenwert rangierenden Wesenskern. Er verwirklicht die individuelle Form gesunden, kraftvollen, selbständigen Daseins, trieb- und willensmäßig das entschlossene Eintreten für die eigene Person und das ihr Anvertraute, auch Machtmotive. Seelisch gründet sich hierauf das Eigenwertgefühl, geistig die Selbstüberzeugung, Aufgabenstellung und Verantwortlichkeit.

Mond: Gegenüber dieser vitalen Zentriertheit steht das periphere Leben unter dem Prinzip der bloßen *Funktion.* Es ist die Voraussetzung für das lockere Ingangbringen und elastische Durchführen von Vorgängen sozusagen im Auftrag oder zugunsten eines Ganzen. In seiner Mannigfaltigkeit der Erscheinung, Veränderlichkeit der Bewegung und Lebensdienlichkeit auch bei absurden Wendungen, den »Launen«, tritt dies Prinzip analog dem Stand des *Mondes* hervor als *rhythmisch fortschreitender Fluß des Geschehens.* Im Teilhaben an umweltlichen Vorgängen, in der Empfänglichkeit für Klima, Situation, Gelegenheit und in Verwirklichung des Anpassungsmotivs kommt der Formwechsel, die Variation zustande. Beziehung zu Wachstum, Ernährung und Fortpflanzung. Seelisch gründet sich hierauf Einfühlung und Stimmungsumschwung, geistig Erinnerung und assoziative Phantasie.

Saturn: Von grundlegender Bedeutung für Tektonik und Struktur ist das Prinzip der *Integration,* das zum unversehrten Fortbestand eines Ganzen notwendige *Eingefügtsein der Teile als Bauglieder,* auch des Einzelorganismus in das größere Ganze. Dieser »Hüter der Stellenwerte« tritt analog dem Stellenwert von *Saturn* im Geburtsbilde in Kraft. Konsequenz und Dauer gründen sich in der Rücksicht auf Fundamente, Baustoff, sonstige Erhaltungsbedingungen einschließlich der Unterordnung unter Naturgesetze; den Antriebskräften gegenüber führt dies zu Hemmungen und Einschränkungen, nach außen hin wird passiver Selbstschutz und Widerstandsfestigkeit erreicht. Beziehung zu Erbgesetzen, arterhaltende Maßnahmen. Seelisch gründen sich hierauf folgerichtiges Ausharren, aber auch Verhärtung, Versteifung sowie Schuld- und Angstmotive, geistig die Akkumulation von Erfahrungen, Konzentration, Systematik sowie die zum Gewissensbestand gehörigen sozialen Pflichten und weltanschaulichen Grundsätze.

Merkur: Ein regulierendes Prinzip in den einzelnen Lebensverrichtungen ist die *Ökonomie*, das haushälterische Einsparen und die Verausgabung gemäß dem kleinsten Kraftmaß. Seine Wirksamkeit erfolgt analog der Stellung des *Merkur* im Geburtsbilde, sie zeigt das *intelligente Umgehen mit den Mitteln* unter der Tendenz, bei geringstem Aufwand größte Wirkungen zu erzielen. Seelisch ergibt dies Gewinnmotive bei mehr neutraler und indifferenter Haltung zu den Dingen selbst, sozusagen Sparsamkeit und Wirtschaftlichkeit auch der Gefühle, geistig das Erlernbare, Mitteilbare und Zweckdienliche, die Nutzung im logischen Gebrauch von Verstandesbegriffen.

Venus: Ausgeglichener Zusammenhalt trotz aller Lebhaftigkeit sinnlicher Reagibilität wird ermöglicht durch das Prinzip der *Harmonie*, sie ist im Lebewesen kein starres, sondern ein labiles, ein Fließgleichgewicht. Es macht sich geltend analog der Stellung von *Venus* im Geburtsbilde, bestimmt die individuelle Note des *Geschmacks für das Wohlgeordnete.* In Formen der Gesellung, die Nährmittel- und Kleiderwahl, Ausgestaltung des Wohn- oder Festraums betreffend sowie in sonstigen Angelegenheiten des Lebensstils ist es die Reizschwelle »was zu mir paßt und was nicht« und ferner das einordnende Maß. Seelisch gründen sich hierauf Kontakt- und Genußmotive, dirigiert durch Lust oder Unlust mit einer Verfeinerungstendenz, geschmackliche Wahl in Zulassung und Ausdruck der Empfindung, geistig die Symmetrie eines Anlageplans, zahlenmäßig abwägbare Proportionen, ästhetische Maßstäbe und Kunstgestaltung, Friedensziele.

Mars: Bei der aktiven Durchsetzung tritt das Prinzip der *Selektion* hervor, die »Auslese der Tüchtigsten«. Es zeigt sich analog der Stellung des *Mars* im Geburtsbilde, dementsprechend *spontaner Anstoß* sowie auf Auseinandersetzungen abzielende *Übung, Steigerung der Leistungsformen,* gipfelnd im *Rivalitätskampf.* Vom Aggressions- und Sexualtrieb an bis zum sportlichen Wagnis und Arbeitsunternehmen entscheidet hier das Zurverfügunghaben von Energie im akuten Augenblick sowie ihr tätiger Einsatz. Man kann es den durch Anreiz hervorgelockten Triebwillen nennen, der sich anderen aufzuprägen trachtet, Widerstrebendes rücksichtslos unterwirft. Seelisch entspringen hieraus alle Tatmotive, erobernde Leidenschaft und suggestive Einwirkung. Affektausbrüche, auch Imponiergehabe, geistig die Schärfung kämpferischer Argumente, Zuspitzung auf Letztziele, auch disziplinierendes Ethos.

Jupiter: Schließlich gibt es eine Gesamtregulierung mit der Tendenz nach oben hin im Prinzip des *Optimums;* dies ist nicht das Höchsterreichbare im einzelnen, sondern das Bestmögliche und Zuträgliche im ganzen. Es äußert sich analog der Stellung von *Jupiter* im Geburtsbilde; einerseits in *Expansion bis an die Grenze des sinnvoll Erreichbaren,* andersseits in *lebensdienlicher Auswertung erzielter Überschüsse,* zusätzlich ihrer Speicherung, Verwaltung sowie im produktiven Verteilungsmodus. Im Seelischen gründen sich hierauf die Glücks- und Wertmotive, auch unter Zuhilfenahme von Glaubenspostulaten, das Gesamtwohlbefinden mit Ausheilung eingetretener Schäden, Kompensation für Verzichte, fernerhin Abgabe von Überfluß im Streben nach sozialer Wohlfahrt, im Geistigen die Sinnfindung, gesamtverbindliche Zielsetzung, oberster Wert und Leitlinie.

Keine dieser Kräfte ist dem Lebensganzen entbehrlich. Ihr wirksames Vorhandensein in uns besagt aber freilich noch nicht, ob und wieweit ihr Wirkungsprinzip, ihre Aufgabe im Ganzen, richtig gesehen und erfüllt wird. Was im Naturgeschöpf durch

Instinkte geleitet erfolgt, wird uns, individuell aus dem Typus heraustretend, zum bewußten Problem. Das individuelle Geburtsbild zeigt die Konstellation dieser Kräfte, die zwischen ihnen schwebenden Konfliktspannungen und gegenseitigen Unterstützungen. Ergebnisse, Lösungen von Problemen, das Handlichmachen ihrer disponiblen Seite, stehen nicht darin. Die persönliche Ausgangssituation, aber nicht die weitergehende Entwicklung ist uns vorgeschrieben. Ein und dieselbe Struktur kann sich *auf verschiedener Entwicklungshöhe* und in *unterschiedlichen Entsprechungen* ausprägen. Dies gehört zur unfertigen Gestalt des Menschen, und zur richtigen Deutung seines Geburtsbildes muß das Niveau vorgegeben sein. Auf jeder Stufe aber ringt der selbstbestimmende Faktor in ihm um *freie Selbstverwirklichung*, jeder ist seinem Bestmöglichen gleich nahe. Darin nun wird das bewußte Leben unterströmt vom unbewußten Leben. Ja, der innerseelische Vorgang ist meist das Wesentlichere dabei, weil in ihm die Grundmotive zur Geltung kommen und urbildhafte Weisungen oft die Führung übernehmen.

Unser Vorhaben, uns ein Urteil über Astrologie und ihre Denkbarkeit im heutigen Weltbild zu verschaffen, würde weit überschritten, wollten wir den Einzelheiten der praktischen Anwendung nachgehn. Dies hieße ein Lehrbuch der Kombination schreiben.[54] Hierher gehört auch die Einbeziehung der transsaturnischen Planeten in die Deutung. Das klassische System bis Saturn stellt eine Einheit nicht nur deshalb dar, weil in ihm die Reihe der mit unbewaffnetem Auge sichtbaren Planeten abschließt. Setzen wir analoge Grundbegriffe für die weiteren Komponenten ein, so ergänzen sie die unbedingt zum Aufbau, zur Erhaltung und Verwirklichung eines Einzelwesens nötigen Kräfte durch solche der kollektiven Ordnungen, im einzelnen der Bindeglieder hierzu sowie psychisch gewisser Grenzsituationen.

---

54 Aufgabe des III. Bandes »Astrologische Menschenkunde«, der im Rascher Verlag Zürich erschien, jetzt Bauer Verlag, Freiburg/Br.

Zusammengefaßt bedeutet dies, daß die im Gang der Gestirne unseres Sonnensystems ausgedrückte Ordnung korrespondiert mit individuellen Anlagen, deren Äußerungen und Bedürfnisse etwas in jedem Menschen latent Vorhandenes bezeichnen. Eine bestimmte Auswahl hiervon macht die individuelle Struktur aus, indem sie im Gegen- und Miteinander angeborene Probleme kennzeichnet. In der überdauernden Geltung dieser Struktur, in der Nötigung, die betreffenden Probleme zur Lösung zu bringen oder die Folgen des Versagens zu erleiden, liegt unser Schicksal.

Exkurs zur Lebenserklärung

Um die gewonnenen Gesichtspunkte vertieft auszuwerten, rühren wir an den Wissenschaftsbegriff vom Erkenntnistheoretischen her. Dies verlangt zu untersuchen, wie wir zu Erkenntnissen kommen und wieweit wir daraus wahre Aussagen ziehen. Greifen wir ein einfaches Beispiel auf. Eine Kegelkugel wird in den Raum geworfen. Was ist geschehen? Wie können wir den Vorgang hinreichend beschreiben? Sehen wir vom subjektiven Motiv ab, so genügen Bewegungsimpuls, d. h. mitgeteilte Beschleunigung, Masse und Reibungswiderstand. Diese kausalmechanische Betrachtung gilt für alle grobmateriellen Erscheinungen. Sie erfaßt die Bewegung und ihre Ursache. Fälschlich wird von Kausalgesetzen der Natur gesprochen. Richtig ist, daß die Anwendung des in unserer Denkstruktur beheimateten Kausalprinzips unser Denken in Übereinstimmung bringt mit mannigfachen Vorgängen in der Natur. Auch die Lebensvorgänge suchte man auf diese Weise zu erklären. Das Verfahren stimmt bei grobmateriellen Vergegenständlichungen, doch macht sich ein Novum des organischen Seins geltend. Der mineralische Körper hat eine Umgebung, gegen die er gleichgültig ist. Er wird als Ganzer von außen bewegt – wie wir an der Kegelkugel sahen –, oder Äußeres dringt zersetzend in ihn ein und verändert ihn, wie es bei chemischen Reaktionen der Fall ist. In der Kristallbildung reagiert er auf äußeren Druck usw. durch Aneinandersetzung von Bestandteilen nach einer Kristallordnung. Hingegen der Lebenskörper hat diese Umgebung auch und ist ihren Wirkungen ausgesetzt, befindet sich aber außerdem ganzheitlich auf bestimmte äußere Tatsachen hin geordnet, ist in seinen Lebenszwecken und -verrichtungen darauf eingestellt. Jakob von Uexküll spricht von der *arteigenen Umwelt*. Kausal und mechanisch erfassen wir den Arbeitsvorgang im Körper, seine materielle Verwirklichung. Insgesamt, mit Einbeschluß der materiellen Gesetze, beschreiben wir damit eine *Arbeitswelt*. Es ist die Welt des *Mechanismus*, entsprechend unserem heutigen Begriff der Energie als Fähigkeit, Arbeit zu leisten. Das eigentliche Wesen des Organischen bleibt damit unerfaßt.

Mithin dürfen wir trotz beobachteter Mechanismen nicht behaupten, so sei die Welt überhaupt; was heute auf diese Weise unerklärlich erscheint, würde eines Tages durch die weitergehende Forschung kausal und mechanisch darstellbar sein, meint man. Behaupten wir es, so beziehen wir einen Glaubensstandpunkt. Das Verhältnis anorganischer und organischer Körper machen wir uns anschaulich als *Überlagerung einer materiellen durch eine organische Seinsschicht*. In der oberen Schicht sind alle Kategorien der unteren Schicht enthalten, sie unterscheidet sich aber durch eine Gesetzlichkeit anderer Art. Dies organische Novum, unerklärlich als Zufallsbildung nach materiellen Gesetzen, ist die *ganzheitlich organisiert aufgeteilte Umweltsbeziehung* sowie demgemäß ein durch Lebensprozesse verwirklichter *Gestaltbau*. Dieser wiederum setzt darauf abzielende *morphologische* Kräfte voraus, die sich mechanischer Kräfte zur Formenverwirklichung bedienen. Eine Richtung der neueren Biologie, der Holismus (Haldane, Smuts, A. Meyer), betrachtet die materiellen Gesetze als *Simplifizierung* der organischen Gesetze. Adolf Meyer bringt als Beispiel: Schieße ich eine Katze vom Baum, so fällt der Kadaver nach dem Fallgesetz; die lebendige Katze fällt nach demselben Gesetz, außerdem aber dreht sie sich so, daß sie auf ihre vier Pfoten gelangt. Nur sind Vorausberechnungen dabei unsicherer. Beobachtet wurde, daß eine Katze vom 5. Stockwerk eines Hauses fiel und unbeschädigt davonlief, während eine andere beim Fall aus dem 3. Stock sich ein Bein brach. Lebensfunktionen haben nicht das Unausweichliche mechanischer Naturgesetze, wir sprechen von Regeln. Das Komplizierte und Übergeordnete könnte nur dann aus dem Einfachen abgeleitet werden, wenn die Elemente eine Fähigkeit zu allen kommenden Entwicklungen in sich bergen – außer wir ersetzen nach dem Vortritt von Jacques Monod[55] das Lebensschöpferische durch den Zufall.

Gehen wir über zum Seelischen, so versucht die exakte Wissenschaft, auch solche Vorgänge kausal aus materiellen Gegebenheiten zu erklären. Dies gründet sich auf die Subjekt-Objekt-Scheidung, am Beginn unserer Wissenschaftsepoche verfestigt durch Descartes, seine Trennung in *res extensa* (ausgedehnte Dinge) und *res cogitans* (denkbare Dinge). Beweisbare Existenz liegt zweifellos auf der Objektseite, bei ausgedehnten, anschaulichen Dingen, die nach dem Kriterium von Galilei wägbar und meßbar sein müssen. (Es war ein Sakrileg gegen den mittelalterlichen Substanzbegriff der *Bedeutung*, daß er einen Königsmantel, eine Bratpfanne und ein Gestirn unter demselben Prinzip der *Schwere* betrachten lehrte.) Unstichhaltig ist dagegen das nur Gedachte, obzwar ich nach Descartes *bin, weil* ich denke. Bei einiger Vulgarisierung wäre also draußen die wahre Welt, die sich, je nach Wahrnehmungsvermögen, in uns spiegelt. Naturwissenschaftlich halten wir uns an greifbare Abbilder mit apparativer Verbesserung der Sinne. Dies führt zum Absurdum, daß dasjenige, was ich im Augenblick denke, und der hirnliche Prozeß zwei Seiten der Welt sind, von denen bloß der materielle Vorgang im Gehirn reale Gültigkeit hat. Was ich denke, bietet keine Gewähr und könnte phantomatisch sein. Sigmund Freud, von der Naturwissenschaft herkommend, hegte anfangs die Erwartung, daß die Seelenvorgänge auf materielle Vorgänge rückführbar sein müßten.

Begeben wir uns wieder zur Veranschaulichung des Seins als

---

55 Jacques Monod, »Zufall und Notwendigkeit« (deutsche Übersetzung von »Le hasard et la nécessité«), Piper & Co. Verlag, München 1971.

Schichtenbau, so trennt der Schnitt von Descartes dasjenige, was organische Seinsschicht genannt wurde, vom Seelischen ab. Auch bei einer Autonomie der Seele gelten die Kategorien der unteren Schichten weiter. Seelische Existenz für sich aber – warum wir ihr eine eigene Schicht zusprechen – beruht auf einem Novum. Dies ist die *Hineinspiegelung von Außenwelt in Innenwelt* sowie ihre *bildmäßige Gestaltung.* Das autonome Gestaltungsvermögen der Seele beschränkt sich nicht auf Abbilder der sinnesmäßig erfaßten Außenwelt. Nacht für Nacht erfahren wir im Traum, wie unbewußte Seelenregungen sich in Form von Bildern aussprechen, entscheidende *innere* Wirklichkeiten werden damit erschlossen, zu schweigen vom Bildgehalt der Dichtungen. Auch der Raum, in dem wir die Dinge bildhaft sehen, könnte objektiv verstanden illusionär sein, wie die neuere Physik uns nahelegt. Der Raum (nach Kant die Anschaungsdimension der Außenwelt) ist betrachtbar als seelische Schöpfung des Kleinkindes mit Hilfe des Tastsinns, die erschauten Bilder sind dann eine Projektion umgestalteter Sinnesreize in eine selbstgeschaffene Dimension.

Wohl den bekanntesten Einbruch in die gewohnte kausale Denkweise brachte C. G. Jung mit dem Prinzip der *Synchronizität.* Er meint das gleichzeitige Auftauchen sinngemäß zusammengehöriger Dinge und Umstände, von denen keines die Ursache des anderen ist. Da die Vorgänge also nicht in kausaler Beziehung stehen, nennt er die Synchronizität ein *akausales* Prinzip. Synchronizitäten sind intuitiv begreiflich, wobei wir die kantische Auffassung der *Intuition als intellectus archetypus* nehmen: vom Ganzen zu den Teilen denken, gegenüber der Verstandestätigkeit, die bis zum analytisch Allgemeinen reicht (Zerlegung in einzelne Bestandteile, Herausarbeitung allgemeiner Gesetze). Beachtlich ist das Verhältnis der Kausalität zur Methode des Verstandes, von Prämissen zu Schlußfolgerungen vorzuschreiten, Begriffe verknüpfend unter der Tendenz, die kürzeste Verbindung zwischen zwei Punkten herzustellen. Fragen wir nach einer Ursache, so suchen wir die zwingendste Prämisse auf und setzen sie als Beweggründe ein. Ohne großen Erfolg trachtete Verworn die Unzulänglichkeiten dieser »einlinigen« Denkweise aufzuheben im Konditionalismus, der von jeweils zusammentretenden Bedingungen handelt.

Bei der Schichtung der Seinsebenen, wie sie Nicolai Hartmann entwarf, ruht eine Schicht der anderen auf in der Stufenfolge materiell, organisch, seelisch, geistig. Die Kategorien einer unteren Schicht bleiben in der darauf ruhenden erhalten, ihr Wirksamwerden wird jedoch abgewandelt nach dem Novum der betreffenden Schicht. Die geistige Existenz ist demnach getragen von der seelischen. Diese bildet sozusagen den Grundwasserstand geistiger Figuren, wenn nicht »bodenlose« Begriffskonstruktionen die beiden lebentragenden Schichten darunter unberücksichtigt lassen. Hier liegt ein für das geistige Wachstum aktuelles Problem. Der Bewußtwerdungsakt, auch logische Begriffsverknüpfung, garantieren noch keine geistige Existenz. Reiner Intellektualismus darf nicht verwechselt werden mit geistigem Leben, auch wenn seine Argumente empirischen Daten entnommen sind. Der vernunftlose Verstand bleibt auf die materielle Ebene beschränkt, indem er die Rückverbindung der Idee zum »eidos«, dem Bild, abkappt. Vorstellung und Begriff reißt dieser »entwurzelte« Verstand auseinander. Die »clarté« von Descartes, mit welcher er unsere Welt in ausgedehnte und denkbare Dinge aufteilte (unter Ausschaltung der organischen und seelischen Schicht), hielt sich an die *Extreme* und führte zur Dualität von Materie und Geist. Ihr verdanken wir die darauf folgenden unfruchtbar wertenden »Ismen«, Materialismus und Idealismus, mit ihrem Anspruch auf Ausschließlichkeit. Der ontologische Schichtenbau rückt diese Verzerrungen gerade. Er nimmt die materielle Schicht und ihre Gesetze als Unterbau, mit ihren durchragenden Kategorien die Einheit der Welt gewährleistend, setzt aber andere Seinsebenen mit schichteneigenen Kategorien darüber. Im Schichtenbau des Seins ist keine Wertung zwischen den Ebenen zulässig, »höher« und »tiefer« betrifft lediglich ein kategoriales Verhältnis. Die geistige Schicht ist nicht *wertmäßig* die oberste. Ihr Novum deutet sich an mit der Redewendung »abgekürztes Handeln«, sofern wir dabei die Fähigkeit des Geistes, *sich selbst zu bedenken,* mithin die *bewußte Erhellung der eigenen Lage im Weltbezug,* zugrunde legen. Dies ist es, was die uns Menschen eigene »theoretische Intelligenz«, das Erkennen um des Erkennens willen, unterscheidet von der »praktischen Intelligenz«, die wir auch bei Tieren finden.

Wenn die alte Astrologie, ihre Nachfolger und Bekämpfer, die in der Konstellation gegebenen Ordnungskonstanten als *Verursacher* dessen, was daraus deutbar ist, verstanden und weiter verstehen, so folgen sie der mechanistischen Erklärung. Was aber gedeutet wird, sind *Lebenserscheinungen.* Darüber hat die Biologie und Psychologie Auskunft zu geben. Die Lebenswissenschaft, wo sie autonom dachte, widersetzte sich stets der mechanistischen Erklärung. Sie unternahm es in der Anschauungsweise des *Vitalismus,* welcher die Idee des fertig ausgestalteten Organismus als *Entelechie* an den Anfang setzte. Damit stand gegen das vorbehaltlos die Entwicklungen verfolgende Kausalprinzip das Finalprinzip, die Erklärung aus Endursachen. Immer wieder erhob der Mechanist gegen den Vitalisten den Einwand, wie denn ein ideelles Etwas auf die Materie einwirken könne, um das ihm Entsprechende hervorzubringen. Er dachte nur an mechanische Energie, Arbeitsleistung. In diese Unvereinbarkeit der Meinungen hängen sich die astrologischen Erklärer ein, die entweder von Gestirneinflüssen oder von einer fertig programmierten Charakter- und Schicksalsstruktur, für welche die Gestirne nur Anzeiger sind, reden. Nicolai Hartmann in seiner Ontologie verwirft beide Erklärungsweisen des Lebens. Dem Vierschichtenbau gemäß setzen diese die Zange von oben und von unten an, machen sich der kategorialen Grenzüberschreitung schuldig und verfehlen damit das Wesen des Organischen. Doch betont er ausdrücklich, daß die eigentlichen Kategorien des Organischen uns nicht unmittelbar zugänglich seien.

Hier bekommen Überlieferungen urzeitlicher Kosmologie einen Sinn zur Lösung des astrologischen Problems. Allerdings muß der Kosmosbegriff in seiner ursprünglichen Bedeutung verstanden werden, als das wohlgeordnete Ganze, nicht als astronomische Gegenständlichkeit, wie er im Gefolge mechanistischen Denkens umgedeutet wurde. Von der kausalmechanischen Entstellung aus erhebt sich die gewohnte unduldsame und affektbesetzte Frage nach »Einflüssen des Kosmos«, die astrologischen Behauptungen recht geben. Der mechanistische Glaubensstandpunkt sieht darin nur Aberglauben. Er versagt aber auch in puncto Lebenserklärung, und es geht um kosmisch eingeordnetes Leben.

Mit diesem Problem befaßt sich seit kurzem die Bioklimatik. Sie hat einen weitgehenden Konnex von Lebenserscheinungen mit Erdumdrehung, Erdumlauf und extraterrestrischen Vorgängen ermittelt. Viele Beobachtungen stehen noch aus, heute sind für die Zusammenfassung erst Hypothesen möglich. Vom kausalmechanischen Denken her stellt sich die Frage nach »exogenen oder endogenen Rhythmen«. Da es um die arteigene *Zeitgestalt des Organismus* geht, lasse ich den Ausdruck »Rhythmus« nur für die letzteren gelten und unterscheide hiervon die äußere »Periodizität«, deren Nachwirkung gegebenenfalls umgelegt werden kann. (Vgl. S. 201 und 206.) Immerhin berechtigen uns Beobachtungen kosmischer Einordnung physiologischer Vorgänge beim Menschen sowie der Fortpflanzungskrise bei Tieren, fernerhin Drieschs Feststellung von Ganzheitskräften, die inhaltliche Übereinstimmung astrologischer Planetensymbole mit den von Francé herausgearbeiteten Stichworten, ihr archetypischer Charakter in bezug auf parallelgehende Anlagen und vieles andere, die *Möglichkeit* richtiger astrologischer Deutungen in zugrunde liegenden Kategorien des Organischen zu suchen. Kategorien des Organischen setzen *lebensschöpferische Gestaltung* voraus, für den Mechanisten ein mystischer Begriff, »unexakt«. Gibt es sie aber, dann muß sie anderer Art sein als Arbeitsleistung im Sinne mechanischer Energie. Der Drang zu schwimmen, könnte die Stromlinienform des Fischs hervorgebracht haben, das Bedürfnis passiven Schutzes die Rinde des Baums, der Wunsch nach Enthebung von der Erdschwere den aufrechten Gang des Menschen: nicht das Bewußtsein davon, sondern der zündende Impuls. Vielleicht ist ein Rückgriff auf die aristotelische »energeia« erlaubt, *das was eine Möglichkeit zur Wirklich-*

keit macht. Wir fügen hinzu: Zur *organischen* Wirklichkeit, einem die materielle Wirklichkeit *überstufenden* Kräftepotential des Aufbaues, der Erhaltung und der Verwirklichung von Lebensformen. Die Eigenart dieser Bildekräfte, die ich in der menschlichen Individualstruktur *Wesenskräfte* nenne, wurde im vorigen Kapitel kurz skizziert. Kategorien der organischen Seinsschicht heißt, daß sich darin eine Materialität der Bedingungen gestaltend zusammenfaßt, wie sie auch nach oben hin das Seelische und Geistige unterströmen. Ihr Verhältnis zueinander (analog den Aspekten) ergibt eine eingeborene Problematik, die Lebensdynamik des einzelnen. Die Dreiheit von *Aufbau, Erhaltung, Verwirklichung* tritt in den Abwandlungen gemäß der Stellung im Tierkreis auf. Ferner enthüllt sich die Einordnung der Zeichen nach den vier Elementen der Alten (Erde, Feuer, Wasser, Luft) als weitere Abwandlung nämlich *Affinität des Verhaltens und Ausdrucks zu einer bestimmten Ebene des Vierschichtenbaus.* Die Gefügeordnung des individuellen Kosmogramms beruht demnach auf einer *Mehrbetonung bestimmter Komponenten des allgemeinmenschlichen Potentials.*[56]

Bei der Lebenserklärung zeigt sich die mechanistische Auffassung ebenso unzulänglich wie die vitalistische, und wenn wir vom *kosmisch eingeordneten* Leben sprechen, bekommt die Zahl eine andere Rolle als im Ausmessen beliebiger Größen mit beliebigen Maßstäben. Kosmologisch ist sie *Ordnungszahl*, wir denken in Proportionen der Teile zueinander in Hinsicht auf ein Ganzes. (Vgl. S. 51/52.) Der Kosmotypus gestattet keine Aussagen, welche dem Genotypus oder dem Phänotypus entnommen sind, er betrifft lediglich die zwischen beidem vermittelnde *Gefügeordnung.* Nur hierauf kann sich das wissenschaftliche Kriterium beziehen. Praktisch besagt es: Eine Blinddiagnose

56 Genannt wurden die hauptsächlichsten Komponenten. Zum vollständigen Durchdenken organisch-kosmologischer Beziehungen müssen alle Elemente der Deutung bekannt sein. Ihre Darstellung versuchte der Verfasser in »Astrologische Menschenkunde«, 4 Bände, Bauer Verlag, Freiburg i. Br. Theorie und Praxis sind bei der Revision des astrologischen Gedankens so eng verflochten, daß eine Weiterführung der Theorie auf praktische Erfahrung an Hand dieser Elemente kaum verzichten kann.

(aus der Konstellation ohne weitere Anhaltspunkte) wird immer schematisch sein, sie ist unvermögend, die zutreffenden konkreten Entsprechungen zu finden. Diese Ordnungshaftigkeit der astrologischen Elemente zwingt uns, Keplers Gedanken einer *der Schöpfung immanenten Geometrie* zuzustimmen. Das hieraus hervorgehende organische Bildevermögen erläutert er an der Bienenwabe. (S. 99); seine Lehre von den Aspekten und dem Eingehen der »sublunaren Naturkräfte« darauf gründet in der Ansicht, daß die Geometrie nicht auf Erfahrungssätzen beruht, sondern a priori uns innegegeben ist. Sie würde zu den »ideas innatas« seines Zeitgenossen Descartes rechnen. Der Sammelbegriff »Mathematik« täuscht jedoch über die verschiedene Funktion der arithmetischen Rechenziffer und der geometrischen Ordnungszahl. Die vom astrologischen Tierkreis und den Aspekten nicht wegzudenkende Immanenz der Kreisgeometrie trennt uns in diesem Punkte unter anderen auch von Nicolai Hartmann. Bei ihm schimmert durch, daß unterhalb der materiellen Seinsschicht eine mathematisch-geometrische Formenwelt zu suchen sei, die im Organischen teilweise, im Seelischen ganz verschwände und erst in den Kategorien unseres Denkens wieder auftauche. Hier hört man Kants Verdikt über die Psychologie als nicht mathematisierbar – daher keine strenge Wissenschaft – sowie das unterlassene astrologische Experiment, das eine Zahlenstruktur des Seelenlebens nachweist.

Zwar in unserem Geist *gefunden*, ist die Geometrie deshalb aber nicht vom Menschen *erfunden*, sondern *in der Natur vorhanden*, offenkundig in den Blütenordnungen und dem, was Häckel »Kunstformen der Natur« nannte, verdeckt in den kosmischen Rhythmen. Auch in den Strukturformeln der Chemie (man denke an den Benzolring, seine Entdeckung durch Kekulé) und dem Paradestück der Mikrobiologie, dem einen Erbsatz festhaltenden »Code«, gibt die *Anordnung* der Komponenten den Ausschlag. Darin bekommt die Zahl über das Quantitative des Abzählens hinaus eine *qualitative* Bedeutung. Nichts anders als eine zahlenmäßig begrenzte Anordnung, mit qualitativer Grundbedeutung ihrer Komponenten, und ihre im Leben vorkommenden Variationen behandelt die Astrologie. Ob sie tatsächlich der Schlüssel für das kosmische Eingeordnetsein menschlicher Individuen ist, kann allein die methodische Erfahrung sagen.

Das Sonnensystem – ein Organismus

Krankte die alte Astrologie am Glauben eines Bestimmtseins von oben her – noch in frühmenschlicher Befangenheit, welche übermächtige und fremde Wesen, Götter und Dämonen, in die Sterne hineinsah –, so sind ihre Zuordnungen nicht ohne Sinn, wenn wir an organisch gegründete innerseelische Mächte denken. Die im Horoskop verschlüsselten Anlagen und Tendenzen betrachten wir als vom Leben hervorgebracht. Einem fortgeschrittenen Bewußtsein des Sachverhaltes steht es an, die hierher gehörigen Erscheinungen zu überwölben mit einer Idee, welche als unzufällig erklärt, daß ein bestimmter Erbfaktor gerade auf diesen oder jenen Stern ausgerichtet auftritt. Handelt es sich doch bei den in Betracht kommenden Sternen um Körper eines Rotationsgebildes, dem auch unsere Erde als Bestandteil angehört, um Körper des Sonnensystems. Der Schauplatz unseres Lebens, total gesehen, ist ein mitbewegtes Glied in diesem System. Umdrehung und Umlauf der Erde bringen jeden Ort auf ihrer Oberfläche in ein periodisch wiederkehrendes Verhältnis zur Sonne, dem System-Mittelpunkt, jeder Planet hat seine darin eingeschaltete Umlaufperiode. Nach dem 3. Keplergesetz stehen die Umlaufzeiten der Planeten in zahlenmäßig strenger Beziehung zum mittleren Abstand ihrer Bahn von der Sonne. Drückt sich darin und im Ergebnis spektroskopischer Untersuchungen eine physikalische Einheit des Systems aus, so würde es eine organische Einheit bedeuten, wenn eine Art planmäßiger Anlage des laufenden Getriebes aufweisbar wäre.

Bekannt sind die kausalmechanischen Erklärungen, wonach die Planeten verstanden werden können als ehemals aus der Sonne geschleuderte und dann erkaltete feurig-flüssige Massen oder als Körper, die von außen kommend in das Gravitationsfeld der Sonne hereingezogen wurden, oder das Systemganze hervorgegangen aus einer rotierenden Gaswolke und der Verdichtung zufällig entstandener Wirbel. Die gegenwärtige Bahn eines Planeten ergibt sich aus dem Gleichgewicht zwischen der Anziehungskraft der Sonne, welche die Beugung der Bahn erzwingt, und der eigenen Fliehkraft, die in den Weltraum strebt. Es ist ein störbares Gleichgewicht, so daß die wechselseitig ausgeübte Gravitation der verschieden schnellen Planeten kleine Abweichungen bewirkt. Die Lage der Bahnen bzw. ihr Abstand von der Sonne müßte nach den genannten Auffassungen eine zufällige sein. Statt dessen, längst entdeckt, 1766 veröffentlicht, aber außerhalb des kausalmechanischen Denkstils gelegen, deshalb bei den Entstehungshypothesen wenig berücksichtigt, besteht das als Bode-Titius-Reihe bezeichnete Verhältnis.

Tafel VII: Bode-Titius-Reihe

Die genauen Zahlen sind Annäherungen.
In Erdbahnhalbmessern:

	geforderter Wert	wahrer Wert
Merkur	0,4	0,3871
Venus	0,7	0,7233
Erde	1,0	1,0000
Mars	1,6	1,5237
Planetoiden	2,8	
Jupiter	5,2	5,2026
Saturn	10,0	9,5547
Uranus	19,6	19,2181
Neptun	38,8	30,1096

Unverkennbar ergeben sich bis Saturn ganzzahlige Verhältnisse.

4	$4+3=7$	$4+6=10$	$4+12=16$
Merkur	Venus	Erde	Mars

$4+24=28$	$4+48=52$	$4+96=100$
Planetoiden	Jupiter	Saturn

Es gibt verschiedene Schreibweisen, wir wählen davon die anschaulichste. Setzen wir den Abstand des Merkur von der Sonne gleich der Zahl 4, so folgt der Abstand des nächstäußeren Planeten, von Venus, in der Proportion 4 + 3, derjenige der Erde in der Proportion 4 + (2 × 3), des Mars mit 4 + (4 × 3); die nächste Verdoppelung im beweglichen Glied der Formel, 4 + (8 × 3), entspricht keinem Großplaneten, hier wurden aber nach der Aufstellung der Reihe die größten Planetoiden gefunden, sodann liegt Jupiter – den Erdbahnhalbmesser als Norm gesetzt – genau in der Proportion 4 + (16 × 3), annähernd Saturn in 4 + (32 × 3). Größer wird die Ungenauigkeit erst bei Uranus mit 4 + (64 × 3), von da an scheint ein anderes Baugesetz obzuwalten.

Dieser Aufbau des Systems nach einer rhythmischen Reihe geht nicht etwa aus der Abstufung der Planeten nach Schwere, Dichtigkeit und Größe hervor. Es kann kein zufälliges Zusammentreffen sein, sondern heischt den organischen Begriff des »Plans« anzuwenden. Allerdings muß der Lebensbegriff erweitert werden über den gewohnten, der für Organismen auf der Erdrinde gilt, wo er sich auf die Ausbildung und den Gebrauch entsprechender Organe zur Ernährung, Fortpflanzung, Atmung usw. beschränkt. Übergänge vom »Unbelebten« zum »Belebten« finden wir bereits in Wasser- und Luftrhythmen. Beim universellen Lebensbegriff handelt es sich lediglich um Bewegung in unzufällig geordneten, der Lage nach nicht mechanisch erklärbaren Bahnen; unser kosmisches System ist als ein Elementarwesen in diesem Sinne zu betrachten.

Für die Stellung der Erde innerhalb dieser Reihe fällt auf: sie steht zwischen Saturn und der als 0 gesetzten Sonne in einer Weise, daß die Ordnungszahl ihres Abstands zur Sonne mit sich selbst multipliziert den Abstand des Saturn ergibt. Saturn ist rund 10mal so weit von der Sonne entfernt als die Erde, es sind zwei im Dezimalverhältnis stehende Strecken. Fassen wir unseren Mond bewegungs- und bauplanmäßig als Organ der Erde auf, so zeigt sich eine Proportion, die Jahr und Tag der Erde in Übereinstimmung bringt:

Synodische Umlaufszeit des Mondes 29,511 mittlere Tage
Siderische Umlaufszeit des Saturn   29,4577   trop. Jahre.
Dies sind nur einige von den vielen Proportionen, die uns eine
gestalt-theoretische Untersuchung des Sonnensystems nahelegen, wobei kleinere Ungenauigkeiten sich sinnvoll an anderer
Stelle ausgleichen. Hierbei spielen Raum und Zeit ineinander.
Da nach dem 3. Keplergesetz die mittleren Sonnenentfernungen
und die Umlaufzeiten zusammenhängen, erscheint z. B. dem
gegen die Bode-Titius-Proportion etwas kürzer ausfallenden Sa-
turnabstand die Mondbewegung, wie eben gezeigt, sinnvoll angepaßt. Die Periode des Mondes erweist sich wieder in anderer
Weise auf die scheinbare Sonnenbewegung – d. h. den Umlauf
der Erde – abgestimmt, und der synodische Umlauf betrifft, wie
schon erwähnt, das Dreikörperverhältnis Sonne-Erde-Mond.
Im ganzen ist also die aufgezeigte Ordnung nicht starr wie eine
Kristallordnung, sondern elastisch, mit wechselseitigen Ausglei-
chungen durchgeführt, wie wir es bei Organismen finden.

Der Blick von oben, vom Weltraum her, will nun ergänzt sein
durch eine Betrachtungsweise, welche die Erde als Mittelpunkt
von Wechselwirkungen im Umraumverhältnis untersucht. Damit erhalten wir ein Bezugssystem der geozentrischen Rela-
tionen unseres Lebensschauplatzes.

Wir sehen die umlaufende Erde eingebettet in ein Gefüge von
Planetenzonen. Das Gleichgewicht ihrer Bahn, bestimmt durch
eigene Fliehkraft und Anziehungskraft der Sonne, unterliegt an
sich geringfügigen Störungen infolge Anziehung der übrigen
Planeten. Sind diese Ablenkungen zwar quantitativ nicht bedeutend gegenüber der Sonnenanziehung, so doch qualitativ bedeutsam in der *Physiognomie* ihrer Wirkung: es besteht ein Unterschied zwischen inneren und äußeren Zonen. Die inneren
Planeten, Merkur und Venus, ziehen stets zum System-Mittelpunkt, zur Sonne hin, während die äußeren Planeten je nach ihrer Stelle im Umlauf zeitweise in dieselbe Richtung ziehen, doch
mit Annäherung an den Punkt ihrer größten Erdnähe und, geozentrisch, der Opposition zur Sonne, vom Mittelpunkt weg
nach außen ziehen, also die Fliehkraft, Tendenz der Erde selbst,

verstärken. Die erdnächsten und in der Umlaufzeit am meisten verwandten Zonen, die von Mars und Venus, leiten diesen physiognomischen Gegensatz ein. Mars repräsentiert die weiter ausholende Bewegung und ungleichartige Einwirkung, noch dazu in einer Bahn mit größter Exzentrizität, Venus die enger kreisende Bewegung in einer stets auf den Kern bezogenen Einwirkung. In der Ordnung der rhythmischen Reihe würde Jupiter einen dynamischen Gegensatz zur Sonne, als dem Haltepunkt des Ganzen, bilden, Saturn schon außerhalb dieses Systems erdbezüglicher Gegensatzpaare stehen.

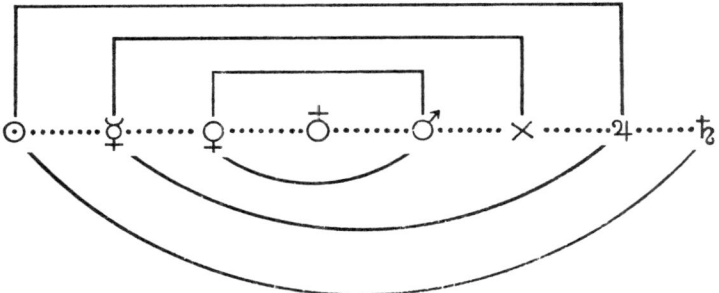

Durch den Ausfall eines Großkörpers in der Zone der Planetoiden erfolgt jedoch eine Umgruppierung dieser idealen Ordnung zugunsten einer realen, welche Saturn als »Fremdling« in die Planetenfamilie einbezieht. Mit Recht, nicht nur der Sichtbarkeitsgrenze für unser Auge wegen, bildet er den Abschluß des klassischen Systems der Deutung als Gegenspieler des Sonnensymbols; die transsaturnischen Planeten sind nach anderen Maßstäben zu werten.

Aus solchen Betrachtungen erhalten wir bestimmte *Bedeutungswerte* innerhalb eines irdischen Bezugssystems.[57]

57 Ausgeführt in »Das Sonnensystem – ein Organismus«, DVA, Stuttgart 1939. – An dieser Stelle sei ein Mißverständnis geklärt, das sich in Herrmann »Das falsche Weltbild« (Kosmos Verlag Stuttgart) findet. H. unterstellt mir die Behauptung, gestalttheoretisch ermittelte Eigenschaften der Planeten würden in irgendeiner Form des Einflusses auf den Neugeborenen *übertragen*. Wie kam es – abgesehen von sonstiger ungenauer Berichterstattung – zu einer solchen Entstellung des Wortlauts und Sinns meiner Ausführungen? Für den

Bei eingehendem Durchdenken solcher und anderer Proportionen ergibt sich eine Wechselbezüglichkeit, welche vom universellen Leben ausgehend den engeren Lebensbezug trifft und die scheinbare Willkür behebt, daß ein bestimmter Erbfaktor gerade auf diesen und nicht auf jenen Stern ausgerichtet auftritt. Wir sehen dann den individuellen Anlageplan des Menschen ebenbildlich zur geozentrischen Konstellation des umschließenden Ganzen, des Sonnensystems, im Augenblick seiner Geburt. Dieser Anlageplan, wenn noch so kompliziert erscheinend, hat eine klar durchschaubare und mathematisch ausdrückbare Struktur. Alle Schwierigkeiten der Übertragung dieser Komponenten in gelebtes Leben und seine Weiterentwicklung, alle Deutungsschwierigkeiten, sind solche der Spezifizierung. Hierbei müssen wir in Betracht ziehen, daß Struktur nicht besagt, welches *vorindividuelle* Leben sich darin niedergeschlagen hat, auf welcher *Entwicklungshöhe,* in welcher *Umwelt* die Kräfte ausgewirkt werden und wieweit sie *disponibel* sind, das heißt über welche Reserven der *selbstbestimmende Faktor* verfügt.

Empiriker ist eine Gestalttheorie das Ergebnis einer Untersuchung von Sinnesphänomenen, die nur für den subjektiven Zustand des Wahrnehmenden gültig sei. (So spricht H. von der psychischen Einwirkung optischer und akustischer Wahrnehmungen, dem Eindruck von Himmelswahrnehmungen auf naturverbundene Menschen usw. und begnügt sich damit, daß von einer entsprechenden Wahrnehmung des Neugeborenen keine Rede sein könne.) Außer diesem psychologischen Aspekt hat eine Gestalttheorie für ihn keine Bedeutung. Als kausalmechanisch denkendem Astronomen ist für H. die Beziehung von einem Planeten zum anderen nur denkbar in Form physikalischer Einwirkungen. Aus diesem Blickwinkel übergeht er meine anders lautenden Erläuterungen und liest aus meinem Buche heraus, ich lege vorgewußte Inhalte in die Planeten hinein, die angeblich auf physikalisch unvorstellbare Weise von diesen ausgestrahlt würden. (Ausdrücklich zitiert H. Sätze von mir unter »Wirkung dieses Planeten«.) Demgegenüber verweise ich auf die Einleitung meines Buches, in der ich Wesen und Berechtigung gestalttheoretischer Untersuchungen mit Einführung von Ordnungszahlen für ein harmonikales Weltbild darlege. Alles auch hier auszugsweise Angeführte betrifft die *Konstruktionsidee des Sonnensystems.* Wenn im einbeschlossenen Ganzen, im Organismus auf der Erde, ein Anklang an diese Inhalte sich vorfindet, dann nicht notwendigerweise auf Grund *kausaler Übertragung,* sondern als *Analogie.* So wollen die ermittelten Bedeutungen für eine rhythmologische Einordnung verstanden sein.

Aus der Verkennung dieser Aussagegrenzen und des organischen Charakters der Deutungselemente stammen die Irrtümer der alten Astrologie, ihre Beachtung aber macht die revidierte Astrologie zu einem brauchbaren Instrument der Menschenkunde.

Im Kreislauf der Weltbegegnung

Abrundend zu behandeln sind noch die beiden kreisläufigen Systeme, nach denen die Kräfte abgewandelt und gebietlich ausgerichtet werden, der Tierkreis und die Häuserordnung. Um hiervon eine unmittelbare Vorstellung zu geben, sei es mir gestattet zu berichten, wodurch ich ein positives Verhältnis zur Astrologie bekam.

Ich betrachte mich in dieser Hinsicht als Experimentalfall der Voraussetzungslosigkeit. Wie den meisten am Anfang dieses Jahrhunderts begegnete mir Astrologie nur in der abgeschmackten landläufigen Form. Ich hegte die üblichen Vorurteile und hätte es abgelehnt, mich damit zu befassen. Kunst und Philosophie waren meine Leitsterne. Diese Welt brach zusammen in den Erfahrungen des Ersten Weltkrieges, vom August 1914 an. Während der Tankschlacht von Cambrai, im November 1917, geriet ich in englische Gefangenschaft. Nach einer Meuterei in Calais, mißglückten Ausbruchsversuchen wurde ich ins Oswestry Camp versetzt, an der Grenze von England und Wales, das als Straflager galt.

Damit war mir die Möglichkeit versperrt, dem Erlebnis einer Sinnlosigkeit des turbulenten Geschehens, einer nach früheren Anschauungen mißratenen Menschheit, mit ebenso sinnlosen Augenblickshandlungen zu begegnen. Sinn und Zusammenhang zu finden, blieb nur im Denken übrig. Aus dieser Verfassung formierte sich die Theorie eines Kreislaufs von Gegensatzpaaren, beginnend mit einem spontan tätigen Ich in Ausrichtung auf eine Anderheit, eines beliebigen Subjekts auf ein beliebiges Objekt, wobei in einer mit Person und Lage wechselnden Erscheinungsweise immer die gleichen Prinzipien sich durchsetzen. Es mochten Erinnerungen an Fichte eingeflossen sein, bei dem das Ich aus dem Nicht-Ich die Welt deduziert, vielleicht stand hinter meiner Schulter auch der alte Ben Akiba mit seinem grauenhaft sterilen: »Es war schon alles da, es ist immer dasselbe.«

Tatsächlich wiederholt sich nach dieser Theorie immer dasselbe. Alle durchdachten Fälle reduzierten sich auf gleiche Prinzipien. Ich setze der Deutlichkeit halber die später begriffenen Ordnungszahlen ein, welche die Beziehung zu den astrologischen Kreissystemen herstellten. Hier der unumschränkte Ichtrieb (1), dort der Kontakt mit einem Anderssein, einem Du (7), hier auf der Ichseite ein Besitzergreifen, zu eigen machen (2), dort auf der Gegenseite ein Ablassenkönnen vom Eigentum, das Opfer (8), hier persönliche Entwicklung infolge Unterscheidung von Mein und Dein, mir nütze oder unnütze (3), dort die Überbauung von Mein und Dein durch gemeinsam angesteuerte Ziele, Ausrichtung auf Gemeinnützigkeit (9). Mit der Versetzung dieser akuten Gegensatzpaare ins Immergültige ergaben sich Prinzipien der Auswirkung in die Breite. Sich zu bescheiden als kindlicher Irgendwer, als Jemand, lehnt sich an elterliche Tradition, Haus und Heimat an, findet Unterschlupf in verwandt Empfundenem (4), demgegenüber bewährt sich das erwachsene Man im unpersönlichen Mechanismus von Brauch und Sitte, Befolgung von Rechtsformen, Vorschriften des Staates und Anschauungen der Gesellschaft (10), auf jener Seite verkörpern sich die Lebenstriebe in der Erzeugung einer Nachkommenschaft, oder ihre Bildekraft geht in Werke naturhaften Spiels ein (5), auf der anderen Seite übersteigt die Idee des Menschen die Zufälligkeiten des Zeitgeistes, spiegelt sich in deren Repräsentanten, im Ritual des menschlichen Strebens und beziehungsgerechten Verhaltens (11), endlich wird der nahe Umkreis in jedem Knick und Winkel tätig mit Persönlichem durchdrungen (6), während dort alles Selbsteigene sich an offene Möglichkeiten verschwendet, ziellos scheinende Wanderung die Tore zu Unbetretenem öffnet oder in die Irre führt (12).

Im Ausmaß dieser zwei Achsen, mit widersprüchlicher Schal-

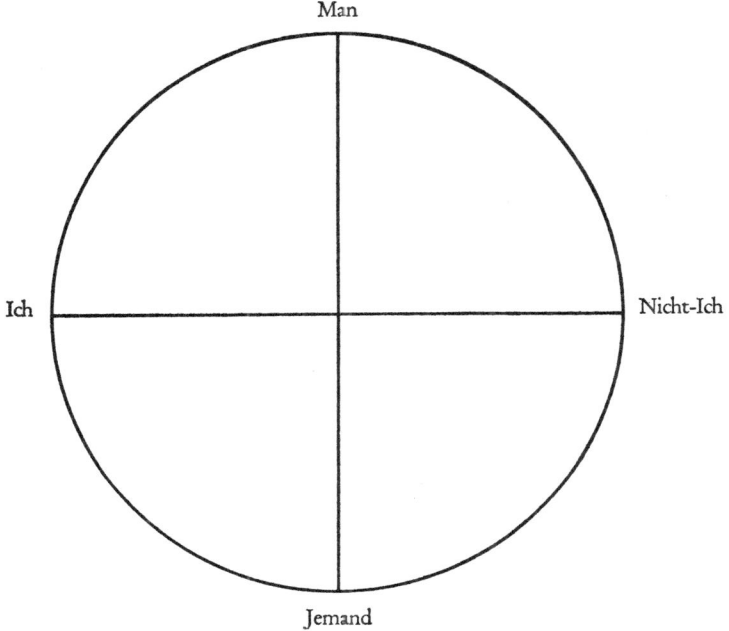

Man

Ich — Nicht-Ich

Jemand

tung und Gegenschaltung, ließen sich alle Handlungen und ihre Konsequenzen zusammenfassen. Mochte man es so oder so formulieren, es lag eine gewisse Geborgenheit darin wie in einem Gesetz. Das System der Gegensatzpaare enthält eine Selbstaufhebung der Werte, dennoch geht der Kreislauf weiter, da immer erneute Ichhaftigkeit spontane Auslösungen schafft. Doch nun erhob sich drohend Nietzsches Gedanke von der ewigen Wiederkehr des Gleichen. Wo blieb dann Freiheit, was hat Streben nach Besserem für einen Sinn, wie kann ich Welt als Verantwortung erleben? Sind das etwa Illusionen, um ein sozial nützliches Ethos, das nur Gegebenheiten umschaufelt, in Gang zu erhalten?

Im Camp standen inmitten des Drahtverhaues ein paar alte Linden, und vielleicht – denken wir an Newtons Apfel! – hat es in England Besonderes auf sich, wenn etwas vom Baume fällt. Der Hunger mochte auch nicht unwichtig gewesen sein, um so abnorme Bewußtseinszustände zu begünstigen. An einem stillen Septembertage lag ich dösend auf dem Rücken, als von oben in Spiralwindungen ein Ding herunterschwebte.

This is the thing, this truly is the thing.

We dreamt it once; now it has come about.[58]

Damit eröffnet Edwin Muir ein Gedicht »Traum und Ding«. Mein Verstand war wenig darauf gestimmt, beschaulich die weise Einrichtung der Natur zu untersuchen, die eine zur Fortpflanzung bestimmte Kugel mit einem Stiel versieht und ein geschweiftes Führungsblatt mitgibt. Der Anblick der Spirale jedoch schlug blitzartig ein. Das war die Lösung, nur umgekehrt, gegen die Schwerkraft ansteigend! Mein kreisläufiges System mochte für prinzipielle Wiederholungen gelten. Wenn man die Dinge von oben oder unten betrachtet, dann kehrten dieselben Prinzipien wieder. Blickte man aber quer hin, kam der tätige Charakter des Ichs, kamen die spontane Änderung des jeweiligen Ziels und die Auswechslung von Anderheiten zur Geltung. So veränderte sich Niveau und konkrete Erscheinungsform; Streben, Entwicklung, Verantwortung, Hebung des Standorts in der Zielsetzung über sich hinaus wurden möglich und sinnvoll. Der ewige Kreislauf fordert Wandlungen heraus, das hindurchgegangene Ich setzt anders in der Welt ein.

Dies aus zwei Blickrichtungen verschieden anschaubare Bild gab dem mit der Welt und sich Zerfallenen die Voraussetzung, weiter leben zu können.

Ein Heimkehrer in den zwanziger Jahren hatte sich mit umwälzenden Zeitströmungen auseinanderzusetzen. Relativitätstheorie, Psychoanalyse, periodische Lebens- und Geschichtsauffassung, politische Konstruktionen traten heran, im Umbruch der Kunstgestaltung trieb ich ohnehin mit. Auch Astrologie stand zur Tagesordnung. Ich hielt es für Neubelebung einer abgelegten Vergangenheit und glaubte, ihr Wesen mit ein paar Stichproben bald erfaßt zu haben. Da machte ich die Entdek-

---

58 Dies ist das Ding, dies wahrhaft ist das Ding.
   Wir träumten's einst, nun kam es her.

kung, daß den alten Aussagen über Tierkreis und Häuser in chiffrierter Form zugrunde lag, was der Kreislauf der Weltbegegnung, unabhängig davon erdacht, zum Inhalte hat. Wenn aber derartiges dem reinen Denken entsprang, bedurfte es keines beeinflussenden äußeren Modells. Dann verführte ja das Hinstarren auf das Firmament zu jenen irrigen Annahmen, wie sie in der Überlieferung fortwuchern und den Sachverhalt in ein fatalistisches Licht setzen. Die Lösung war nicht in Festlegung von oben her, sondern in den schöpferischen Lebenstiefen zu suchen.

Die Folge der neuen Sicht auf das nun fesselnde Problem war ein für die Belange der Fachwissenschaften sprunghafter Studiengang.

Kreisläufe mit Werden und Vergehen durchformen viele Mythen. Die indischen und mexikanischen Weltzeitalter, die nordische Götterdämmerung weisen auf Grundkonzeptionen dieser Art hin, ihre rhythmische Dynamik ist mit keinem statischen Seinsbegriff zusammenzubringen. Um lebenswahr zu sein, muß dieser Gedanke des doppelsinnigen Kreislaufs jedoch äußere Änderungen einbeschließen, innere Wandlungen zulassen.

Das Bild der zylindrischen Spirale berührt genau den Punkt, an welchem die geschichtliche Horoskopie zum Widersinn ausartet. Prinzipiell gleiches ist faktisch nicht dasselbe. Eine Eigenschaftsanlage und temperamentsmäßige Verhaltensnorm bedeutet noch lange keine fertig geprägte Eigenschaft und tatsächliche Äußerung. Dies kann sich auf verschiedener Entwicklungshöhe herausbilden. Darum, denken wir unsere Lebenszeit auch nach einem Ablaufsgesetz gegliedert, ist es unmöglich, daß lebendiges Geschehen restlos determiniert sei. Hinsichtlich der Zukunft sollte man weniger genau vorherwissen wollen, was an Tatsachen bevorsteht, vielmehr Tendenzen genügen lassen und die Frage stellen, wie einer prinzipiell in Aussicht stehenden Lage am besten zu begegnen sei. Hierin überragt die Haltung des I-Ging den veräußerlichten Schicksalsglauben, der im Abendlande Fuß gefaßt hat. So verstandene Astrologie läßt Entwicklung und freie Entscheidung zu. Wissenschaft aber wird sie erst, wenn Klarheit besteht über die Grenzen ihrer Aussagen und der Deutende weiß, daß die Vieldeutigkeit des Symbols eben dieser Freiheit einen offenen Raum gibt.

In den beiden Kreissystemen der Astrologie haben wir ein Schema von Abwicklungen, das für alle Menschen gilt. Es sind keine anderen Kräfte dazu nötig als diejenigen, welche die lebende Ganzheit hervorbringen und erhalten, nur auf der Verwirklichung liegt ein stärkerer Akzent, da es um die situationsgemäße Begegnung zwischen Ich und Welt geht. Individuell ist die Mehr- oder Minderbetonung einzelner Abschnitte, Stufen der Ichnähe oder -ferne. Auf jeder Stufe können sich einschneidende Konflikte entspinnen, für die je nach Niveau bestimmte Lösungen bereitliegen, von den Gegensätzen gehen Korrekturen und ergänzend beihelfende Wirkungen aus. Dies alles wird uns nicht vom Weltraum her, aus dieser oder jener Gegend des Himmels anerschaffen, sondern ist enthalten in der notwendigen Auseinandersetzung alles Lebenden mit seiner Umwelt, beim Menschen spezifiziert auf Anlagen der sozialen Eingliederung oder persönlichen Abstandgewinnung zum Kollektiven.

Die Unterscheidung zweier Kreisläufe besagt folgendes. Wir setzen uns grundsätzlich in zweierlei Form mit der Welt auseinander: in temperamentmäßigen Eigentümlichkeiten unseres Verhaltens, stärker auf dieser oder jener Ebene des Seins zu Hause, mehr schaffend, erhaltend oder durchführend sowie andererseits interessiert an bestimmten Gegenständen, eingestellt auf subjektiven Gebrauch oder objektives Beschaffensein, lebensunmittelbare oder soziale Rolle der Dinge. Darin liegt der Unterschied zwischen Tierkreis und Häusersystem. Die analog der Geburtskonstellation vorgefundene Anordnung hat ihren Ursprung in den Ursachen des individuellen Gewordenseins, auftretend als Abwandlung der Ganzheitskräfte, je nachdem ein Gestirn des Sonnensystems geozentrisch in einem bestimmten »Zeichen« oder »Haus« steht. Die Aspekte geben dann interstrukturelle Beziehungen der so verstandenen Kräfte an. Über die Konstellation hinaus sind alle astrologischen Elemente in jedem Menschen latent vorhanden. Das menschliche Urbild wird in verschiedener Gestalt manifest, und je näher dem Urbild, um so freier treten wir heraus aus dem »Gesetz wonach wir angetreten«.

Gründet sich dies astrologische Phänomen auf ein Wunder? Sprechen wir lieber vom Staunen als der philosophischen Ausgangssituation. Erstaunen wir über etwas, das wir gewohnheitsmäßig als gegeben hinnehmen: aus relativ Ungestaltetem (Eizelle) geht Gestalt hervor (fertiger Organismus), das geburtsreife Kind ist 30 000mal größer und 50 000mal schwerer, als die befruchtete Eizelle war. Wäre es nicht verwunderlich, wenn die Phasenordnung des embryonalen Wachstums ganz ohne Beziehung zur Erde und ihren Bewegungen im kosmischen System abliefe?

Lehrt die Astrologie etwas Absurdes? Als absurd versteht die Wissenschaft etwas, das den bekannten Naturgesetzen zuwiderläuft und darum undiskutabel ist. In gewissem Sinne hat jede Neuentdeckung etwas Absurdes, und manchmal wird Altbekanntes aus absurden Vorstellungen herausgehoben. Schlagartig kann eine Sache durch veränderte Blickweise ein neues Gesicht bekommen. Was in einer Epoche noch als absurd gilt, wird unter Umständen in einer anderen zur Wissenschaft, wenn nämlich die Gesetze gefunden sind, die es in den Gesamtzusammenhang des Denkens einbeziehen.

Zur Neufassung des astrologischen Gedankens

An einer gerafften Zusammenfassung wollen wir beurteilen, zu welchem Ziel und Nutzen man sich mit dieser astrologischen Menschenkunde befassen kann. Es geht ja nicht nur darum, ob eine Wahrheit zugrunde liegt, sondern wenn, wie sie mit unserem sonstigen Wissen zusammenhängt und welche Rolle dem Menschen dabei zukommt.

Der Grundgedanke einer Revision der Astrologie, der sie im heutigen Weltbild vertretbar macht, liegt in der Auffassung, daß die Gestirne uns nur *Kennmarken für bestimmte Bildekräfte des Organischen* sind. Die Gesamtkonstellation stellt ein Gleichnis für das innere Kräftegefüge des darunter geborenen Menschen dar. Das Leben reproduziert sich in Einklang mit der übergreifenden Ordnung, dem Kosmos. Kosmologie handelt von der Ordnung irdischer Lebensformen und der Gestirnsysteme, sowie ihrem Ineinandergreifen vermöge durchgehender Ordnungskonstanten. Mit diesen haben wir zu tun, wenn wir Astrologie betreiben. Beim Menschen ist analog der fortschreitenden Individualisierung ein Grad der Einpassung erreicht, der erbbedingte, nach der Logik der elterlichen Vereinigung zusammentretende Komponenten in der Anordnung der Konstellationen zeigt. Dies Angelegtsein, der »Entwurf der Individualität«, darf keineswegs verwechselt werden mit dem fertigen Erscheinungsbild, das uns im Leben entgegentritt. Die Beihilfe der Gattungsinstinkte (der »Säugetieranteil«) schließt ab mit der Geburt, anschließend danach beginnt die Ausbildung der eigentlichen humanen Eigenschaften. Sie erfolgt nicht allein aus eigener Kraft, doch auf Grund einer angeborenen Struktur, die im astrologischen Meßbild (Horoskop, Kosmogramm) erfaßt wird. Die anfänglich in organischen Grundfunktionen (als Bildekräfte) bekundeten Kräfte der Wesensgestaltung kleiden sich mehr und mehr in eine durch die Umwelt (Portmanns »sozialer Uterus«) mitbestimmte Form ein. Am wichtigsten für die späteren Äußerungen sind naturgemäß Eindrücke und Geschehnisse der ersten Zeit (Mutterkontakt, »Nestwärme« oder Frustration) bis zur Erreichung des aufrechten Gangs, der sprachlichen Verständigung und der übrigen Merkmale artgemäßen Verhaltens.

Unvereinbar mit dieser Revision ist die unter Astrologen noch vorherrschende überlieferte Anschauung von *Gestirneinflüssen*. Diese Anschauung leitet alles, was wir im Horoskop ersehen oder zu sehen glauben, von den Gestirnen draußen im Weltraum ab. Sie nimmt fertig geprägte Eigenschaften und vorbestimmte Ereignisse an, die so im Horoskop enthalten seien, gibt vor, Gutes und Böses aus harmonischen oder dissonanten Aspekten herauslesen zu können, besetzt den Himmel mit Wohltätern und Übeltätern, versteht das im Horoskop Determinierte als unabänderliches Schicksal. Hier trifft die Bezeichnung der Astrologen als Gestirngläubige und Wahrsager zu[59].

Man kann sagen, es käme nur auf die Gültigkeit an, die Theorie fände sich nachher. Eine Möglichkeit wissenschaftlicher Überprüfung, ein Weg der mehrfach beschritten wurde, liegt darin, zu untersuchen, was die astrologische Aussage bei psychologisch durchgetesteten und in den äußeren Lebensdaten bekannten Personen leistet. Dies Untersuchungsverfahren krankt jedoch daran, daß ausschlaggebend ist, *wer* solche Aussagen abgibt und *nach welcher Methode* er vorgeht, auch fehlt in der Psychologie eine einheitliche Nomenklatur, die ohne weiteres einem Vergleich zugrunde gelegt werden könnte. Die hier besprochene Revision will einer Klärung dieser Voraussetzungen dienen.

Übereinstimmung der *astrologischen Menschenkunde* mit Ergebnissen der *Psychologie* (einschließlich er Sozialpsychologie) kann nur erzielen, wer sich über den Unterschied der vorgenannten Auffassungen völlig im klaren ist, zumal die vulgärastrologischen Aussagen jede echte Selbstverwirklichung gefährden. An dieser Stelle sei deutlich gesagt, daß die revidierte Astrologie keine »Ersatzpsychologie« anbietet und keine eigene »Therapie« noch sonstige Behebung menschlicher Mißstände zu lehren vorgibt. Ebensowenig handelt es sich um einen unverfänglichen Unterschlupf für religiöse Bedürfnisse. Als indifferente

59 Wenn ich den Gegensatz scharf betone, verkenne ich deswegen nicht die Versuche zur Überwindung des vulgären Blickpunkts. Einen Abstand von der wie gesagt herrschenden Vulgärastrologie sucht z. B. die symbolische Astrologie. Da sie aber Begriffe und Herkunft der Äußerungen im Unbestimmten läßt, gibt sie keinen Maßstab und keine Handhabe zur Änderung. Unversehens schleichen sich die alten Denkgewohnheiten der fatalistischen Überlieferung wieder ein. Auch die Auffassung der Planeten als Zeiger am Uhrwerk des kosmischen Geschehens kann erst fruchtbar werden, wenn klargestellt ist, *was* sie anzeigen. Zu Täuschungen über die Problemlage verführt ferner, was gemeinhin unter dem Namen Kosmobiologie geht. Die Hinweise auf tatsächliche Einflüsse allgemeiner Natur (Sonnenflecken, Bioklimatik) auf kosmische Periodizitäten usw. können gegebenenfalls gewisse Zusammenhänge mit Massenereignissen, Erdkatastrophen usw. erklären, berechtigen aber nicht zur Annahme einer Gültigkeit des individuellen Kosmogramms, bei dessen Deutung die vulgären Begriffe angewandt werden.

Forschung gehandhabt, ermöglicht sie aber Feststellungen für mannigfache Verbesserungen, auch der psychotherapeutischen Behandlungsweisen, die natürlich außerastrologisch erworben und gewissenhaft erprobt sein müssen. Ihre Menschenbeobachtung geht aus von angeborenen *Anlagestrukturen,* womit sich Abweichungen ergeben gegenüber Methoden, die nach der Theorie des »unbeschriebenen Blatts« konstruiert sind. Da sie etwas Eigenes zu bieten hat und ihre Grundbegriffe einen Rahmen zur Aufnahme psychologischer Kenntnisse darstellen, die keineswegs entbehrlich sind, sprechen wir nicht schlechthin von Astrologie, sondern von astrologischer *Menschenkunde.* Darin liegt die Forderung, hinauszustreben über ein System von Fertigaussagen zur Auslegung von Horoskopen.

Um vulgärastrologische Irrtümer zu vermeiden, ist die Bewußtmachung einiger Hauptlinien der Revision nötig.

1. *Aussagegrenzen.* – Nicht im Kosmogramm stehen Erbe, Umwelt, selbstbestimmender Faktor und Geschlecht. Hierfür brauchen wir Anhaltspunkte. Eine »Blinddiagnose« kann lediglich einige schematische Angaben über das Kräfteverhältnis (Qualitäten, Stellenwerte, nicht Quantitäten), über endogene Grundprobleme und Tendenzen ihrer Lösung bzw. Folgen beim Versagen geben, schon durch die Tatsache des Geschlechts erheblich abgewandelt. Das Niveau ist völlig unersichtlich.

Die Lehre von den Aussagegrenzen kann nur erfaßt werden in einem Gehirn, das unbeschwert ist von der Einflußtheorie, der Anschauung nämlich, daß »Sterne Schicksal machen«. Da das Freiwerden aber infolge festsitzender Anschauungsgewohnheiten kein ausschließlich logischer Vorgang ist, geschweige denn ein bloßes Zurkenntnisnehmen des neuen Gedankens genügt, bedarf es einer seelischen Umstimmung. Man muß nämlich zuvörderst die Angst vor »über uns Verhängtem« auslöschen sowie die Neugier, die kommenden Ereignisse »genau wissen zu wollen«. Was der selbstbestimmende Faktor ist, begreifen wir erst richtig, wenn wir ihn in uns wecken und in Auseinandersetzung mit anderweitigem Determiniertsein an jeder Entscheidungswahl teilhaben lassen. Aus erlebtem und kontrolliertem »so und auch anders können« kommen wir zur Respektierung der Freiheit im Mitmenschen. In der Erkenntnis des Entworfenseins auf Mitwelt (analog dem Kosmogramm) gelangen wir ferner zu einer unkonformistischen Sicht der gesellschaftlichen Wirklichkeit, worin das Handeln mit dem Sinn des eigenen Daseins zu tun hat. Im Aufsichnehmen des Erbes, einschließlich ungelöster Probleme des Familienromans, lernen wir die organische Generationenkette weiterführen. Im Geschlecht endlich erkennen wir Grenzen der Individualität, den Widerspruch des Gattungswesens und seiner Bedürfnisse zum unverwechselbaren persönlichen Sosein.

Erforderlich ist also eine Summe von Fremdbeobachtung und Selbstbeobachtung, vergleichende Untersuchung am Kosmogramm, bevor wir über die Aussagegrenzen verfügen lernen. Der Hinweis kann nur zu ihrer Erfahrung sensibel stimmen.

2. *Gut und Böse.* – Über Moral und Ethik, also in bezug auf gute oder böse Taten, gibt das astrologische Meßbild keine Auskunft. Wir können daher kein »günstiges« oder »schlechtes« Horoskop als Ausrede gebrauchen und müssen, ungeachtet des Angelegtseins so oder so, die Verantwortung auf uns nehmen.

Die Scheidung von gut und böse gehört in die praktizierte Entscheidungswahl und daran hängende Verantwortung. Sie ist das ständig in uns wirksame Dilemma, durch das wir über die Säugetierstufe hinaufsteigen, ein Modus vivendi unseres Menschseins. Dies meinte der Sündenfallmythos: wir müssen die naturgeschöpfliche Unschuld aufgeben, um Mensch zu werden, müssen »wissen was gut und böse ist«, und werden damit aus dem Paradies des Säuglingsalters vertrieben. Wenn die Dinge so liegen, wie unsere Erklärungshypothese annimmt, daß wir unter einer uns analogen Konstellation aus der Obhut des Gattungswesens entlassen werden, dann kündet diese Konstellation den *Entwurf* der Individualität XY an; die *Verwirklichung* ist Sache ständig fortgesetzter Entwicklung und das heißt Entscheidungswahl, worin *wir selbst* die Anlagen zu Eigenschaften prägen. Aus keinem Horoskop kann gesagt werden, auf welcher Entwicklungshöhe sich der betreffende Mensch befindet, ob er überhaupt aufwärts strebt oder in Form des »Infantilismus« zurückfällt in das verantwortungslose Säuglingsparadies. Daraus erhellt sich, daß eine etwa nötige Therapie, auch schon jede Beratung, gemäß der vorgefundenen Stufe verschieden ansetzen muß. Wir brauchen dazu Zeugnisse des persönlichen Verhaltens, Stichproben auf die Aufnahmefähigkeit und Wandlungsbereitschaft. Ferner ermöglicht das astrologische Verfolgen der »Zeitgestalt« eine indirekte Kontrolle der »Anziehung oder Abstoßung des Bezüglichen«, an Hand von bisher abgelaufenem individuellem und kollektivem Schicksal.

Im letzteren ist freilich äußerste Vorsicht geboten. Zur metagnostischen Untersuchung gebrachte Direktionen und Transite dürfen nicht zu gegenständlich festgelegten und werthaltigen Prognosen verleiten. Wir betrachten den Menschen in der Entwicklung als *wandlungsfähig*. Schon die Entwicklung zum Erwachsensein geht hinaus über bloße Entfaltung fertig determinierter Äußerungsformen, die Entwicklung zur Lebensreife besteht im ständigen Überschreiten anlagemäßiger Grenzen und starrer Wiederkehr des Gleichen. Wir müssen daher die Prägung der mitbekommenen Anlagen zu Eigenschaften veränderlich sehen. Offen bleibt die Frage, ob es überhaupt ein existentiell Böses gibt, oder ob das, was so erscheint, ein sich Abschnüren von den »guten« Kräften des Kosmos ist, eine Sperrung, Verweigerung, egozentrische Einkapselung. Bildlich gesagt müssen wir zur Individualisierung in unseren Dämon hinein (im Sinne des Daimons in Goethes »Orphischen Urworten«), doch unser Genius kann uns herausführen.

Im Heranwachsen machen wir notwendige Stufen des »Bösewerdens« durch: erste Befremdung vom Unbekannten, Trotzalter, Pubertät. Es sind Lebenskrisen, doch damit auch Gelegenheiten zum »Besserwerden«, wichtig daher, wie diese Stufen erlebt werden und was an Nichtbewältigtem zurückgeblieben ist. In der Befremdungsreaktion fürchtet sich der Säugling vor dem Unbekannten, Mißliebigen als dem Bösen draußen, im Trotz erfaßt das Kind Besitz vom Ich, erfährt sein Anderswollen mit Lust und beobachtet, wie Eltern oder Erzieher darauf reagieren, in der Pubertät nabelt sich der kommende Erwachsene vom Nestgewohnten ab, stützt sich willentlich auf sich allein und entwirft etwas wie eine persönliche Leitlinie. Was auf diesen *Stufen zu sich* herausgebildet wird, steht in keinem Kosmogramm, gründet aber das vom *logischen* Bewußtsein verschiedene *existentielle* Bewußtsein. Mit den genannten Stufen durchlaufen wir einen dialektischen Dreischritt. These: paradiesische Einheit jenseits von Gut und Böse. Antithese: Ausgestoßenwerden weil und wo man Gebote übertritt, Unterordnung unter Befehlsgewalten oder Heranreifen eigener Entscheidung. Synthese: Rückfinden zur Harmonie durch Überwinden des »Bösen draußen« (Kontaktgewinnung mit Unbekanntem, auch Mißliebigem) sowie des »selbstisch Bösen« (Lösung der Eigenproblematik, Aufhebung psychischer Komplexe). Begreiflicherweise bewältigt der Durchschnitt der Menschen am wenigsten die Synthese und Sinnfindung, sie macht den Inhalt der eigentlichen Reife aus.

3. *Seinsschichten, Temperamente.* – Nicht zu verwechseln mit der tiefenpsychologischen Abhebung der Schichten des Unbewußten vom Ichbewußtsein ist der Schichtenbau, welcher die materielle, organische, seelische, geistige Ebene unserer Existenz übereinandergestuft enthält. Die volle Realität des menschlichen Seins besteht in der *Selbstverwirklichung auf jeder dieser Ebenen.* Anlagemäßig sind wir verschieden auf sie bezogen, dies kommt zum Ausdruck in den Temperamenten.

Diese Übereinanderstufung betrifft das Sein, und nicht, was nach irgendeiner Forderung *sein sollte*, ist also *wertfrei* zu sehen. Wir dürfen bei der Inbetrachtstellung nicht etwa das Geistige höher bewerten als das Materielle, noch diesem einen Vorrang geben. Das Übereinander besagt vielmehr: die materielle Ebene unterbaut die organische Ebene, das heißt, ihre Kategorien bleiben darin enthalten, was aber im eigentlichen Sinne lebendig ist, überformt das Materielle mit neuen Kategorien, muß unter dem Novum der organischen Ebene gedacht werden. Ebenso unterbaut das Organische das Seelische und das Seelische das Geistige. Jede Ebene oder Schicht ist autonom, die ihr eigentümlichen Vorgänge werden erst mit schichteneigenen Kategorien richtig begriffen.

Was die Alten mit den vier Elementen symbolisierten, umschreibt in bildlicher Form die Seinsebenen: Erde steht für das Materielle, Feuer für das Organische, Wasser für das Seelische, Luft für das Geistige. Sie sind im Aufbau des astrologischen Tierkreises enthalten und geben darin das Temperament an, in seiner Verwandtschaft des Melancholischen mit dem Erdhaften, des Cholerischen mit dem Feurigen, das Phlegmatischen mit dem Wässerigen, des Sanguinischen mit dem Luftigen. Die Namensgebung der Temperamente ist durch den nachmaligen vereinfachenden, außerdem infolge Bewertung teilweise entstellenden Gebrauch (»phlegmatisch« gilt geradezu als Schimpfwort) irreführend geworden. Das Eigentümliche des Temperaments und der Bezug zu den Seinsebenen muß daher vor der Anwendung richtiggestellt sein. Auch ist der Mensch nicht als Ganzer ein »Melancholiker«, »Choleriker«, »Phlegmatiker« oder »Sanguiniker«, sondern wir haben darin Grundbegriffe für ein aus dem Kosmogramm ermitteltes Mischverhältnis. Der einzelne erweist sich von Geburt an je nach seinem Temperament ungleich auf den vier Ebenen gelagert.

Aus der Beachtung dieser Seinsebenen und ihrer Autonomie ergeben sich Gesichtspunkte für eine Menschenkunde, die von einseitig naturwissenschaftlichen oder geisteswissenschaftlichen Auffassungen des Menschen abrückt. Autonomie der Ebenen bedeutet, daß Verwicklungen, die auf einer bestimmten Ebene entstanden sind, auch auf dieser und mit den Kategorien der betreffenden Ebene gelöst werden müssen, sofern nicht eine *Sublimierung* stattfindet. Begriff und Vorgang der Sublimierung wurden hauptsächlich durch die Freudsche Neurosenlehre bekannt als Ausgleichung krankmachender Zusammenhänge, seelischer Komplexe. Darüber hinaus nun setzt wertmäßige Ausrichtung ein, doch ob sie erfolgt, ist nicht aus dem Kosmogramm bestimmbar. Ohne Wertverschiebung keine Sublimierung, dies wird oft übersehen. Zweifellos gibt es organisch Unausgelebtes, das, wenn es nicht sublimiert wird, sich schädigend des Nervenapparats bemächtigt und dann zu seelischen oder geistigen Störungen führen kann. Dies ist vom Kosmogramm aus ein Eventualfall ebenso wie die Sublimierung. Meist wird das Psychische als Folge des Physischen verstanden, besser sprechen wir von Korrelation, einer Wechselbeziehung. Die Kausalität, das Verhältnis von Ursache und Wirkung, liegt ja nicht so einfach, daß etwa sexuelle Hemmungen ohne weiteres ins Geistige übergreifen. Eine kausale Betrachtung, welche den Unterschied der durchlaufenen Ebenen und das Schichteneigene ihrer Vorgänge nicht berücksichtigt, legt die Wirklichkeit flach auseinander und kommt zu Fehlkonstruktionen.

Eine Energie organischen Ursprungs braucht beim Übertritt ins Seelische genau dieser Ebene angemessene Ausdrucks- und Lösungsformen. Zur echten Sublimierung eines Versagens, einer Behinderung wollen sie in seelische Kategorien *transponiert* und darin souverän *gestaltet* sein (in existentiell richtungweisenden Traumbildern, Kunstwerken usw.). Beim weiteren Übertritt ins Geistige ist es nicht anders, das Seelenleben bildet für die geistige Produktion gleichsam den »Grundwasserstand«. Man kann etwa in dieser obersten Schicht eine gewisse Entwicklungshöhe erreicht haben, die aber dürr und unfruchtbar bleibt, wenn die seelische Entwicklung nicht auf den gleichen Stand gebracht, sondern verwahrlost, das heißt in der elementaren Unbestimmtheit belassen wurde. Bei solchem Mangel einheitlicher Durchgestaltung gibt es zwar auch seelische Bewegung, doch meist zügellose Emotionen, ohne auf ein entsprechendes Gedankenleben hinzuweisen bzw. durch ein solches gebändigt zu sein. Die Emotionen sind dann geistfremd und die gebrauchten Begriffe seelenfremd: der vielberufene »Intellektualismus«, wenn nicht eine »Scheinsublimierung« als Ausdruck einer verdeckten Neurose. (Neurose, Pathologisches usw. bezeichnen natürlich nichts Herabwürdigendes wie häufig im wertenden, täglichen Wortgebrauch.) Entgegengesetzt dem aufsteigenden kausalen Weg gibt es in der Wechselbeziehung auch rückläufige Vorgänge, von geistiger Energie her den Übertritt ins Seelische und von da ins Organische, was bei ungelösten Konflikten schließlich zu psychogener Erkrankung führt.

4. *Entsprechungen.* – Grundlage für die Deutung des Kosmo-

gramms ist, daß es keine gegenständlich und eigenschaftlich spezifierten Begriffe enthält, sondern *Symbole* der Wesenskräfte und ihrer Abwandlungen sowie deren Stellenwert zueinander. Dies ist nun, an Hand von Stichproben für die Wirklichkeit jenseits der Aussagegrenzen, in die wahrscheinliche Auswirkung zu übersetzen. Die Möglichkeit dazu liegt im Mittel der Entsprechungen. Sie sind jeweils das *Konkretum des Prinzips,* das sich als spezielles Elternerbe in einer bestimmten Umwelt und je nach der Entwicklungshöhe realisiert; hinsichtlich der Ergebnisse aus vorhandenen problematischen Spannungen muß daher stets die freie Entscheidungswahl berücksichtigt werden.

Schon dem Wortsinn nach lebt die Entsprechung – ein anschauliches Ding, ein Gedanke, eine Seelenstimmung, ein Tat-Impuls – von etwas, dem sie entspricht. Dieses Etwas liegt innen, in einem *Bedeutungswert,* aus dem dies oder jenes bevorzugt wirkt, anregt, gehegt oder getan wird. An sich ist dieser Wert ein Bestandteil der angeborenen Struktur. Was nun auf diese Weise zur Entsprechung wird, bestimmt sich aus der erworbenen Entwicklungshöhe und den vorgefundenen Bedingungen zur Manifestation. Eine und dieselbe Sache kann in verschiedener Bedeutung erlebt werden (»wat dem een' sin Uhl, is dem annern sin Nachtigall«), wie auch, wichtig für durchgemachte Wandlungen, gleichbleibende Bedeutungen sich verschieden einkleiden können. Besonders bei der Übertragung auf eine andere Seinsebene treten andersgeartete, der betreffenden Ebene entnommene Entsprechungen ein (Entsprechung für jähzornige Aggression: der eine zerschlägt Stühle, der andere verfaßt polemische Schriften, ein dritter legt Hand an sich selbst). Schon jede Umsetzung organischer Handlungen oder ihrer Hindernisse in adäquate Traumbilder zeigt dies. Während für die Psychologie gewöhnlich der äußere *Einfluß* und die darauf eingehende *Motivation,* deren Sachgebiet sowie Entwicklungsgrad im Vordergrund stehen, achtet die astrologische Menschenkunde stärker auf die *Struktur* der Bedürfnisse, Probleme, Temperamentsanteile usw., die in die Selbstverwirklichung eingehen. Natürlich ergänzt sich beides. Für dieselben astrologischen Komponenten gibt es jeweils unterschiedliche Entsprechungen, Seinsebene und Entwicklungsstufe müssen dafür bekannt sein. Das Angelegtsein auf Verwirklichung in einer bestimmten Schicht heißt ja nicht, daß die Beziehung dazu tatsächlich bewußt ausgebildet wurde, manche Entwicklung verläuft anlagefremd, wenn nicht sogar -feindlich. Das Wesensgefüge manifestiert sich aber trotz Entstellungen und auf jeder Entwicklungsstufe, nur die Entsprechungen sind jeweils andere.

Diese neue Sicht der Dinge drückt sich in einer Erklärungs- und Arbeitshypothese aus, welche den Symbolen einen *lebensbezogenen* Inhalt gibt und mit dem heutigen Weltbilde in Einklang steht. Wenn die weitergehende Forschung eine bessere Hypothese ergibt, werden wir sie ebenso unsentimental verlassen, wie wir heute von der Hypothese eines feststehenden, durch Sterne übertragenen Schicksals abrücken. Auf der neuen Hypothese und auf den genannten 4 Hauptlinien – nochmals wiederholt: Aussagegrenzen, Gut und Böse, Seinsschichten und Entsprechungen betreffend – baut sich die Revision des astrologischen Gedankens auf. Blind gegen solche Modifikationen will dagegen die vulgäre Astrologie weiterhin alles aus einem Horoskop als determiniert herauslesen, über gut und böse urteilen, will Entwicklungsstufe und ereignishaft vorausbestimmtes Schicksal eines Menschen verkünden. Dies befriedigt Erwartungen, die gemeinhin dem Wahrsager gelten; mehr oder weniger sind es Erwartungen der meisten Menschen, und sie haben die Geschichte der Astrologie unheilvoll beeinflußt. Der größte Teil der Überlieferung ist darauf ausgerichtet; die öffentliche Meinung pflegt sich noch an dies Gesicht zu halten. Es bleibt beschränkt auf die Herkunft astrologischer Praktiken aus dem Orakelbedürfnis, berührt nicht den religiösen, mythologischen, innerseelischen Ursprung des astrologischen Gedankens, die kosmologische Weltschau. Gegen den mit dem Orakelglauben verknüpften Fatalismus widersetzten sich im Lauf der Geschichte die besten Denker und Kenner der Sache, ihnen verdanken wir die Herausarbeitung des Verhältnisses zwischen Entsprechung und Symbol. Allmählich bildeten sich orakelhafte Aussagen in charakterologische Feststellungen um, entwickelte sich die gleichnishafte Auffassung des Horoskops, den »Themas«, wie ein sinnvolles Wort dafür lautete. Aber erst wenn wir den Kosmos *nicht als etwas von außen Einwirkendes* sondern *uns selbst durchdrungen davon* verstehen, begreifen wir auch die ordnungshaften Entsprechungen von »oben« und »unten« als Einordnung sowie ihren Ausdruck als Werk des schaffenden Lebens.

Anhang

Zum Problem der astrologischen Häuserberechnung

Es geht um die Drittelung der durch Horizont und Meridian ausgeschnittenen Quadranten. Die Quadranten sind bei den rivalisierenden Methoden Campanus, Regiomontanus, Placidus, Koch gleich groß, diese nehmen Horizont und Meridian des Geburtsortes als gegeben. Campanus entwarf ein starres Gebilde durch gleichmäßige Teilung des *Vertikalkreises.* Regiomontanus schuf ein ähnliches Gebilde aus sphärischen Zweiecken, die sich in Nordpunkt und Südpunkt treffen, durch Teilung des *Äquators* als dem natürlichen Drehkreis der Erde. Diese beiden Methoden setzen voraus, daß der Mensch durch die zeitlich-räumlich fixierte Geburt in ein ruhendes mathematisches System eingespannt ist. Demgegenüber proportionierte Placidus die Raumteile der täglichen Bewegung (Tag- und Nachtbogen), die Ekliptik einbeziehend und ausgerichtet auf das Verhältnis der Erde zur Sonne. So erhielt er ein mathematisch ausgedrücktes *Bewegungsgebilde,* das geophysikalischen Anschauungen besser entspricht. Während Regiomontanus und Placidus ein Verhältnis des Geburtsortes zur Bewegung der gesamten Erde darzustellen suchen, geht die Methode Koch (GOH) dazu über, ausschließlich die *Bewegung des Geburtsortes* in Rechnung zu ziehen. Koch betrachtet die Häuserspitzen (Felderbeginne) der anderen Methoden wegen der verschiedenen Polhöhe (geographische Breite) als fiktiv, berechnet die seinen gleichsam als umlaufende Aszendenten.

Jede dieser Berechnungsarten ist von ihrem Gesichtspunkte aus mathematisch einwandfrei, logisch und klar. Behauptet wird, nur eine dieser Methoden könne richtig sein. Diese Behauptung basiert auf einem Wirklichkeitsbild, das dem *statischen*

Seinsbegriff entspricht, demzufolge man sich in der Antike ein festes Gerüst dachte, in heutiger Vulgarisierung: Kraftfelder, kraftspendende Räume. Die Berechnung hätte dann die für ein Individuum absolut feststehenden Grenzen solcher Räume zu ermitteln, inhaltlich müßten wir uns entscheiden: betrachten wir die kosmische Wesenheit des Menschen dynamisch, aber örtlich fixiert (Koch), kristallin in ein statisches Raumgitter eingefügt (Campanus), nehmen wir die tägliche Erdrotation als Maßstab (Regiomontanus) oder sehen wir sie im Verhältnis zur Kreiselbewegung der Erde auf der Ekliptik (Placidus)?

Die Kernfrage heißt nicht *genaue Rechnung,* sondern *Bezug auf den Menschen.* Man vergesse nie, daß Mathematik eine Hilfswissenschaft ist und rechnerische Genauigkeit nicht schon Wirklichkeit einer Sache bedeutet. Es kommt darauf an, welche Frage wir an die Natur stellen. Messen ist Hilfsfunktion in der Rationalisierung der Antwort, selbst aber weder Fragesteller noch Beantworter. Beweiskraft hat nur die Antwort. Wollen wir dabei nicht empirischen Zufälligkeiten oder solchen der Betrachtungsart (wissenschaftliche Richtung, Mode) verfallen, so müssen wir die Antwort in Zusammenhang mit der Fragestellung untersuchen.

Nimmt man eine Revision des astrologischen Gedankens in Abkehr von bisher geglaubten Gestirneinflüssen vor (unsere früher gebrachte Hypothese: Eingehen der Lebensrhythmik auf den kosmischen Umraum), dann wird man auch bei diesem rechnerischen Problem einen *Dynamismus organischer Wirklichkeit* in Betracht ziehen müssen.

Man hat also zu fragen: gilt für die weltoffene, fließend veränderliche Kinderseele der gleiche Maßstab wie für einen Menschen nahe der Altersstarre, der in einer geschlossenen Welt von Anschauungen und Handlungen lebt? Ist es bei jemandem, der von klein an auf Reisen war und keine Heimat kennt genauso wie bei einem, der zeitlebens an seinem Geburtsort haftet? Kann es bei Auswanderern, umherziehenden Zigeunern, Verkehrsfliegern, Seeleuten nicht anders liegen als bei Seßhaften? Müßte man sich je nachdem *gleitende Feldergrenzen* vorstellen?

Solche Fragen sind nicht leicht zu beantworten. Um etwas zu beweisen, greift man heute gern zur *Statistik*. Hier aber erhebt sich die fundamentale Schwierigkeit, daß jeweils erst *Horizont und Meridian* gesichert sein müssen, bevor die Zwischenfelder diskutabel sind. Ohne Rückversicherung der Geburtsminute haben Statistiken über »Häuserspitzen« keine Aussagekraft, denn ein Unterschied des Aszendenten bringt in jedem Fall verschiedene Grade an diese Spitzen.

Um dies Problem grundsätzlich zu lösen, braucht es ungleich mehr Beobachtungen und Überlegungen, als zu einer rein intellektuellen Entscheidung für das »einzig richtige Rechenverfahren« nötig ist. Eine von vielen versuchte Behelfslösung läßt die Zwischenfelder einfach weg; dann aber müßte man um so mehr gewiß sein, was Quadranten und Felder überhaupt besagen (vgl. Bd. II, »Astrologische Menschenkunde«). Die vulgäre Praxis krankt an der Zweiteilung von Abstraktheit und konkretem Sammelsurium: dort ermittelt sie rechnerisch »Häuser«, in die sie hier »Dinge«, den standpunkthaften Zuschreibungen der Astrologiegeschichte entnommen, hineinstopft.

Das eigentliche Problem des kreisläufigen Systems heißt, den Menschen als *kosmisch eingeordnete Verlaufsgestalt* zu begreifen. Dies bedeutet: lebendiges Verhalten in Feldern mit fließenden Grenzen, Verlegbarkeit der akuten Übergänge. Aus den Bedeutungsgewichten des Lebens geht hervor, *was* sich verlagert und *wohin*. Es erfordert Beurteilung der Gesamtkonstellation mit Einbezug der Keplerschen »eventus«.

Wer einigermaßen mit der Schattenlehre bei verschiedenen und wechselnden Lichtquellen vertraut ist, weiß, wie sich in einer und derselben Wirklichkeit mehrere, exakt darstellbare Systeme überschneiden können. Eindringlicher, verschiedene Ebenen einbeziehend, wird uns dies in der Betrachtung des Organismus und seiner Störungen klar. Unterschiedliche Gesichtspunkte schneiden unterschiedliche Wirklichkeitsebenen an. Wer die Funktionsstörungen materiell-mechanisch sieht, kommt zu anderen Methoden als derjenige, der sie organismisch-ganzheitlich in Betracht stellt, und wieder anders steht es mit Erkrankungen psychogener Art. Einseitigkeiten der danach ausgerichteten medizinischen Schulen besagen nichts gegen eine vorkommende Wirklichkeit, bei welcher die betreffenden Ebenen *ineinandergreifen*. Hierauf versucht die heutige Psychosomatik einzugehen. Sie hat aber nur dann Erfolg, wenn sie die Störung nicht als ein ungefähres Gemisch verschiedener Ursachen sieht, sondern die Konstitution im Gesamtblick und die Sachlage in spezialisierter Untersuchung genau zu erfassen trachtet.

Register

279